职场"卓越力"从何而来——

职场卓越之道：
方案制胜

以易学实用的思维模式寻找方法、制订方案

云天 / 著

台海出版社

图书在版编目（CIP）数据

职场卓越之道：方案制胜 / 云天著. --北京：台海
出版社，2015.6
　　ISBN 978-7-5168-0625-8

　　Ⅰ．①职… Ⅱ．①云… Ⅲ．①职业选择－通俗读物
Ⅳ.①C913.2-49

中国版本图书馆 CIP 数据核字(2015)第 113799 号

职场卓越之道：方案制胜

著　者：云 天

责任编辑：王　萍　　　　　　　　　封面设计：吴　倩　董庆峰
版式设计：姬刚成　　　　　　　　　责任印制：蔡　旭

出版发行：台海出版社
地　址：北京市朝阳区劲松南路 1 号　　邮政编码：100021
电　话：010－64041652（发行，邮购）
传　真：010－84045799（总编室）
网　址：http://www.taimeng.org.cn/thcbs/default.htm
E-mail：thcbs@126.com

经　销：全国各地新华书店
印　刷：三河市航远印刷有限公司
本书如有破损、缺页、装订错误，请与本社联系调换

开　本：710×1000　1/16
字　数：230 千字　　　　　　　　　印　张：16
版　次：2015 年 8 月第 1 版　　　　 印　次：2015 年 8 月第 1 次印刷
书　号：ISBN 978-7-5168-0625-8
定　价：38.00 元

有言在先

P R E F A C E

　　本书着重从问题的预防及解决两方面入手，以基本的哲学构建科学思维模式，细致深入地揭示"方法"如何寻找及"方案"如何制订，系统全面地介绍职场"卓越"是如何炼成的。

　　之所以写下此书，源于自己曾经的心理困惑。

　　北京交通大学 MBA 毕业后，主要从事企业管理及管理咨询工作，做过 3 年副总及 6 年总经理，2012 年创办讲师平台网站"淘师网"，任总经理，主做管理培训与咨询。在中高层管理岗位及创业的过程中，解决过很多棘手的工作难题及心理困惑，走了很多弯路，犯过不少错误，但有颗要强之心，总想明白自己为何平庸，别人为何卓越。朝也思，暮也想，终于明白卓越之人具备 3 大主要特点：

　　1. 有智慧懂哲学，用理念指导行动；

　　2. 思维模式科学，考虑周全创意多；

　　3. 视困难如草芥，做事认真胆子大。

　　研读儒释道兵等传统国学、《毛泽东选集》、现代哲学及心理学 10 余载，结合近 20 年职场实践与创业经历，秉承"轻松易学，语言幽默，理念落地"的原则，历时 5 年，终于成稿，详解职场"卓越之道"，主要创新点有：

1. **轻松学哲学**：借助图片、幽默故事与案例系统全面讲解基本哲学；
2. **轻松用哲学**：用基本哲学构建简单易学的"纵横矛盾"思维模式；
3. **揭示方法论**：用系统论、矛盾论及变化论系统详解方法如何找到；
4. **方案制胜**：比较"方法"与"方案"的区别，提出方案制胜理念；
5. **指导原则**：总结《孙子兵法》，提炼出解决问题的 33 字指导原则；
6. **落地工具**：开发能承载三论及指导原则的"331方案"落地模型。

因为过往自己未有卓越之人的某些特点，所以平庸与挫折如影随形。希望我的书能对渴求卓越的职场人士有所帮助：

1. 消除问题恐惧，增强自信；
2. 培养系统科学的思考模式；
3. 快速提高创新及做事能力。

书中总结了一些找方法的规律，只希望能给梦想成功并愿意努力之人，提供一定的借鉴。衷心祝愿所有的读者都能通过不断修炼，走向不断超越自我的"卓越"之路，拥有更美好的明天。

云天

2015 年 5 月 18 日于北京

目录

CONTENTS

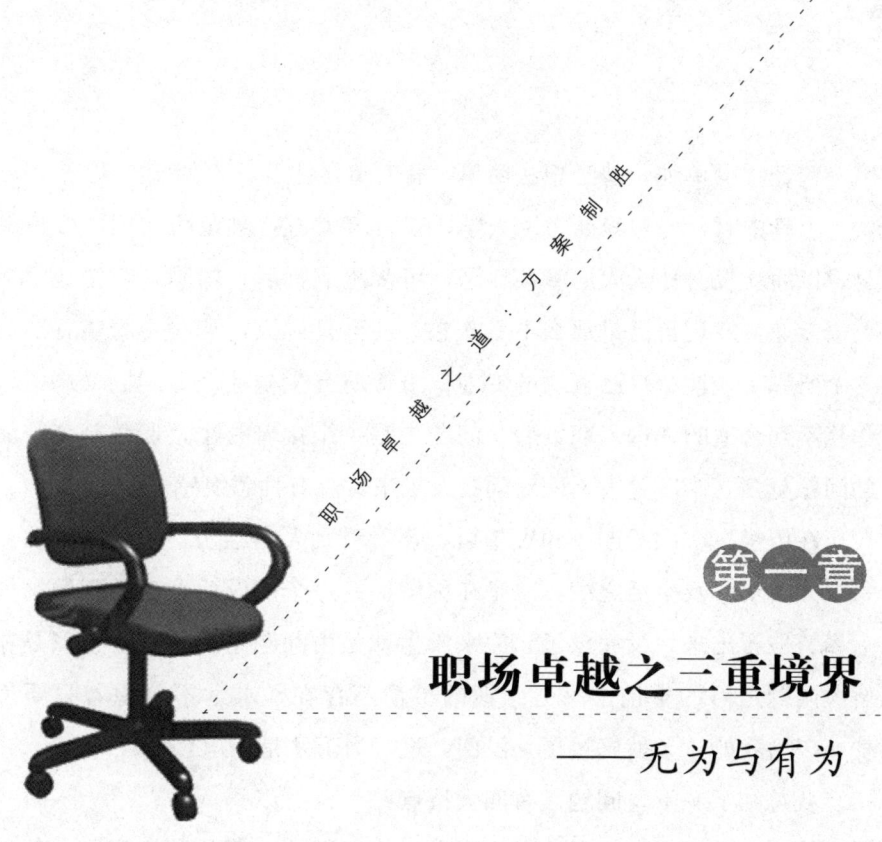

第一章

职场卓越之三重境界

——无为与有为

　　遇到问题找方法，方法总比问题多。结果不好，多是方法不对。既然人人都不喜欢问题，工作中就应该首先避免问题的发生，就像老话说的"没事不找事"。如果问题不可避免地发生了，那么"有事不怕事"，运用哲学和心理学的基本知识想办法，在问题萌芽阶段就予以解决；如果问题已经很糟了，那就死马当活马医，遵循"找方法的规律"不断地去尝试，说不定哪天也会成为职场中的大鳄而卓越一回。

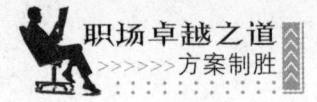

曾经年少单纯，曾经想法简单，有时追忆往昔，不禁哑然失笑。

上高中时，心想只要考上大学，就万事大吉，鲤鱼跳龙门，咸鱼翻了身，以后就没有什么大的麻烦事了；可梦想成真后，却阴差阳错地学上了英语专业，发现自己是那么不喜欢它，甚至是讨厌，那时便盼望着毕业后考个研究生，换个自己喜欢的专业；可等研究生毕业后，问题又来了，工作找不到合适的；进入职场后，问题更是一个接着一个，职位越高，面临的问题越多，难度越大，面对问题及未来，总有种恐惧感。

在历经一次次的期望和失望后，再看看别人的经历，我终于明白：在每个人的工作及生活之中，总是在你解决完一个问题后，新的问题又如雨后春笋般冒出来，没完没了，原来人生就是由问题组成的，喜悦只是在你解决问题之后的事情，一劳永逸的事情不存在，永远不要想着只要怎么样，以后我的日子就好过了，没门，过好当下才是王道！

我总结了一下，问题具有四大特点：

第一，铁面无私。无论男女老幼，高矮胖瘦，无论贫穷富有，靓俊美丑，无论城市乡寨，国内国外，它都会带着十二分诚意刚直不阿地扑面而来，绝对一视同仁，公平正义，甚至连菩萨面子也不给，要不然有时候求菩萨都没用呢！

第二，执着坚韧。问题会持续不断地来，头疼刚治好，感冒又来了，问题不停地变着花样，生怕你腻歪它。有时候走单帮，有时候三三两两成群结队地"组团"而来，不是有句话叫"福无双至，祸不单行"吗？可能它们也知道"团队"的威力。无论你喜不喜欢，问题都伴随你一生，直到把你伺候走，然后它又找别人去了。

第三，认真负责。你不打，它就不倒，无论刮风下雨，冰霜雪冻，无论白天黑夜，寒冬酷暑，它一直在那杵着，不折不扣地履行着自己的职责——绊倒你。

第四，自尊心强。它一直在那杵着，默默无语，很累很辛苦。你若无视其存在，它可就伤自尊了，会非常生气，后果会很严重，最严重的能把你打趴在地，再也没有喘过气来。极度的自尊导致极度的自卑，极度的自卑导致心理扭曲，报复心强烈，冷酷无情，且从不相信眼泪。

所以说，人这一辈子就得不停地和问题打交道，要想活得好一点，就得把问题压下去，否则就被问题给压下去了，如果果真如此的话，怎么着咱们也都是"有头有脸"的人，岂不伤了人的自尊？

踏入职场后接触到一个理念："遇到问题找方法，方法总比问题多。"大家都感觉到这个理念很好，因为解决问题靠方法，而一个问题的解决方法有很多，条条大路通罗马，所以方法总比问题多。这个理念能降低人们对问题的恐惧，知道方法可以解决问题，同时方法还有很多，真是太好了，顿时心生喜悦，那就赶紧去寻找"多多的方法"吧，哪怕只要找到一个就行。可麻烦接踵而至，遇到的问题如果是简单的且有前车之鉴还好，大不了萧规曹随；如果遇到了复杂的问题且首次出现，就如同"老虎吃刺猬，不知从何处下牙"，烦都快烦死了。看一些经典的解决问题的案例，感觉里面的方法精妙绝伦、不可思议，惊呼其为天人神人。别人为什么那么"聪明"，又是通过什么办法想到那么好的方法呢？

除此之外，还接触到另一个理念："结果不好，多是方法不对。"大家也同样赞成这个理念。在工作中，做同样的工作，就有人不仅能镇定自若潇洒自如地解决各种问题，还能把工作做得那么优秀，众人都夸他会办事，事情做得漂亮，既周到又细致，既快速又高效，前瞻性强，有创意等等，众多溢美之词不胜枚举，接着就是升职加薪，还有美女青睐，好事几乎都到他面前去了，简直是"集万千宠爱于一身"。反观自己却遇事慌里慌张，不知所措，还经常犯低级错误，不仅被贴上"不成熟、马虎、花脚猫及粗心大意"等等之类的标签，最要命的是还被苦口婆心耳提面命要求向其学习。学习不到位时，还能看到恨铁不成钢的哀怨眼神，听到无可奈何的一声叹息或愤怒的责骂，最糟糕的还能感受到拳脚棍棒的厉害。在那一刻，心都碎了！"人比人，气死人"，这还让不让人活了，心里难免有些不舒服，"羡慕嫉妒恨"之余，还真挺佩服的，异常想知道他的"职业素

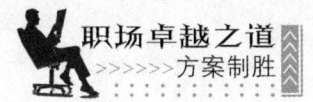

养"为什么那么高，又是通过什么方法，使结果变得那么卓越呢？

遇到问题要找"方法"，结果不好还要从"方法"上去找原因，可见"方法"有多重要。可通过什么途径才能找到"方法"，有没有什么"找方法的规律"？自己不知道，很迷茫。

在悟寻"找方法的规律"过程中，广泛阅读古圣先贤的书籍，四处聆听大智慧们的教诲，有一天我突然明白，基本的哲学及心理学是找到方法的钥匙，心里很高兴，觉得心中终于有根又粗又长的竹棍，再也不用害怕问题了。有些洋洋自得，自己挺聪明的，虽"为伊消得人憔悴"，众里寻它千百度，但蓦然回首，还是在灯火阑珊处找到了它，心里终于可以坦然地面对问题及未来。

当我偶然地读到"扁鹊的故事"后，颇受震撼，恰如被当头浇了一盆冰水，来了一个透心凉：

春秋时期，自从扁鹊见桓公望而知病的故事传开以后，他的医名也就响遍了列国。有一天，魏文王询问扁鹊说："你们家兄弟三个都从医，都精于医道，但是到底谁的医术最好呢？"

扁鹊回答说："长兄最好，中兄次之，只有我是兄弟三个中最差的一个。"

文王惊讶地问："那为什么你却是你家三兄弟中最出名的一个？"

扁鹊回答说："我的长兄治病，是治疗在病情未发作之前。由于一般的人都不知道他能够观疾病于未起之先，及时将疾病的本因清除，默默地积累玄德于无形之间，所以他的医术是别人无法知晓的，他的名气也就无法传播开来，只有我们家里的人知道他的这些本领。

而我的中兄的医术和治疗，是最擅长于治疗患者的病情初起之时，及时将疾病清除于未祸之先。一般的人都以为他只能治疗一些轻微的小毛病，所以他的名气只是在本乡小范围内传播。

但是，我治疗的疾病病例，大都是治疗于患者病情严重之时。一般的人都看到我在病人经脉上扎针或放血，在皮肤上敷药或者动手术，操作过程能够眼见目睹。所以大家都以为我的医术非常高明，名气也就传遍了全国。

读完"扁鹊的故事"，我恍然大悟，原来最牛的人不是能解决各种疑难杂症的人，而是能让人不生病的人。我对此也深受启发，总结出职场中的卓越是分三种境界的：

第一，无为：既然人人都不喜欢问题，工作中就应该首先避免问题的发生，就像老话说的"没事不找事"。

第二，小为：如果问题不可避免地发生了，那么"有事不怕事"，运用哲学和心理学的基本知识想办法，在问题萌芽阶段就予以解决。

第三，大为：如果问题已经很糟了，那就死马当活马医，遵循"找方法的规律"不断地去尝试，说不定哪天也会成为职场中的大鳄而卓越一回。

像扁鹊这种名医也正印证一句名言——浮在水面的通常都不是大鱼！

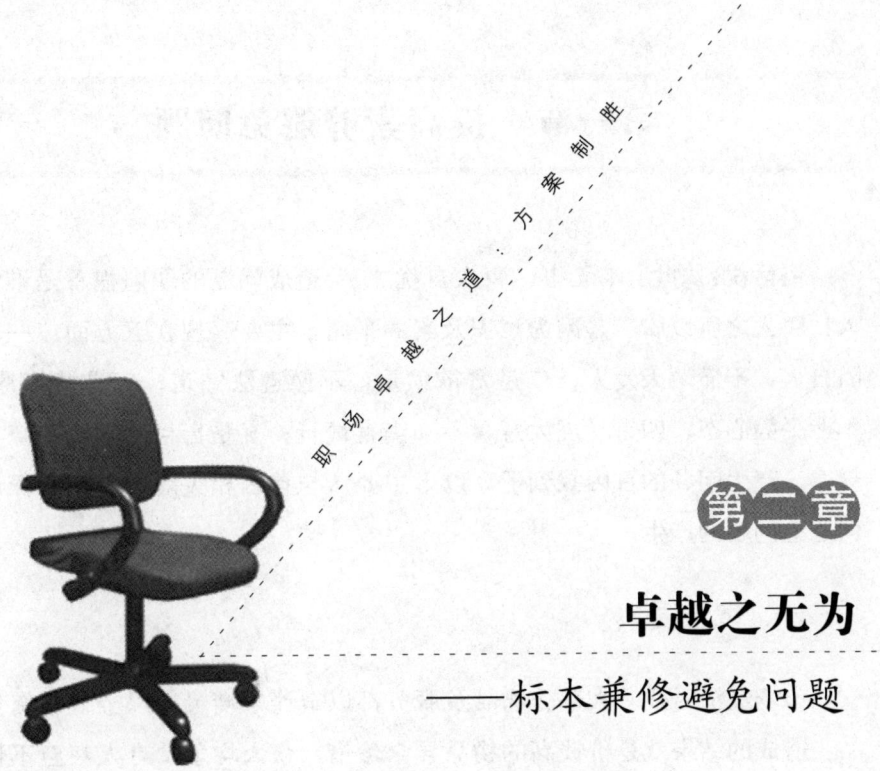

第二章

卓越之无为

——标本兼修避免问题

通过内在素养和意识的提升，以及外在方法的制约，双管齐下，标本兼治，必能大幅度有效地减少问题的发生。

"无为"是无妄为，并非无所事事，也就是做人做事按规律来，而不是胡作非为。

第一节　提高素养避免问题

俗话说："世上本无事，庸人自扰之。"造成问题的罪魁祸首是谁？庸人！庸人之所以庸，是因为意识及素养平庸，主要表现在五方面：一是狭隘自大，不懂敬天爱人；二是贪欲太重，不愿遵法守道；三是情绪冲动，不能平静心态；四是马虎大意，不知谨言慎行；五是盲目无知，不晓尊重规律。产生问题的首因找到了，以下主要从与首因相关的五方面，探讨如何避免问题的产生。

一、敬天爱人

市场经济时代，大部分物品及服务都以金钱来衡量。以金钱来衡量物品，造成的结果就是价钱高的物品异常珍惜，众人均争，有人甚至不惜铤而走险。而价钱低的物品则可弃之如敝屣，毫不珍惜，如生活中浪费粮食的现象司空见惯，见怪不怪。可为什么释迦牟尼会觉得一粒米都很重要呢？"佛观一粒米，大如须弥山！"难道佛祖在胡言乱语？

我们来看一下一粒米是怎么生成的吧。

农业科技人员杂交育种，种子物流到乡种子站，农民买种子，温水泡种子，整理秧田并施肥，撒发芽的种子到秧田，秧苗长成，拔秧，插秧，除草，打药，收割，脱粒，晒干，去皮，装袋。如果你生活在北京，这粒米还要经过物流且只有夜晚（你在梦乡时）才能进北京的超市，白天货车是禁行的。一粒米在生成的过程中及送到你面前，需要雨露滋润、阳光照耀、肥料培育等，涉及的人有农民、科学家、商人及司机等等；涉及工具有农具、汽车等，而一个汽车制造更是涉及发电、冶金、炼油、橡胶等等几乎是各行各业以及各类人群（包括已经故去的人，他们的智慧学识、技术发明或修的路等等都在为后人所用）。所有与稻米生产直接相关的人，都要经历父母的养育才能长大成人。可以毫不夸张地说，一粒米集合了全宇宙万有的因素，是一个宇宙的缩影。（"宇"指东、西、南、北，四面八方的空间，"宙"指古往今来的时间，合在一起便是指天地万物，不管它是大是小，是远是近；是过去的，现在的，还是将来的；是认识到的，还是未认识到的——总之是一切的一切。）

难怪佛祖这么看重一粒米，原来佛祖是从关联的、发展的角度去看待一粒米。

物品的价值本来是不能拿货币来衡量的，可为了商品流通的需要，比照不同物品所需必要劳动时间的多少及物品本身的稀缺程度，勉强用价钱来表示物品的价值，物品的价值其实是无法衡量的。常人轻视一粒米一是因为其从流通的价值来看待，二是因为其从静止的、孤立的方法看待一粒米，根本就没有考虑米是怎么来的。

一粒米的生成过程应该让每个人都有所感悟。

所有的人都在为你服务，包括你自己！没有谁能离开别人而生存，没有别人的存在就没有你的存在，我们彼此之间应该互相感谢。有的人可能会说了，我买农民的米，我是付了钱的，农民也得到了回报，他还得感谢我呢！那么首先你有没有想过你的钱从哪里来的呢？有的人会理直气壮地说，我的工资是国家发的。对不起，国家的钱也是通过征税来的，税是老百姓交的。还有的人说，我是通过辛勤劳动赚来的，可如果你提供的产品及服务不适应市场，是没人付钱给你的，你挣的钱还是来自于老百姓。其次你就没经历过有钱也买不到东西的经历吗？口渴冒烟却没有一个卖水的，饥饿难忍却见不到一个做饭的，内急难耐却找不到可以方便的地方。相信所有人都经历过至少其中之一，在你急迫的问题得到解决后，你就没有一点感激之情？会有的，有的甚至感激涕零。当你锦衣玉食时，请不要看不起满身尘土的农民工，再漂亮的楼房也是农民工顶着寒风冒着烈日建造的，再漂亮的衣服也是农民工加班加点缝制的。去建筑工地及工厂里看看你就明白了，你离不开他们。每个人活得都不易，为什么还要互相歧视呢？在你歧视别人时，你可能也正在被人歧视，何苦呢？人人是平等的，

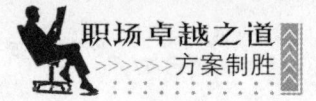

只是因能力、学识及机会不同，我们分工不同。

尊重所有物品，它们无不集合了宇宙万有的因素，无不凝结很多人的汗水和劳动。低碳生活，不铺张浪费，从自己做起，减少对环境的索取，给子孙后代留下一片蔚蓝的天。

如果你深刻地体会到了你的生活离不开所有人，那么你必定心存感恩。心存感恩，才会敬天爱人，进而使你的思维方式及行为方式大为改变。

禅学里有个苏东坡与佛印的公案：

有一天苏东坡和佛印辩论，他问佛印："你看我像什么？"

佛印看了看东坡，回答说："像个佛。"

苏东坡又问佛印："你知道在我眼中，你看起来像什么？"

佛印笑着问他："你看我像什么？"

苏东坡说："你看起来像堆牛粪！"

佛印笑而不答。

苏东坡很得意地以为他赢了，回家告诉苏小妹："今天我终于辩赢佛印那个老和尚了。"

苏东坡把事情的经过告诉了妹妹。聪敏的小妹听完后对哥哥说："你还是输了。佛印因为心中有佛，所以他看你像个佛。"

这个公案告诉我们，你心中有什么，看别人就是什么。

尊重所有人，感恩所有人。感谢他们做出的默默贡献，解决了我们衣食住行，每次吃饭前，默念一遍"感谢天地，感谢所有人"，你的心中慢慢就满是感恩。心怀感恩，会让你心情舒畅，人人都是可亲可敬之人，这样我们就不会再歧视别人，也就会避免因歧视所造成的冲突；多赞美，少批评，减少了多少矛盾。送人鲜花，手有余香！如果你心存高人一等，就相当于你心中有"牛粪"，无论你外表表现得多么彬彬有礼，只要遇到你的火力爆发点，内心的"牛粪"便立刻显露无遗。比如在餐厅吃饭，常有顾客对服务员说声"谢谢"，一旦服务员有些服务不到位时，有些顾客立马暴跳如雷，污言秽语接踵而至。变化怎么会那么快呢？这是因为他在对别人说谢谢时，并不是真正感谢对方通过辛勤劳动为自己提供了美食，只是表明自己是个懂礼貌的"文明人"，只是一个形式，"谢谢"不是从内心里发出来的。只要遇到自己不满意的情形时，内心那种高人一等的"牛粪"潜意识，便立刻通过怒气和恶语表现出来，不顾别人的感受，这种人我们只能称之为"假文明，真牛粪"。

感恩所有人，更应该感谢自己的亲人。"慈母手中线，游子身上衣。临行密密缝，意恐迟迟归。谁言寸草心，报得三春晖。"恩养父母，父慈子孝，避免了多少亲人之间的问题产生。

尊重妇女，善待妻子，避免了多少家庭矛盾。女性相较男性而言，更感性，每个女性都有一颗珍贵、淳朴、善良、宽容及博爱的心，她们终将为人妻，为人母，如果你想让别人尊重你的女儿、妻子或母亲，请善待尊重每一位女性，己所不欲，勿施于人。

孟子曰："爱人者，人恒爱之；敬人者，人恒敬之。"敬天爱人，诚心正意，才能与同事、家人、社会及环境和谐相处。

二、遵法守道

老子言："罪莫大于可欲，祸莫大于不知足；咎莫大于欲得。"人毕竟要生存，还要恩养父母等等，一点不争、无欲无求也不太现实，可在人人都有所求的情况下，该如何控制人的贪欲？

芸芸众生，熙熙攘攘，利来利往！人的贪欲无非是追求名与利、权与钱，为得到它们，有人置法律与道德不顾，肆意妄为，于是牛鬼蛇神及魑魅魍魉纷纷登台，吃喝嫖赌抽，坑蒙拐骗偷，真可谓"杀头的生意有人做，赔本的买卖没人干"。

权与钱真有那么好吗？任何事情都有其两面性，"高处不胜寒"及"猪肥有人杀"都告诉我们，有太多的权与钱并不都是好事。有私欲并不可怕，但关键是"君子爱财取之有道"！只要你通过合理合法的方式去获得，就能为自己避免了多少诚惶诚恐及牢狱之灾。

三鹿奶粉刑事案件中，厂家明知三聚氰胺有害健康，既然行业里都是

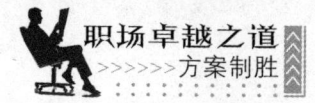

这么干的，本着"你能，我也能"的"大无畏革命英雄主义死磕到底的精神"，还是敢往生产的奶粉里添加。当多名祖国的花朵，因喝三鹿奶粉出现严重后果后，终于东窗事发。见过没良心的，没见过这样没良心的，全国人民都很生气，后果极其严重，三鹿倒闭了，多名政府高官下台。出来混，迟早都要还的。无论你是干了违法的事还是干了昧良心的事，实际上都是为自己挖了个坑，不知什么时候就把自己给埋了。他们逃脱不了制裁，多行不义必自毙！

天作孽犹可恕，自作孽不可活！做好人所得到的快乐，远胜于做坏人所得到的，做好人得到的快乐是持久的，温和的，可控的，如陈年老酒，历久弥香。做坏人得到的快乐是暂时的，有今天没明天，就像吸毒，离开了就痛苦不堪，直到自取灭亡。做坏人迟早会受到法律的制裁，同时还会受到良心的谴责，如果他还有良心发现的时刻。恰如老祖宗所言：善有善报，恶有恶报，不是不报，时候未到！

三、心态平静

遇事狂喜、暴怒、惊恐或绝望，种种非平静的心态，都会让人降低理智甚至失去理智，做出冲动的决定或行为，导致了很多事后遗憾不已的问题或麻烦，所以我们需要尽可能地保持心态平静。例如曹操在听了蒋干的密报后，勃然大怒，一时冲动，下令杀掉了水军都督蔡瑁、张允。等曹操冷静下来，知道中了周瑜的反间计后，木已成舟，无可挽回，二将已人头落地，这也直接导致了曹操最后被烟熏火燎而败走华容，遭受了"冲动的惩罚"。这还没完，此故事后来还诞生了一个经常被人念叨的歇后语：曹操杀蔡瑁——操之过急。看来"坏事传千里"并不是最可怕的，最可怕的是"遗臭万年"。如果曹操在天有灵，估计发自肺腑地最想说的一句话一定是："冲动是魔鬼啊！"

四、谨言慎行

人首先是处于社会这个系统中，每个人的成长经历不同，所看的书不同，观察事物的角度不同，站的立场不同，必然导致有些观点不同。俗话说"祸从口出"，你说的每一句话，如果想得不是很周到，不考虑别人的感受，只是有嘴无心，口无遮拦，必然引起别人的不快与反感，最终就会因口舌之争，演变为全武行。做事和说话一样，都需要"三思而后行"，不考虑清楚，不能随便下结论，也不能随便采取行动。行动过程中同样需要慎重：态度端正，做事认真，注意细节。只有这样，才能避免在解决问题的过程中，因眼高手低、心浮气躁而又产生新的问题。

飞机上，一只鹦鹉对空姐说："给爷来杯水"，猪也学鹦鹉，对空姐说："给爷来杯水"，空姐大怒，将鹦鹉和猪都扔下了飞机。这时鹦鹉对猪说："傻了吧，爷会飞。"

在这个广为流传的笑话中，"猪"不考虑自己的实际情况，人云亦云，盲目地照搬模仿，只能是自食苦果。而西周时周幽王，为博美人一笑，不考虑后果，多次烽火戏诸侯，导致诸侯众叛亲离。后来西戎、戎狄入侵周朝，诸侯无人来救，周幽王命丧黄泉，还葬送了周王朝。"猪"不谨言，周幽王不慎行，结果都很惨。

五、尊重规律

一切事物都是按照规律变化着，如果我们不学无术，不懂事物变化发展的内在规律，想当然地我行我素，必然会产生很多问题。

（一）按规律生活

身体是每个人一辈子的事，重要性不言而喻。可很多人不健康的生活方式，却极大地损害了自己的身体。在大家都追求功名利禄的当下，人们更喜欢看成功学的书及与本专业谋生相关的书，还有一部分人是根本就不看书，更多的人则是在生了大病或退休后才开始关注如何养生，这显然是不明智的。中国人至少应该看一看《黄帝内经》这本书，了解一下身体是如何运作的，然后按规律去生活。在我看来，最简单的养生就是保持心态平和，做任何与身体相关的事不应过分。劳逸结合，定时锻炼身体；饮食

适度，不暴饮暴食，不偏食；夏天不暴晒，少喝冷饮，少吹空调；冬天注意保暖，不当二杆子；作息有规律，不熬夜。

年轻人受电影及广告的误导，喜欢我行我素，追求及时快乐，对父母的忠告不以为然，心怀"无所谓，我愿意"的态度去彰显个性，这实际上是"拿无知当个性"。以前初中有个同学见别人戴眼镜挺美，可自己眼睛视力很好，想戴眼镜又怕被人讥讽为臭美，他就想方设法地把眼睛弄近视，以便"合法"地戴眼镜，最后终于得偿所愿，可现如今肠子都悔绿了。孙悟空也就是因为爱美，愣是主动给自己申请了一个藏有紧箍的花帽子，最后想去都去不掉。

身体是用来爱惜的，不是用来挥霍和炫耀的，更不是用来恃强凌弱的。身体是伴随我们一生的基础，是我们拥有的一笔巨大的财富，它永远是我们重点关注的对象。拥有健康时，不感到珍贵，失去之后，每恢复哪怕一点点，都会兴奋不已。心灵上的伤害有时候可以通过顿悟，顷刻间就能付之微微一笑，释然了；但损害了身体，有时候需要几十年去恢复，甚至是终身也恢复不了。

现如今亚健康及过劳死非常严重，残酷的事实说明：健康地活着，远比"高富帅"及"白富美"重要！人的生命如一支燃烧的蜡烛，不良的生活方式如抽烟酗酒等等，加速了蜡烛的消耗。按规律生活，珍惜并打造一个健康的身体，为自己的生存及幸福生活奠定一个坚实的基础，让生命之灯绽放出更持久、更明亮、更绚丽的光芒。

（二）按规律做事

一个经理被免职，气成了植物人，被送到医院。医生诊断后说："根据我30年的经验，给他念个恢复原职的通知，兴许就好了。"经理妻子想："既然要念，干脆念个总经理，让他高兴高兴。"哪知经理一听立即挺身而起，大笑不止，随即却又突然气绝身亡。医生遗憾地说："不遵医嘱，擅增剂量。"

这个笑话与拔苗助长的故事异曲同工，都说明按规律做事的重要性。

农民的辛勤劳作可使禾苗在一定程度上长得更快，可违反禾苗的正常生长规律，拔高禾苗，必然导致禾枯苗死，颗粒无收；经理妻子"擅增剂量"，让经理乐极生悲。欲速则不达，好心办坏事。纵然人的意志和主观努力，可以在一定程度上改变或是影响自然的过程，但是倘若完全脱离自然规律而任意发挥人的意志，其效果便适得其反，必然招致规律的严惩。办事要遵循客观规律，从实际出发，就能避免很多问题的产生。

生活的有趣在于按规律做事，生活的无情在于不论你是好人坏人，违反了规律，必受其累。

第二节　凭借方法避免问题

全靠个人修养，显然靠不住，因为在利欲熏心时，有人就 hold 不住了，什么事情都做得出来。而提高素养本身就是个耗时比较长的系统工程，不会一蹴而就，十年树木，百年树人，我们需要提高别人及自己的素养的同时，还需要用外在人为的办法，去避免问题的产生，以下简要介绍 5 种方法：

一、及时奖惩

管理中常用的两种方式是奖与罚，奖是为了鼓励人遵守规章制度的行为，罚则是让违规者有切肤之痛而不再犯。马路口及中小学附近是易出事故的地带，为防止无知司机乱闯红灯及高速驾驶，交管部门就采取了限速规定，并安装摄像头及减速带，让违规之人得到应有处罚，尤其是减速带，让司机不得不减速，否则立即会感受到剧烈的颠簸，让人十分难受，据说最严重的能使孕妇流产。这种及时的惩罚让人不得不遵守交规。而汽车上保险时，规定如果上年无出险次数，来年保费可优惠 10％；如果连续几年没有出险次数记录，那么保费优惠最高能达到 30％；与此相反，若是

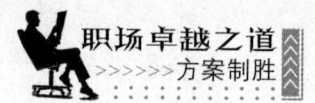

自己在一年中如果出险赔付 1 到 2 次，保费不浮动，赔付 3 次上浮 10％，最高能上浮 30％。这就是从奖励及处罚的角度促进人们小心谨慎驾驶，进而降低事故发生的频率。

二、简单问题复杂化

人人都喜欢"复杂的问题简单化"，可在关键的节点或有重大恶劣影响的事情时，就得反其道而行之——"简单的问题复杂化"。如手机放在口袋里时，常有误拨电话的时候，针对这种情况，手机开发商开发一种程序，当手机每隔一个固定时间不使用时，会自动锁定，可接但不能打电话，如果想打电话，就得先解锁。我刚开始开手动挡捷达车时，常抱怨为什么挂倒挡会那么麻烦，需要按下挡把，然后再挂挡，后来明白这是厂家故意的，就是为了增加难度，防止在前进时不小心挂上倒挡而损坏变速箱。新手司机启动时常会出现车子立即往前冲的情况，原因是车子在先前熄火停放时，未将挡位放在空挡或驻车挡，于是车辆生产者就想出一种办法，当挡位不在空挡或驻车挡时，无论你怎么启动就是打不着火，只有把挡位放在非动力挡时，车子才能启动，这样就避免了可能出现的事故。

三、凭借机制

有 7 个人住在一起，每天共食一锅粥，因人多粥少，争先恐后，秩序混乱，还互相埋怨，心存芥蒂。于是，他们想办法解决每天的吃饭问题——怎样公平合理地分食一锅粥。

他们试验了不同的方法：

第一种方法，大家轮流主持分粥，每人一天，虽然看起来平等了，但是几乎每周下来，他们只有一天是饱的，就是自己分粥的那一天；

第二种方法，推选出一个人来分粥，开始这位品德尚属上乘的人还能公平分粥，但没多久，他开始为自己和溜须拍马的人多分，搞得整个小团体乌烟瘴气；

第三种方法，选举一个分粥委员会和一个监督委员会，形成监督和制约机制，公平基本上做到了，可是等互相扯皮下来，粥吃到嘴里全是凉的，大家也很不满意；

第四种方法，轮流分粥，而分粥的人要等到其他人都挑完后才能取剩下的最后一碗。

令人惊奇的是，采用此办法后，七只碗里的粥每次都几乎一样多，即便偶有不均，各人也认了，大家快快乐乐，和和气气，日子越过越好。

这个故事能给人带来很大的启示：

第一种方法说明人多是利己的，单凭个人自觉不是好办法；

第二种方法说明道德和人品是不可靠的，没有监督和约束的权利必然产生腐败；

第三种方法说明民主和制约机制很好，非常适用于做重大决策或国家及公司管理，但因其缺点是效率偏低，所以不适用于分粥这种事情，杀鸡焉用牛刀？但无论如何，肯定比前两种方法好，最起码能做到公平，解决了"不患寡而患不均"的问题；

第四种方法说明简单的问题就得用简单的办法，杀鸡最好就用杀鸡刀。根据谁都不愿吃亏的心理，采取"轮流分最后取"的机制就解决了分粥的问题。

此故事说明好的机制和制度远比道德可靠，人治不如法制，好的制度让坏人变好人，坏的制度让好人很容易变坏人。

四、检查与确认

工业精益生产里，下道工序需对上一工序的产品进行检验，确认是否为合格产品，以期及时发现问题产品，避免后续无谓的加工生产或产生更大的问题。同样道理，我们平时工作及生活过程中，也需要在不同的节点进行检查与确认，否则也会重演小品里本想捐款3000元，一不小心多按了个0，最后捐了3万元之类的笑话，从"不差钱"到"就差钱"就是手指那么一哆嗦。

人的决策及定论里常存在着"思维盲区"，因为决策和定论都是有先

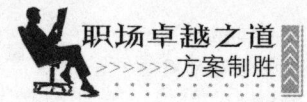

决条件的，而我们决策时，常会想当然地以为这些先决条件是成立的，而没有去检查及核实，犯了"想当然"及"我以为"之类的毛病。

A君正在吃晚饭，突然朋友到访，为表热情，决定去买菜，在家招待朋友。他拿着钱包就下楼，到了楼下才发现下雨了，真倒霉，赶紧折腾回去拿伞，到了家门口，摸摸口袋，发现钥匙落家了，只好敲门要伞。然后再次出门买菜，通往最近菜市场的路上，一处路段积水太深，无法通过，才想起来这是小区的顽疾之一，太倒霉了，只想着买菜，没考虑路径。A君赶紧又换另一条路，到了菜市场，发现想买的菜已经卖完了，原来时间有点晚，还能有比这更郁闷的吗？A君快愤怒了，又赶紧去距离较远的大超市，选了所需要的菜，急忙到收费处结账，打开钱包准备付钱，傻眼了，包里没钱，想打电话求援，发现手机没带。A君这倒霉孩子彻底崩溃了，独自行走在昏暗的雨夜里，感到冷冷的冰雨胡乱拍打着自己，更冷的是那颗哇凉哇凉的心。

买菜这么简单的一个决定至少包含了4个潜在的先决条件：天气良好，道路通畅，菜场有菜，钱包有钱。出门三件宝：钥匙、手机和钱包。这是每一个人出门时必须检验的三项。A君只带了一个钱包，但也没检查里面是否有钱，相当于没带。出门不看天气，多数时候可能没事，但不怕一万，就怕万一。对于先决条件及三件宝，马虎的A君是一个也没检查与确认，"想当然"地认为都没问题，结果问题连连，处处碰壁，鼻青脸肿，怪谁呢？买菜的事情很难吗？显然不是，主要是粗心马虎，没有检查确认。

有时即使经常检查与确认，依然会犯错误，原因是"灯下黑"，灯能照亮别人，却看不见自己。当局者迷，旁观者清，所以重要的事情，需要让别人帮着检查一下，尽量降低犯错的可能。

只要我们做决策时，首先想一下决策的先决条件是什么，然后逐一核实，消除思维里的盲区，必能大幅度降低犯低级错误的可能。

五、增加防护装置

为了防止站台上人员有意或无意掉进地铁轨道上，如今很多地铁都装有安全门，这样基本就杜绝了地铁撞人事故的发生。可有时无论做再多的预防工作，有些事故还是不可避免地发生。对于容易造成重大危害的事故，我们需要提前增加防护装置或备用设施，尽量减轻或避免事故带来的危害。如交通事故很容易造成人员伤亡，现在大部分汽车都安装安全气囊，在激烈碰撞时，安全气囊会自动打开，可有效保护车内人员。手机通信基站主要靠工业电力来保持正常运行，但每个基站都配有备用电源，因为电力为通信公司非可控因素，一旦电力中断，无线通讯肯定无法进行，会造成巨大负面影响。配有备用电源时，一旦意外发生，备用电源会自动马上供电，达到真正有备无患。

及时惩罚是从后果上让人从主观意愿上不愿不敢犯错误，不是不想，实在是不愿，让其有贼心没贼胆；简单问题复杂化是提高门槛，增加犯错的难度，也就是如果马虎的级别不够高或破坏力不够强，就很难犯错；机制是即使你有心使坏，也让你无用武之地，不给你犯错的可能；检查与确认是为了及时发现问题，避免产生更大的问题，亡羊补牢，犹未晚也；增加防护措施是在问题发生时，尽量减少或杜绝损害及损失。

因此，通过内在素养和意识的提升，以及外在方法的制约，双管齐下，标本兼治，必能大幅度有效地减少问题的发生。

避免问题的发生，方法还有很多，下文还会有一些介绍，在此不再一一赘述。但我们一定要记住的是，避免问题的发生，才是最值得称赞的，就像扁鹊他大哥那样。

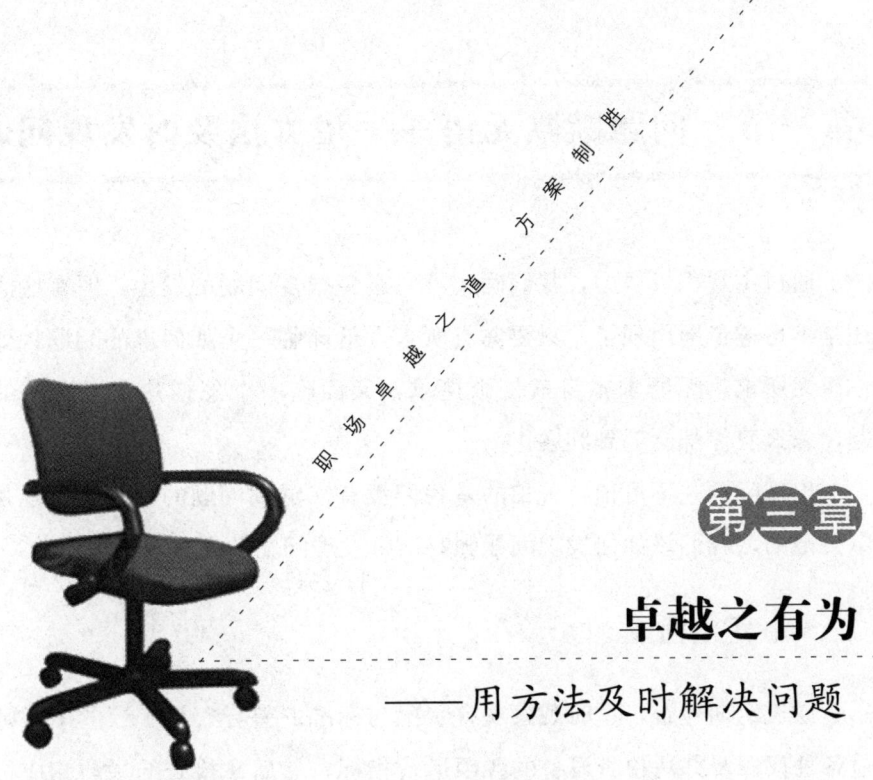

第三章

卓越之有为

——用方法及时解决问题

出现问题并不可怕，可怕的是我们没有觉察到问题的存在。意识不到问题的一直存在，才是最大的问题。问题是默默无语的，需要用方法及时发现；问题会不断壮大，需要用方法及时解决问题。

问题就是成长的机会、升迁的机会，解决问题是迈向卓越的重要一步。

第一节　问题默默无语——用方法及时发现问题

通过主观积极努力，我们确实可以避免很多问题的发生，但有些问题还是不可避免地出现了。只要你有所求，就面临一个如何求的问题；如果你想无所求，无所求本身就是个追求，又面临一个怎样达到无所求的问题，怎么着你都会遇到问题。

出现问题并不可怕，可怕的是我们没有察觉到问题的存在。问题是默默无语的，我们该如何发现问题呢？通常发现问题的方法有以下五种：

一、定期检查

通过定期检查，适时观察现有状况与标准的差异。如工厂的工程师通过各种仪器及办法检查设备的各项运行指标，然后拿检查结果与相应标准进行比对，处于合理值范围以内的就是正常的，否则就是不正常的，需要及时修正了。银行为了保证数据的准确性，每天下班前都要进行对账，如有数据差异，便立即解决，此类对账很有效地预防了职务犯罪。

二、沟通交流

虚心向高水平的人员或系统进行沟通交流比照，以发现差距。职场中类似于井底之蛙的人并不少见，自满自足，对存在的问题浑然不知，还认为自己很高明。与高手过招，才能不断进步，否则与臭棋篓子下棋，只能越下越臭。

三、自动监测

增加自动监测报警装置，提醒人们已经遇到问题。这种方法已经广泛应用于工业生产和汽车制造之中，其中越是高级的轿车，自动报警装置就越多，如行驶中未系安全带或未放下手刹，车子会不停地报警；如果胎压不够或需做保养，监测软件会自动提醒；如果你超速驾驶，导航软件会直接言语提示"您已超速"。安装自动监测报警装置是一种极为有效的帮助人们及时发现问题的措施。

四、提高意识

所有问题都是问题！生活和工作中已经遇到或别人指点出来的任何问题，无论大小，都是你发现的问题，都不能掉以轻心。感觉好像是句废话，实际上很多人对问题是不敏感的，尤其是不重视小问题。遇到小问题时，总觉得小，不是个问题，所以就跟没事人似的，对之不理不睬，结果导致祸事连连。不是有句话叫"视而不见，听而不闻"吗？原因就在于不重视小问题。

个人在此方面可谓是深受其害的"资深人士"了，略举两例。

家长、老师及上司都曾说过我诸多优点，但有"马虎"的缺点，而我却是左耳进，右耳出，倒是只把自己的优点给记住了，还颇为自豪，我只要做好事情关键点和最难点就行了，其他的细枝末节不重要，人哪还能没点儿缺点？现今想起来，我吃尽了"马虎"的苦头，"马虎"的威力不亚于一只真虎！

当年高考时我的分数是 746，而采用综合计分制时，全国升学压力最大的河南省每年能上 700 分的也就 700 来人，我大概排名应该在 500 名以内，分数下来时，我戏说"746"不吉利，谐音"气死喽"。由于填志愿时未在"是否同意调剂"一栏中打钩，结果一路下滑，考上了一个做梦都没想到的专科，当时填专科志愿时就是那么随便选了一个在河南省只招一个考生的学校，心想只招一人，将来工作肯定好找。更为要命的是专业为英语，这和赶鸭子上架差不多，整个高中期间英语就没及格过几次，这源于自己的一个优点——"忘性好"。填志愿马虎，选学校及专业马虎，导致一句戏言最后一语成谶，而惨痛的教训当时只归结为运气不好。

总结不到位，导致悲剧不停地上演！

驾校考交规时，我信心满满地走上了考场，谁让咱准备充分呢？不到20分钟，题做完了，点击查询总分，100分！喜啊，付出总有回报，这次咱考了个宇宙第一！颠儿颠儿地就到老师那儿登记分数，可老师的电脑上显示我的分数为零，老师经过仔细核对后说："你坐错位置了！"我说："那现在我能再考一次吗？""不行，你赶紧去登记下次补考吧。"我算是彻底傻眼了，原来自己没有仔细听考前老师的讲话，错误地以交通法规培训证上的编号找到了位子。更为凑巧的是我坐的那个位子上的考生当天没来，否则我也不会坐那个位置。真是马虎害死人，高考后怎么着还有个学校上，这次干脆来了个100分等于0。

两次考试我的分数都很高，把过程中最难的环节做得都不错，可结果都很雷人。现在总结起来，主要原因是自己一直不为重视的"马虎"问题，轻视了过程中的细小环节。过程是由众多环节组成，环环相扣，如同链条，环节之间虽有难度差异，但那只是付出的努力不一样，而态度应该是一样的，手心手背都是肉，不能偏心，因为任一环节都是必不可少的，任一环节掉了链子，整个链条就废了。

不重视问题就等于没发现这个问题。"庆父不死，鲁难未已！"不从思想上解决"轻视问题"及"轻视小问题"的毛病，那就瞧好吧，问题是很"认真负责"的，"自尊心"也是很强的，在它的持续不断的努力下，您将很荣幸地一直担任自导自演的长篇生活电视连续剧《悲剧》的男（女）一号。

五、问题一直存在

问题一直存在，原因有三。

（一）目标就是问题

每个人天天面临着如何实现目标，目标实际上就是自己面临的问题。

（二）与极致的差距就是问题

随着地球村的到来，竞争已经是全球化的事情，和你竞争的都是世界上最优秀的人或企业，这也是现代人活得很累的一个重要原因，牛人太多！竞争的最终结果必然是理想化与极致化，要想在全球化竞争中存活下来，唯有走"极限思维"的路线，极致是每个人工作和生活追求的最高准绳，而你自己实际的水平与极致之间的差距就是问题。丰田的"JIT"准时制生产方式，追求的就是"零库存、零浪费"，改变了传统的生产方式，极大地降低了生产成本；苹果手机是科技与艺术完美的结合，将用户体验做到了极致，所以才很快地将江湖老大诺基亚打翻在地。

一步就达到理想中的"极致"，肯定有难度，但首先不能对"极致"说"不可能"，其次要积极地探求达到"极致"的路径与方法，不故步自封，每天保持进步，永远也别停下追求极致的脚步，即使达不到理想的"极致"，也会无限靠近"极致"，在竞争中保持领先。一旦别人做到了，而你没有做到，后果可想而知。朝着极致方向努力，做好每一件事情，尽量追求完美，你才能不断地超越自己，实现心中的梦想。

（三）潜在的威胁就是问题

生活中处处充满危险的因素，如空气中看不见摸不着的各种病毒、每一个人身上都潜伏着的癌细胞等，我们平时没感觉，是因为我们抵抗力强，潜在因素撼动不了我们，在它们还没形成气候时，已经被身体内的安保系统给干掉了。一旦自己身体弱抵抗力差时，病菌或癌细胞便乘虚而入，它们取胜的策略和《孙子兵法》里的避实击虚一模一样。空气中的病毒就如非洲草原上的狮子，一方面捕捉到的猎物多是老弱病残，另一方面也促进着食草动物的进化，只有跑得最快、身体最强健的才能生存下来。

工作中其实也处处充满危险的因素，如竞争对手，足以颠覆行业的创新科技，顾客需求的不断变化，政策的变化，等等。昔日风光无限的 BP 机，直接被手机的短信给干倒。功成名就而停滞不前，只会风光一时；居

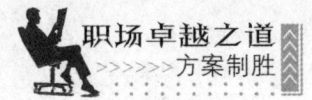

安思危且持续进步，才可能捷报频传。

所以说问题是一直都存在的，它并不会因为我们的否认及无视而消失。意识不到问题的一直存在，才是最大的问题。当我们真正明白危险因素无时无处不在时，就能理解为什么古人提倡"居安思危"了。春风得意时，要看看潜在危险有哪些，不要让胜利蒙住了双眼，尽量保证目前胜利果实并取得更大的进步。

第二节　不轻视小问题——小问题可造成大灾难

无论发现任何问题，无论大小，只要不影响母系统的战略，都要立即想办法及时彻底解决。

问题是不打不倒的，小问题也是问题，及时解决小问题好处主要有以下三点：

一、防微杜渐

把问题消灭在萌芽状态是最经济的，也是最容易的，可防止问题最后演变为灾难，任何大灾难都是由小问题演变而来的。

医生说，"乔，有个好消息，我可以治疗你的头痛。坏消息是，我必须把你的睾丸割掉。由于一种罕见的病因，你的睾丸肿大变形成癌，压迫了脊柱，造成你的头非常疼痛。唯一办法，就是切除睾丸，再不切有生命之忧。"

乔感到震惊和沮丧。他不知道没有了睾丸，活着还有什么意义。他没有足够长的时间来思考，但最终还是决定去开刀。

当他出院时，20多年来头一次他不头痛了，但他觉得，他失去了男人的一个重要组成部分。当他走在大街上，他意识到，他应该改变。他可以开始一段新生活。他看到一间男装店，心想，"这就是我需要的新的西装。"

他走进商店对售货员说，"我想要一套新的西装。"一个老裁缝看了看他说："让我来看看……穿44号的。"乔笑着说，"对啊，你怎么知道？"

"60年的经验！"

乔试了试44号的西装，很合身。

售货员问："一件新的T恤怎么样？"乔想了一会儿，然后说："当然。"售货员看看乔说，"让我看看，34的袖口，16－1/2的领口。"再次，乔很惊讶，"对啊，你怎么知道？""60年的经验！"

乔试了衬衫，非常合身。正当乔调整衣领的时候，售货员又问："来双新鞋怎么样？"乔说："当然。"售货员看看乔的脚说："让我看看……9－1/2E。"乔很惊讶，"对啊，你怎么知道？""60年的经验！"

乔试了鞋也很合脚。售货员又问道："再试试内裤怎么样？"乔想了一下说："可以。"推销员退了一步，看了看乔的腰，说："让我来看看……36号的。"

乔笑了起来，"啊哈哈！看错了吧！我从18岁开始就一直穿34号的。"售货员问："你是不是觉得有些小，穿着有些不舒服？"乔说："是有些，但这样让我看起来更性感，时间长了也习惯了。"售货员摇摇头说："你不能再穿34的了。否则34的内裤会让你的睾丸肿大成癌，压迫脊柱，使你的头痛得要死。"

这虽然是一个笑话，但也蕴含了一定的道理。

首先乔本来早就遇到"内裤较小"的问题了，也感觉到了不舒服，可没把这个问题当回事，而不重视问题，就等于没发现这个问题。问题的"自尊心"可是很强的，且"职业素养"极高，非常"认真负责"，你不重视它，它可就要重视你了，它会想方设法让你注意到它。等你真正意识到它的存在时，它羽翼已丰，正看着战利品得意地笑，让你还敢小瞧我。而你就惨了，呼天天不应，叫地地不灵。

其次，因为偏爱所谓的"性感"，乔经过20多年的无心培育，生生将一个"内裤较小"的"幼虎"养成了"睾丸肿大成癌"的"老虎"，终为虎伤。解决"内裤较小"的问题多么简单，但爱美之心却阻碍了问题解

决，可见过分的爱美之心害死人啊！

你想成为下一个"乔"吗？答案如果是否定的，那就千万不能忽视小的问题，必须在其萌芽状态下就地消灭，千万别拿豆包不当干粮！

企业管理有个原则：化危机管理为细节管理。与其力挽狂澜做英雄，还不如在问题的萌芽状态就消灭它，灾难也是从小问题慢慢发展而来的。工作中关注细节，对问题保持高度敏感性，不对小问题掉以轻心，否则祸事连连。

二、杜绝跟风

管理上有个破窗理论：一个房子如果窗户破了，没有人去修补，隔不久，其他的窗户也会莫名其妙地被人打破；一面墙，如果出现一些涂鸦没有被清洗掉，很快地，墙上就布满了乱七八糟、不堪入目的东西；一个很干净的地方，人们不好意思扔垃圾，但是一旦地上有垃圾出现之后，人就会毫不犹豫地扔，丝毫不觉羞愧。

作为一个管理者，最需要注意这些小问题，否则会有很多人效仿，就如同往奶粉里加三聚氰胺似的，你能我也能，失去了社会责任感。

三、问题就是机会

在工作中发现问题并及时解决问题，不仅提高了个人能力，还给公司避免了损失，锋芒毕露，机会适当时，自然会得到升迁的机会。**问题就是成长的机会、升迁的机会**。

在生活中当你遇到一个问题时，别人也可能同样遇到这样的问题。当你能为很多人解决问题时，你就可以开个收费服务的公司，发财的商机就出现了。把复杂的事情变简单也是商机。

安全刀片大王吉列，未发明刀片以前是一家瓶盖公司的推销员。他从20多岁时就开始节衣缩食，把省下来的钱全用在发明研究中。过了近20年，他仍旧一事无成。

一年夏天，吉列到保斯顿市去出差。在返回的前一天买了火车票。翌晨，他起床迟了一点，正匆忙地用刀刮胡子，旅馆的服务员急匆匆地走进来喊道：

"再有 5 分钟，火车就要开了！"吉列听到后，一紧张，不小心把嘴巴刮伤了。吉列一边用纸擦血一边想："如果能发明一种不容易伤皮肤的刀子，一定会大受欢迎。"于是，他就埋头钻研。经过千辛万苦之后，吉列终于发明了现在我们每天所用的安全刀片。他也因此成为世界安全刀片大王。

有许许多多成大事者的范例，都是由现实生活中遇到的问题所触发的灵感引起的。

美国佛罗里达州有位穷画家，名叫海曼。他当时只有一点点画具，仅有的一支铅笔也是削得短短的。有一天，海曼正在绘图时，找不到橡皮擦。费了很大劲才找到时，铅笔又不见了。铅笔找到后，为了防止再丢，他索性将橡皮用丝线扎到铅笔的尾端。但用了一会，橡皮又掉了。"真该死！"他气恼地骂着。海曼为此事琢磨了好几天，终于想出主意来了：他剪下一小块薄铁片，把橡皮和铅笔绕着包了起来。果然，用一点小工夫做出来的这个玩意相当管用。后来，他申请了专利，并把这专利卖给了一家铅笔公司，从而赚得 55 万美元。

千万别小看你自己无意中的小创意。这样的例子还有很多，只要你善于观察，勤于思考，就会发现身边的机遇很多。

第三节　不恐惧大问题——大问题意味着大机遇

如果这个问题已经是灾难了，立即想办法去解决，这样做有两点好处。

一、减少损失

如地震、海啸等自然灾害发生的 72 小时以内，是救援的黄金时段，在这个时段内，动员一切力量，不分昼夜地搜救，可以尽可能地挽救被埋幸存者，减少因灾难造成的损失。

二、富含机遇

面对重大危机，平庸之人畏缩不前，束手无策，卓越之人迎难而上，积极化解。因为卓越之人深知"危机＝危险＋机会"，"危险"越大，"机会"越大！洛杉矶奥运会就是个很好的例子。

由于前几届奥运会耗资不断加大以及政治因素的干扰，使得申办奥运会的城市望而却步，越来越少。因此，在1978年国际奥委会雅典年会上，洛杉矶在没有对手的情况下，获得了1984年奥运会的承办权。由于洛杉矶市政府明令禁止动用公共基金，加利福尼亚州又不准发行彩票，而这两者都是奥运会筹款的传统模式，因此洛杉矶奥组委的资金捉襟见肘。

没有钱怎么办奥运？能人出现了！洛杉矶奥运会组委会主席尤伯罗斯从"收"与"支"两方面开展工作。

首先是最大限度增加"收入"。

主要手段有：拉赞助；出售电视广播权和比赛门票。

最辉煌的创举是把竞争机制引入赞助营销，他将正式赞助商的总数严格限制为30个，规定每个行业通过竞标的方式只接受一家赞助商，利用商家争当行业龙头老大的心态，促使行业内部企业进行激烈的竞争，进而最大限度地提高赞助价位。

另外，他利用美国人为自己能当一名奥运火炬手而感到自豪的心态，把与商家无丝毫联系的火炬接力也变成了"印钞机"。他开价3000美元一公里，拍卖美国境内奥运火炬传递路线的所有里程。

其次是最大限度减少"支出"。

主要手段有：充分利用现有设施，尽量不修建体育场馆；不新盖奥林匹克村，租借两座大学宿舍供住宿；招募志愿人员为大会义务工作等。

尤伯罗斯在无政府补助的情况下，积极开源节流，使得1984年奥运会最终赢利2.5亿美元。

"遇到问题找方法，方法总比问题多！"尤伯罗斯临危受命，想尽各种办法，不仅改变了以往奥运会"赔本赚吆喝"的历史，而且在没有任何政府资助的情况下，创造了 2.5 亿美元的盈利，把奥运会变成了人见人爱的"香饽饽"。尤伯罗斯本人因此获得国际奥委会颁发的奥林匹克金质勋章。

职场中总会遇到各式各样的问题，有的人在克服了一个又一个困难后，成为了能力超强的人，而有的人在困难面前不知所措，甚至精神崩溃或自杀。其实困难远没有想象的那么困难，困难就如同台阶，困难是促进人进步的绝佳的机会，感谢还来不及，何来那么多的恐惧呢！"宝剑锋从磨砺出，梅花香自苦寒来。"只要我们掌握了一些解决问题的方法，问题基本上都是可以解决的。面对大问题，我们就去找"方法"吧。时势造英雄，乱世出豪杰，说不定在解决了大问题后，我们也能成为别人眼中的"大英雄"。

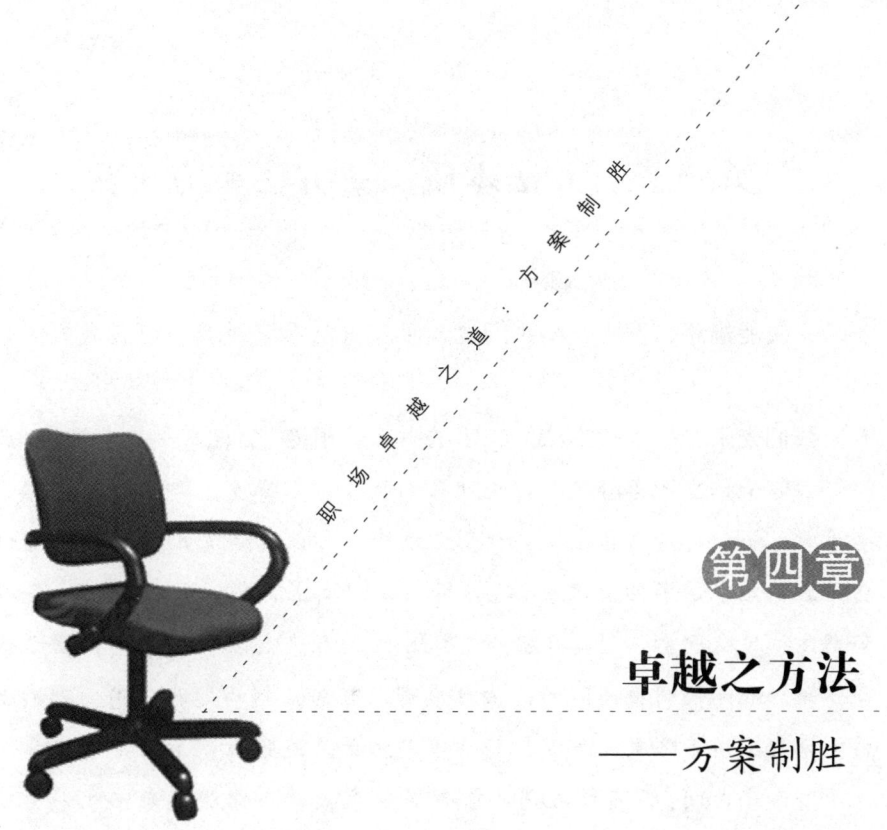

第四章

卓越之方法

——方案制胜

结果不好，多是方法不对。对于我们来说，有方有法才能有好结果，有方有法才能有未来。

"方"与"法"二合一可以解决问题，可如果我们用"遇到问题找方法"这个理念去对付问题时，常会掉入一个陷阱，那就是思考的单一化，想问题会偏简单；如果我们用"遇到问题找方案"这个理念去对付问题时，可以卓越地解决问题。

第一节　方法本质——方法＝方＋法

方法能避免、发现并解决问题，足见方法有多重要，可到底方法是什么呢？

我们先来看一下"方法"二字的由来，相传"方法"一词起源于中医。

古时一位皇帝患噎膈症，吃什么都吐，命在旦夕。御医费尽心思，均告无效。一天，侍从禀报说："百里之外，有位隐居深山的和尚，据说有根治此病之术，不妨请来一试。"和尚来到皇上榻前，切完脉后，随即开好药方。侍从一看，说："为何尚复此方？"原来药物、剂量与御医之方分毫不差。和尚仍叫把药取回，亲自煎药，煎到只剩两匙时，用汤匙盛上药汁，请皇上用舌舔服，直至把药汁舔完为止。连服数剂后，病竟渐愈。皇上重赏和尚，问："同样之药，前者医朕无效，而你能起死回生，其中有何奥秘？"答曰："医药者，既要有方，又要有法。皇上之病在咽膈，用舌舔汤匙上药，可使缓缓作用于病灶之处，此乃是法。如果仍用饮服方法，难免药过病所，无济于事。"皇上大悟："方法，方法，光有方不行，服用还要有法，方与法结合才行。"

然后我们再来看一下方法的定义：为达到某种目的而采取的途径、步骤、手段等。从方法的由来及定义可以看出，方法实际上有两种含义：第一，"手段"是"为达到某种目的"而进行的事前"谋划"，也就是"方"；第二，"途径、步骤"实际上就是在实现目标的过程中，执行的"整体流程"，也就是"法"。

了解完"方法"的概念，下面分别从"手段"和"流程"两个角度来解读"方法"。

第一，手段是什么？"手段"是"为达到某种目的"而进行的事前"谋划"，只是个建议或想法，列举一例，便能清楚地了解什么是"手段"。

某地的一群老鼠，深为附近一只凶狠无比、善于捕鼠的猫所苦。这一天，老鼠们群聚一堂，讨论如何解决这个心腹大患。老鼠们颇有自知之明，并没有猎杀猫儿的雄心壮志，只不过想探知此猫的行踪，早做防范。有只老鼠的提议立刻引来满场的叫好声，说来也无甚高论，它建议在猫儿身上挂个铃铛，如此一来，当猫儿接近时，老鼠们就能预先做好逃遁的准备。

在一片叫好声中，有只不识时务的老鼠突然问道："那么，谁来挂铃铛呢？"

很明显，老鼠想达到的目的是对猫这个敌人进行"预警"，采用的"手段"是"给猫挂个铃铛"，可实现这个"手段"的"流程"是什么？如何去执行？太难了！所以说一个再绝妙的"手段"，如果执行起来很困难，那就不是个好"手段"。这不禁使我想起了《大话西游》里唐僧的一句经典台词："观音姐姐，悟空想吃我，那只是一个想法！"

而方法的由来告诉我们，即使"方"对了，可"法"（流程）不对，同样解决不了问题，可见光有"方"是远远不够的，还需要同样很重要的"法"（流程）。

第二，流程是什么？流程是指一个或一系列连续有规律的行动，这些行动以确定的方式发生或执行，**导致特定结果的实现**。

无论干什么事，都有一个"先做什么、接着做什么、最后做什么"的先后顺序，这就是我们工作中的流程。除此之外，还经常说某某人能办事，善于做事，这说明干同样的事，他们做得比别人的更有效果，到底是什么原因导致的呢？可能是先后顺序不同，也可能是做事的内容不同，因此，流程就是做事方法。同时，我们做任何事情都需要资源投入，例如资金、信息、时间、人员、技术等等，因此对投入的资源也要善加管理，否则也难于成事，就像下象棋，开始双方的资源都是一样的，可水平差的不一会就被高手给干掉了。流程概念运用于企业，就变成了一本标准化的操作手册，它能够有效地凝聚经验、指导新人、提高工作效率、提升工作效果，最终带来企业竞争力的提升。例如麦当劳的操作手册，精细简单到很

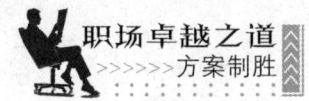

快就能培训一个新员工炸出合格的薯条，大大降低了对人员及管理的要求。因此流程就是一系列活动的组合，这一组合接受各种投入要素，包括信息、资金、人员、技术等，最后通过确定的步骤，借助事物之间的相互关系及作用，产生所期望的结果。

下面通过一个简单的例子，来看一下什么是流程。

我们在乘电梯或打电话时，常会有按错数字键或楼层按钮的情况，对于我们普通人来说，按错了无所谓，大不了再重新按一次，很少有人会去细想一下为什么会按错，怎么保证这样的错误不再重犯。即使有人去总结为什么会按错，也大多觉得是由于自己马虎、大意等原因造成的，下次认真点就行了。这种总结显然是不到位的，太虚了，不具体，怎样能保证自己到时候能"认真"？通过什么方法能实现"认真"及好的结果？不知道！**结果不好多是方法不对。我们应该从方法的角度考虑为什么没把事情做好。**对于飞行员来说，如果按错了按钮，结果就是毁灭性的和灾难性的，可能会机毁人亡，所以说飞行员是绝对不能按错按钮。而飞行员是依靠什么保证不按错按钮呢？靠的是流程！飞行员在确定按哪个按钮前，先把手指停留在目标按钮前一至两秒钟，确定无误后再按下按钮。如果我们按照这种流程再去拨电话号码或按电梯按钮时，相信就不会按错了，除非自己眼花。

按电梯按钮是个细节，是一个细到不能再分的细节，是一个简单到不能再简单的小事情，可要想准确地按中目标按钮，依然需要一定的**流程**，**而这个按电梯的步骤应该是一个最小的流程了。**

通过这个案例，相信大家能很好地理解什么是流程，同时从这里我们也能看到，把开飞机之类的"大事"做好的"方法"，就隐藏在我们日常生活中的按电梯按钮或拨电话之类的"小事"上。先把身边的"小事"做好，才能培养在未来把"大事"做好的能力和素养，等机会来临时，才能很好地把握住机会。

在"方法的由来"故事中，和尚对症所开的"药方"与太医一样，可在后续执行过程中，喝药的"法"（流程）不同，用"舐服"代替"饮喝"，结果实现药到病除。

"方法＝方＋法"，"方法"包括"手段"及"流程"两种意思，手段是从事前谋划角度来说，需要常说的"智商"，流程是从执行及过程角度来说，除"智商"之外，还需要常说的"态度"。良好的手段都靠强有力的流程执行才能实现，好的结果都是好的手段和强有力的流程执行的完美结合，二者缺一不可，所以说"结果不好，多是方法不对"。对于我们来说，有方有法才能有好结果，有方有法才能有未来。

第二节　方案制胜——方案＝目标＋原则＋多方＋多法

按电梯按钮算是生活中最小的一件事情，基本上我们所遇到的其他问题，都会比这个大一些。

再举一个稍微复杂的例子，例如我们拨打一个电话号码12167895432，按如下流程进行：

第一步：把此号码写在纸上，并把其化整为零，分成三组：121－6789－5432；

第二步：按每一个数字键前停留一至两秒钟进行确认，然后再按下数字键，按完121后，对屏幕上显示的该组数据进行确认；

第三步：后两组数字按同样方式进行；

第四步：三组数字都输入完后再整体确认一次。

按照这个流程去拨电话号码，就能极大地降低出错的概率。

有人可能觉得这样每按一个号码都停顿下，多麻烦，效率太低，可如果我们按错了一次，对方接通了，礼貌点的会告诉你"对不起，你打错了"，恶劣点的甚至会很轻蔑地大声说"打错了"，就直接挂了。之后你郁闷一会，再重新拨一次，这样给我们带来的时间损失，远比停顿的一至两秒确认时间要多很多。要想把11个数字键都按对，每按下一个键之前，停

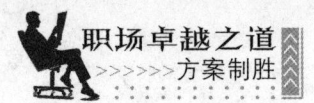

顿检查确认是必不可少的,只是每次我们拨电话号码时,都严格按照这个流程来做,然后熟能生巧,逐步减少停顿确认的时间,就能又快又准地拨打电话了。

拨打 12167895432 是一个很小的事情,包含 11 个细节,需要化整为零,化难为易,充分做好每个细节,最终才能做好一件事情。这也就是管理上常说的"复杂的事情简单化,简单的事情流程化"。

处理问题时,如果我们用"遇到问题找方法"这个理念去对付问题时,常会掉入一个陷阱,那就是思考的单一化,想问题会偏简单,下面这个"买土豆"的故事能很好地说明这一点。

在美国的佛罗里达州曾发生过这样一个故事。

一个叫约翰,一个叫哈里的两个年轻人,同时进入一家蔬菜贸易公司。

三个月后,哈里很不高兴地走到总经理办公室,向总经理抱怨说:"我和约翰同时来到公司,现在约翰的薪水已经增加了一倍,职位也上升到了部门主管。而我每天勤勤恳恳地工作,从来没有迟到早退过,对上司交代的任务总是按时按量地完成,从来没有拖沓过,可是为什么我的薪水一点没有增加,职位依然是公司的普通职员呢?"

总经理没有马上回答哈里的问题,而是意味深长地对他说"这样吧,公司现在打算预订一批土豆,你先去看一下哪里有卖的,回来我再回答你的问题。"

于是,哈里走出总经理办公室,找卖土豆的蔬菜市场去了。半个小时后,哈里急匆匆地来到总经理办公室,汇报说,"20 公里外的'集农蔬菜批发中心'有土豆卖"。

总经理听后问道,"一共有几家卖的?"哈里挠了挠头说:"我刚才只看到有卖的,没看到有几家,您稍等一会儿,我再去看一下!"

说完就又急匆匆地跑出去了。20 分钟后,哈里喘着粗气再次跑到总经理办公室汇报,"报告总经理! 一共有三家卖土豆的。"

总经理又问他"土豆的价格是多少? 三家的价格都一样吗?"哈里愣

了一下，又挠了挠头说，"总经理，您再等一会儿，我再去问一下。"

说完，哈里就要向外跑。这时，总经理叫住他，"你不用再去了，你去帮我把约翰叫来吧。"

三分钟后，哈里和约翰一起来到总经理办公室。总经理先对哈里说："你先在这里休息一下吧！"

然后又对约翰说："公司打算预订一批土豆，你去看一下哪里有卖的。"

40分钟后，约翰回来了，向总经理汇报：

"20公里外的'集农蔬菜批发中心'有三家卖土豆的。"

"其中两家都是0.90美元一斤，只有一家老头卖的是0.80美元一斤。"

"我看了一下他们的土豆，发现老头家的最便宜，而且质量也最好，因为他是自己农园里种植的。"

"如果我们需要很多的话，价格还可以更优惠一些，并且他们家有货车，可以免费送货上门。"

"我已经把那老头带来了，就在公司大门外等着，要不要让他进来具体洽谈一下？"

总经理说道，"不用了，你让他先回去吧！"

于是，约翰就出去了。

这时，总经理看着在办公室里目瞪口呆的哈里，问道："你都看到了吧！如果你是总经理，你会给谁加薪晋职呢？"

哈里惭愧地低下了头。

"买土豆"这个故事中，哈里是个典型的思维不成熟的青年，类似于挤牙膏，挤一下，出来一点，工作是被动的，只完成上级交办的任务，而不去想怎么样能把任务完成得更好一些。而约翰是一个典型的考虑很全面很系统的人。上级交代一个买土豆的任务，虽然任务不是很具体，也没点明他需要哪些关于土豆的信息，但约翰把买土豆当成一个系统和过程来考虑，买土豆肯定涉及到土豆的产地、质量、数量、价格、物流费、货比三

家等等，然后根据这些信息，综合考虑得出自己的较优方案，呈报给上级。约翰甚至还可以分别带三家的样品来佐证自己的观点，让上级相信自己不是在空口说白话。这样的员工怎能不让老板喜欢？

哈里和约翰的区别在于，一个是限于老板的问题，拿一个"方法"去对付；而约翰却用一个"方案"去解决老板交代的工作，让老板很省心。

拨电话号码及买土豆的故事，都说明要想把工作做到无可挑剔，做到卓尔不群，只能用"方案"来对付问题，方案成就卓越。

遇到"拨电话"及"买土豆"之类的事情，多数人都会习惯性地"轻视"，而不肯花时间去仔细考虑一下，而这正是"平庸"与"卓越"的差别所在。《孙子兵法》云："夫惟无虑而易敌者，必擒于人。"我们也常常栽倒在这些小事上，被人诟病却有些心有不甘，实际上每人都有把小事做好的能力。

通常，只有在遇到很大的问题时，我们才会用"方案"来应对，例如某某投资方案、项目投标方案，军事作战则是必做"方案"，而对于小事情，我们通常都不会去做方案，觉得没必要，如果非要做个方案出来，反而感觉有点小题大做。可现如今时代的发展，则要求我们必须具备"方案"意识，就得用"巡航导弹去打蚊子"，不在小事上锻炼自己的系统思维能力，也就没法具备解决大问题的能力。

既然方案是最有效、最周全的解决问题的方式，什么是方案？

方案是计划中内容最为复杂的一种。由于一些具有某种职能的具体工作比较复杂，不做全面部署不足以说明问题，因而公文内容构成势必要烦琐一些，一般有指导思想、主要目标、工作重点、实施步骤、政策措施、具体要求等六个项目。

方案虽被定义为"计划"中最为复杂的一种，其实也是"方法"中最为复杂的一种。在我看来，方案至少应该包括四项：目标、指导原则、解决思路（方）、实施流程（法）。其中"实施流程"中应考虑关键节点。有了这四项，对于我们解决一般问题基本足够了。

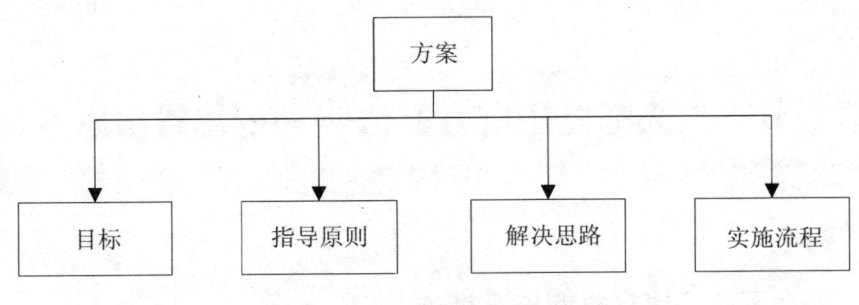

图4-1 "方案"四要素示意图

林彪曾经告诫指战员指挥作战时，要"拿豆腐当铁打"，也就是说，即使是打很小的仗，也要按打大仗的方式来打，首先要很重视战争，其次要制订相应的作战方案，一丝不苟。现如今职场中，同样也要求要高度重视每一项工作（态度决定一切），要注意细节（细节决定成败），理念上可能我们都具备了，可一到实际工作中，常常不知该如何重视工作，也不知如何去注意细节。而"方案"是承载这两项要求最好的落地工具，也是承载系统思维、过程思维、矛盾思维等良好思维最好的落地工具。

对于要解决的每一个问题，你都在事前按"目标、指导原则、解决思路（方）、实施流程（法）"进行筹划，养成凡事爱"动脑筋"的习惯，凡事必拿出应对的"最佳方案"，你解决问题的能力必将大幅度提高。

新时代提出了新要求，"遇到问题找方法，方法总比问题多"有点过时，应该改为"遇到问题找方案，方案总比问题多"，用"方案"去对付"困难"，用解决复杂问题的思路去应对每一个问题，必将极大地增加无往而不胜的可能。

第三节 人人都能想出好方法——好思维出妙方法

一、不迷信诸葛亮的神乎其神

一提到想办法，很多人潜意识里认为，必须是很聪明的人才能想出好办法。如果问问中国人，谁是最聪明的人，十有八九的人回答是"诸葛亮"。

历史上帮助帝王打天下的牛人数不胜数，为何一个在功业上和那些牛人相比不是很突出的诸葛亮，却声名远扬呢？我想更多的是拜四大名著之一《三国演义》所赐，一部历史性的畅销小说，让众多三国英雄妇幼皆知，耳熟能详，其中包括诸葛亮。《三国演义》虽说是一个历史题材的小说，但本质上来说是小说，小说就得来源于生活，又得高于生活，否则谁还愿意去看小说啊，直接看生活得了。作者罗贯中为了塑造一个"智圣"的需要，把众多牛人做的牛事也都集中安在诸葛亮身上，其中"空城计"就是三国正史所没有的，就如《亮剑》作者把众多开国战将的精彩历程，浓缩在李云龙身上一样，凡是浓缩的都是精华，是精华才有看点；为了进一步神话诸葛亮，更是把类似于"撒豆成兵"及"向天再借 500 年"等玄乎其玄的事情也安在诸葛亮头上。

有这么多手法来包装、炒作诸葛亮，加之其本来就很受推崇，这样他想不火都难了，过去很火，现在很火，在可以见到的未来，他会依然很火。诸葛亮已经成为"智圣"的代名词，深入人心已很多年。小说中诸葛亮的智慧让人感觉神乎其神，已经超过人类想象的范围了，《三国演义》里的牛人形容他时常用的一个词就是"神鬼莫测"，那我们常人更是不能窥其一二的。

果真如此吗？

  诸葛亮肯定是个很有谋略的人，他最让人称奇的莫过于三件事：草船借箭、借东风、空城计。这三件事如果用我们的笨脑袋，按唯物的观点分析一下，还是能看出一些门道的。

  在草船借箭中，诸葛亮的神奇在于准确地预报了三天后会有大雾。在古代农业社会，由于天气对农作物生长影响很大，所以人们根据经验，对天气变化总结了很多谚语："久雨傍晚晴，一定转晴天。""泥鳅跳，雨来到。泥鳅静，天气晴。青蛙叫，大雨到。鸡进笼晚兆阴雨。燕子低飞要落雨。蚂蚁搬家早晚要下。"诸如此类等等。诸葛亮掌握了长江流域的种种气象规律，准确地预测了三天后的天气情况，并利用这种气候为战争服务，看准了曹操不敢在水上夜战，尤其害怕在大雾中贸然出击，被人包了饺子，而只能"以乱箭射之"的心理，非常从容自信地从曹操手中"借来"了十万支箭。这说明诸葛亮不仅是个经验气象学家，更是揣摩别人心理的高手。再则借箭之事历史早已有人为之，并不是诸葛亮的原创，博览群书的诸葛亮想到这个办法并不难。

  在借东风中，现代气象学家是这样去分析诸葛亮"借"来的东风：从现代天气图上，我们可以看到，当一个地方受到移动的闭合的高气压中心影响时，风向是顺时针转变的。就是说，当冷高压开始移到海上，高气压后部盛行的东南风就会暂时控制长江中下游地区。由于冬季冷高压南下过程中移动迅速，尾随南侵的后一股冷空气很快又到，所以，东南风持续的时间很短，人们往往忽略。而通晓天文地理的诸葛亮，他的家就住在离赤壁不远的南阳，掌握了这次东南风出现前的征兆，类似于"泥鳅跳，雨来到"，所以他准确地做出了中期天气预报。

  而诸葛亮之所以设祭台，穿道袍，祭东风，应该是出于两种考虑：一是在赢得对曹操胜利后，增加刘备及自己的功劳，如果不设祭台掩人耳目，怎能使人相信这东南风不是天上免费刮来的，而是自己借来的呢；二是方便自己金蝉脱壳，周瑜早就对诸葛亮心存杀意，知道放虎归山必有后患，只因种种原因未能得手。诸葛亮也深知只要东南风刮起之日，就是周瑜动手之时。一般"大仙"做法时，总是有副行头，都会身着奇异服装，

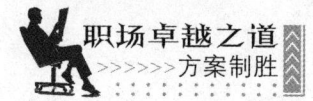
五彩着脸，打扮得和常人是不一样的，让人看起来像"大仙"，这种打扮更重要的作用是让人不能很好地看出其庐山真面目，也只有这样，诸葛亮才能有机会偷梁换柱，巧妙地摆脱周瑜的包围。虽然《三国演义》里说是周瑜派兵包围诸葛亮来迟，让诸葛亮事先跑掉，让人觉得有点污辱周瑜的智商，但诸葛亮肯定不能把希望寄托在周瑜算计失误的基础上，他必须考虑到即使被周瑜的重兵重重包围的情况下，自己还能用类似于狸猫换太子的方法逃脱。

在"借东风"事情中，诸葛亮再次向世人证明了打仗需了解天气的重要性，同时也表明了他是个伟大的谋略家，能巧妙地应对各种危机。

空城计中，城内无兵，却能在城墙上弹几首曲子，吓退十万雄兵，实在是不可思议，但空城计依然有其成功的极大可能。空城计中有两个细节需要注意：

第一，为什么是诸葛亮，而不是别人出现在城头上？空城计本来是兵法里的"诡道"，通过欺骗敌人，让敌人疑有伏兵，而不敢贸然攻城。可实施这个计谋，让一般的人待在城头即可，没必要非让诸葛亮出马，毕竟如果司马懿阵中哪个不长眼的将领立功心切，射上几箭，多危险，恐怕诸葛亮牺牲的地点就不在五丈原了，一片苦心还不前功尽弃？

第二，诸葛亮为什么要在城头上弹琴，而不是下棋、画画、写书法？古代高人雅士业余喜欢的是琴棋书画，棋书画都是默默无声的，唯一能出声的就是弹琴，出声就意味着可远距离听到，诸葛亮选择弹琴更多的应该是为了传递某种信息，一种只有司马懿这样的高人才能读懂的弦外之音。司马懿本是一个阴险狡诈之徒，精通谋略，他或许看不出空城计，但是派两千人马试探性攻城可咋办？但诸葛亮的琴声告诉司马懿，你不能这么干，历史上"飞鸟尽良弓藏"的事情还少吗？没有我这个外部威胁了，你也就完蛋了，没有价值了，你一直都是你老板的心头之患，你自己考虑考虑吧。以司马懿的智慧，虽然没有诸葛亮聪明，明白这点道理还不是什么难事。司马懿被诸葛亮说教一番后，觉得其说的实在是太有道理了，恍然大悟，抓住诸葛亮就等于杀了自己，但又不能对众人明说，于是就编了一套诸如诸葛亮素来诡计多端之类言辞，装出一副怕中埋伏的样子，带头做逃窜状，屁滚尿流跑回去了，越狼狈越好，对手下及老板都有个交代，否则老板一旦问罪下来，还不够他喝一壶的？原来诸葛亮亲自上城墙弹琴，就是为了说悄悄话，告诉司马懿利与弊的。

从这三件事及其他相关事迹，可以看出，诸葛亮是个卓越的军事家，深懂《孙子兵法》里的"道天地将法"，达到了"智信仁勇严"的为"将"标准。这三件事如果用我们的笨脑袋，按唯物主义的观点分析一下，还是能看出一些门道的。可罗贯中对诸葛亮的包装也许有些过分了，以至于让人觉得诸葛亮身上有股妖气了，不像是一个食人间烟火的人了，常人根本无法企及。而诸葛亮所谓一些"掐指一算"之类的神秘预测，更是不值得提倡，就连《孙子兵法》里都不提倡这些。"先知者，不可取于鬼神，不可象于事，不可验于度，必取于人，知敌之情者也。"毕竟只要你了解事物发展的规律，就能预测事物未来发展动态，就如预测天气预报似的。

无论如何，历史上真实的诸葛亮身上有很多很多值得我们学习的地方，只是不要迷信《三国演义》中的诸葛亮，那个诸葛亮只会让我们觉得玄不愣登且遥不可及。

二、向毛主席学习朴素辩证法

当别人问我，谁是历史上最伟大的军事家时，我的回答是毛主席。无论是从取得功绩的大小上，还是从取得功绩的难度上，都是前无古人的。最关键还是他的谋略全是基于对事物的具体分析，在综合考虑利与弊的基础上，制订了相应的战略及战术，没有什么妖魔鬼怪的痕迹在里面。

毛泽东思想里核心的哲学思想，就是矛盾论和实践论，所有问题的分析都是基于矛盾论的理论，没有神秘可言。在大家（包括战争天才林彪）怀疑"红旗还能打多久时"，毛主席通过分析国内国外种种矛盾实力，做出了"星星之火可以燎原"的预言；在悲观速亡论普遍蔓延时，毛主席通过分析中日实际情况，写出《论持久战》，预言日本必败。诸如此类的预言很多，后来都证明了毛主席的英明和伟大。原因就在于毛主席能很好地

分析目前存在的各类矛盾，从而成功地预测了未来走势。

虽然《毛泽东选集》没有专门介绍心理学方面的知识，但毛主席却是个应用心理学的高手。

首先，提出"打土豪分田"。这个口号一下子就把蒋王朝的根基给挖了，动员了尽可能多的穷苦人参加革命。分到土地后，必然会拼死保护所得，战斗力不用动员都很强，毕竟人为自己干活、保护私有财产动力最足。

其次，提出"三大纪律八项注意"。三大纪律：一切行动听指挥，不拿群众一针一线，一切缴获要归公。八项注意：说话和气，买卖公平，借东西要还，损坏东西要赔，不打人骂人，不损坏庄稼，不调戏妇女，不虐待俘虏。就是这些平白朴实到极点、土得掉渣的管理条例，把解放军打造成文明之师、威武之师。军队从一开始就非常重视这些革命纪律，并严格执行，把军队打造成内部官兵平等，互尊互爱，号令畅通，这是人民军队区别于一切旧式军队的显著标志；外部与人民秋毫无犯，公平买卖，还力所能及地帮助老百姓，形成了血浓于水的军民鱼水情的关系，成了人民的子弟兵，与中国几千年的"匪兵"形象彻底决裂，赢得了民心。老百姓不仅高高兴兴地送自己的子女去当兵，还亲自支援前线，干力所能及的活，淮海战役时广大农民群众千里支前，人数是直接参战人员的九倍，真可谓"人心齐，泰山移"。

第三，实行"支部建在连上"。在连队设党支部，在优秀士兵中发展党员，在班排设党小组，在连以上设党代表并担任党组织书记。这就在部队建起严整的党组织体系，为党的思想传播及提高官兵思想水平建立了很好的机制。部队也从那时开始，一直是双头领导，所有的"长"们负责领兵打仗，政委们负责士兵的思想政治教育。

第四，推行"诉苦运动"。通过穷苦士兵诉旧社会和反动派给予劳动人民之苦，一个个哭得撕心裂肺、惊天动地，有的哭得甚至神经都快崩溃了，并引起巨大共鸣，让全体官兵都深知："我们受苦受难不是命不好，也不是我们无本事，是社会制度带来的。帝国主义、封建主义和官僚资本主义三座大山压在我们头上。蒋介石是三个主义的总代表，是我们苦难的根源，我们要推倒旧社会打倒蒋介石，解放受苦的人民。"用诉苦的方式教育部队，是中国人民解放军的一大创造。一位美国学者把它称之为"世界上任何一支军队都没有过的政治手段"。他认为，"这样的集体诉苦比指挥员或是政委的任何说话都更有感染力，这样的教育是绝对不可以低估的，更是任何人也模仿不到的，倘若蒋介石也让他的士兵起来诉苦，士兵恐怕会起来反抗他们的长官"。毛主席所使用的策略就是传说中的"阳谋"，是一种根据对手的特点制订出来的办法，可以光明正大地使出来，而你知道是计，却又无可奈何。通过诉苦运动，官兵们明白了"为什么会受苦，为什么要打仗，为谁而打仗"这三个根本性问题，使部队万众一心，坚定地跟党走，不怕牺牲，群威群胆，英勇杀敌，保证了人民解放战争的胜利进行。士兵们对蒋家王朝的满腔仇恨，汇聚成滔天不可阻挡之势，迅速风卷残云，横扫一切反动势力，达到了《孙子兵法》里善战者的境界："故善战者，求之于势，不责于人，故能择人而任势。""故善战人之势，如转圆石于千仞之山者，势也。"

在整个推翻蒋家王朝期间，还有很多这样基于心理学的策略和办法，在此不一一列举。正是通过这些心理战术，不仅加强了内部团结和战斗力，还瓦解了国民党军队的战斗力。1945 年 8 月 15 日，日本战败投降，当时国共两党实力对比悬殊，国民党军队 460 万人，军官多为黄埔毕业，士兵在正面战场抗击日本鬼子 8 年，作战训练有素，武器装备精良，有飞机大炮，还有美国佬的鼎力相助。人民解放军总兵力 101 万人，军官中多有像许世友这样的，毕业于少林寺，新兵占极大多数，武器弹药严重不足，有的是小米加步枪，但最重要的是有"民心"。两支差别巨大的力量在历史的舞台上较量，最终中国的解放战争只用了四年，胜利者是人民解放军。在这 4 年期间，经过攻心战和策反，国民党军队起义、投诚和接受和平改编的，共约 188 万人，在战场真正消灭的国军只有 50 万左右，其余部分"下海"到台湾了。解放军在渡江战役之后，基本没有什么像样的战斗了，估计蒋介石也看出势头不对了，"人心散了，队伍不好带了！"再不

往台湾跑，剩下的部队也会大量投诚，甚至很有可能会在部下的挟持下，自己"被"投诚，他可不希望出现下一个"西安事变"。而在战争期间，解放军只出现过个别"叛将"或者"叛徒"，却鲜见有"叛军"，可见心理战的威力有多大。

我想这些赢得民心的心理战威力，应该远超过一亿次的设坛祭拜借东风和草船借箭，甚至超过原子弹的威力。永远也不要和老百姓为敌，别忘了"水能载舟，亦能煮粥"，只要走向老百姓的对立面，就有可能被老百姓给"煮"了。当然诸葛亮在"七擒孟获"中，也使用了一些心理战。但更多的战役给人留下的感觉是，如果没有什么绝妙的"阴谋诡计"和武艺高强的牛人，战役就很难胜利，更别提让对方来投诚的了。士兵都在为这"诸"和那"侯"们争地盘，昨天还是这"诸"的兵，明天就可能是那"侯"的卒，死了也没人问，士兵们得到的利益也就是能吃饱饭，以至于出现脾气暴躁的张飞被士兵杀死的情况。而解放军中曾出现这样的故事：开国上将洪学智在长征中过草地时，得了伤寒，昏迷过去。一位警卫员眼看这位首长没救了，非常伤心，竟开枪自杀了。可见解放军内部官兵是多么团结，已经和亲人差不多了。

毛主席就是凭着实事求是的唯物主义态度，领导中国人民翻身得解放，让人民当家做了主人，在国内第一次有尊严地站起来了；在朝鲜战场以劣势装备，在完全没有制空权及制海权的情况下，打败了以美国为首的联合国军，让中国人民在世界范围内有尊严地重新站起来。毛主席的一生，是全心全意为人民服务的一生，让人不得不景仰；毛主席的思想，闪烁着智慧的光芒，值得人们去好好探究。

不是每个人都要去做些惊天动地的伟业，但只要我们掌握了其中的基本理论，在面对我们小百姓所遇到的问题时，人人都能想出比较好的办法来，并能很好地解决问题。

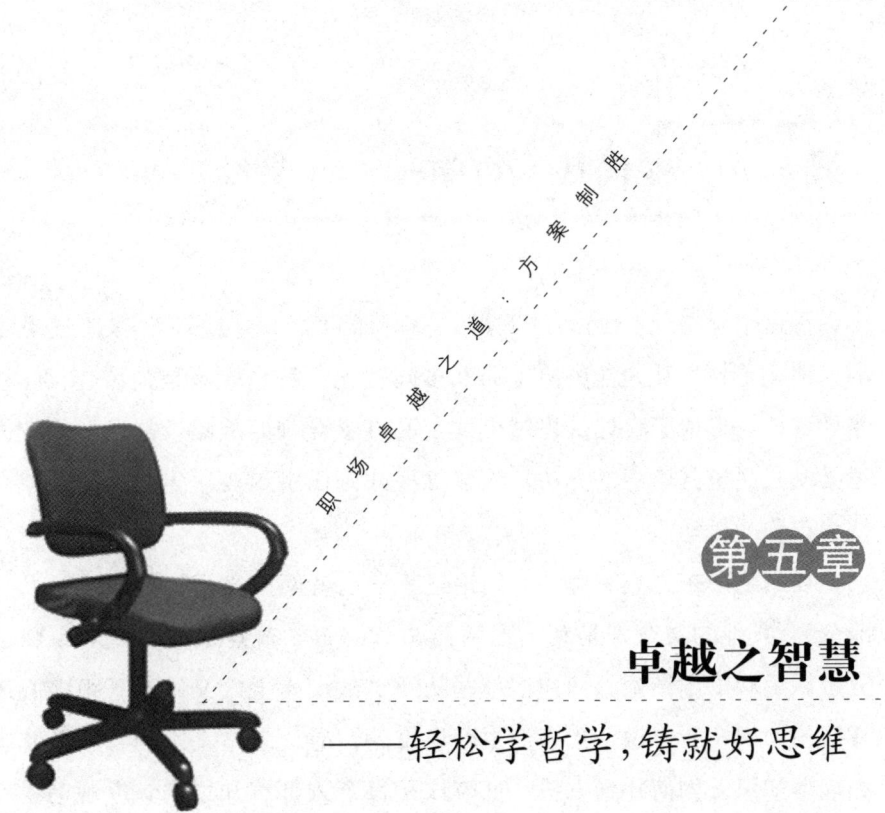

第五章

卓越之智慧

——轻松学哲学,铸就好思维

　　卓越的方案源自于卓越的智慧,卓越的智慧源于简单易学的基本哲学。从古代基本哲学到现代基本哲学,从系统论,到矛盾论,再到变化论,用哲学思想打造科学实用的"纵横矛盾"思维模式,能让我们看透世间万象,准确把握事物本质及变化规律。

　　从事物的本质和规律出发,去把握问题,制订方案并解决问题,这是一切的制胜之道。

第一节　古代基本哲学——《易经》与《老子》

在这个世界上，遇到的问题之多，难度之大，应该没有超过毛主席的。那么是什么让他能解决了那么多问题呢？我想应该是其核心哲学思想指导着他，形成了良好的思维模式，制订了合理的战略及战术，毕竟人的思维模式决定其所想的办法，而思维模式则由世界观决定，世界观就是你认为正确的哲学。

在《毛泽东选集》里，专门论述哲学也就两篇文章:《矛盾论》及《实践论》。其他的文章则是利用这两篇文章的哲学观点及方法，对事物进行分析，最后得出结论。而在治理军队及对敌策略上，又用到了很多心理学方面的知识，所以说，指导毛主席思维的，应该就是基本的哲学及基本的心理学知识。如何找到方法？这应该是每个人都想知道的，纵观毛主席波澜壮阔的一生，不难看出，了解基本的哲学和实用心理学，不仅能帮我们找到方法，还能帮我们快速找到更有效的解决办法。

毛主席是伟大哲学家中的一个代表，也是做出过杰出事业者的一个代表，是在历史的天空中闪烁着耀眼光芒的伟人中的一员，我们需要向古往今来每位伟人学习，向古今中外每一位有真知灼见的卓越人士学习。

关于基本的哲学，古今中外都有，说的是一个意思，但描述的方式却不一样。

中国的古代哲学因高度抽象化，言简意赅，让人看一遍或听一遍都能记住，利于传播，可以随时随地地去悟，但不易理解，需要人长时间去悟，而悟出来的结果如无高人指点，可能千差万别，如盲人摸象似的。西方的哲学则讲述得更具体，更严谨，但也因此形成长篇大论，不易传播，纯理论的文章本来就枯燥无味，再加上哲学本就不易懂，更让人没毅力没兴趣去读完哲学论著，阻碍了哲学的传播。

既然如此，那就取长补短，中西合璧。

为了更好地理解基本的哲学，先从了解中国古代的哲学开始。

《易经》言：无极生太极，太极生两仪，两仪生四象，四象生八卦，八卦生五行（金木水火土）。

《老子》曰：道生一，一生二，二生三，三生万物。

简短的两句话，一个是 20 个字，一个是 13 个字，说的是一个意思，描述的是宇宙的发展过程，可谓字字千金。如果要想把这两句话说明白，估计没有十万字是写不明白的。中国古人却极其智慧地用图形的方式，来解释这两句话，实在是个了不起的成就，胜过千言万语，获个诺贝尔发明奖应该不成问题。图形相对于文字来说更直观，更明了，更易为人所理解。

一、无极

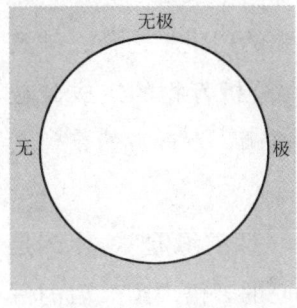

图5-1 无 极

万物的本源，因无法描述，《易经》称之为"无极"，《老子》勉强地称之为"道"，佛家称之为"佛"或"如来"，名称虽不一样，实质却一样。（别一提到佛和道，就立马和封建迷信愚昧联系在一起，自己没有真的深入了解，就没有发言权，人云亦云，岂不是和鹦鹉差不多。佛和道其实就是哲学。）

什么是"道"，这个问题千百年来困扰着无数个参禅悟道的人，"道"是形而上的哲学，讲述的是"世界的本源"。老子只在《道德经》里寥寥数语描述了一下，释迦牟尼则是典型的因材施教，为让不同慧根的人明白什么是"道"，叙述颇丰，不厌其烦多角度解释，诲人不倦，被后世之人笑称为世界上最厉害的"话痨"。《易经》及《老子》更多是从"道"所具有的特点去解释，"无极"，顾名思义，没有任何极限，从体积上来说，其大无外，从其内部组成成分来说，其小无内，不可再分，从内容来说，无所不涵，从能力上来讲，无所不能，只要是你能想到的特点，它都没有极

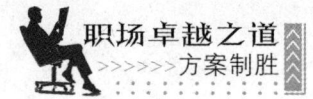

限；《老子》从认知角度称其为"夷、希、微"，看不见，听不到，摸不着，无上无下，无前无后。既然无法描述，释迦牟尼也就不费那劲了，取名叫"如来"，"如来"就是如其本来的意思，它的本来模样，非常讨巧，我说不出它什么模样，但我能让你见到它，见到了你就知道了。然后告诉你很多方法去感受那个"道"，有勤修"戒定慧"这种阶梯式的"渐修"，去找到"道"；有通过"棒喝"等武力方式而顿悟"道"；也有让人通过参"话头"这种文雅的方式而顿悟，直接明白"道"。如禅宗经常让人参悟"父母未生你之前你是什么人"，这种方法实际上就是让你往回走，既然你是"道"所生，你不停地往回走，从老子说的"三"，到"二"，到"一"，一直到无路可走时，就知道自己是谁，"道"是什么模样。禅宗六祖慧能只听别人说了句"无所住而生其心"，便顿悟了。有人认为自己是妈妈所生，其实妈妈只是个加工厂，原材料来源于广大宇宙，而每种原料就如一粒米似的，无不包含了宇宙万有的因素。一时顿悟不了不要紧，只要你开始悟这个"话头"了，在特定的环境中遇到机缘成熟时，便猛然大悟，原来这么简单，只是一层窗户纸而已，和你明白生活中的"生米为什么被煮成夹生饭"的普通道理，是一样的简单。科学家在分析万物的组成微粒时，从分子到原子，从原子到夸克和电子，再往上追溯，发现竟然是什么都没有了，是空的。

明白了"道"，就一通百通，就能理解什么是"性空缘起"，什么是"机缘巧合"，什么是"众生平等"。"道"是"治"心的，悟"道"后的一个特征之一是"心静了"，心静是因为明白原来万事万物是同源的，没有差别的。没有差别，心中就没矛盾，没矛盾心就平静了。而心静是获得快乐最简单最有效且是免费的方式，不花一分钱，最难得的是这种方式是自我可控的，这个宝贝别人偷不走的，随时随地都快乐，是解世间千愁最好的良药，人活着的终极目的不就是为了获得快乐吗？无论你的人生选择是什么，求官，求财，求知，求身体健康，等等，都是为了追求快乐。"心静了"，人哪里还有什么烦恼。人烦恼的原因就是心中有矛盾，想要的不来，想留的却走了——这也是为什么千百年来，参禅悟道的人费尽千辛万苦，也要找到它的原因，也是悟道之后，即使粗茶淡饭破衣烂履，也不改其乐的原因。

即使不明白形而上的"道"，也不影响后续内容的理解。

二、无极生太极

图 5-2　无极生太极

无极有无限种机能，发展为太极，由图一目了然，太极由阴阳鱼组成，且阴中有阳，阳中有阴，是个矛盾的统一体，相当于老子所说的"一"。

三、太极生两仪

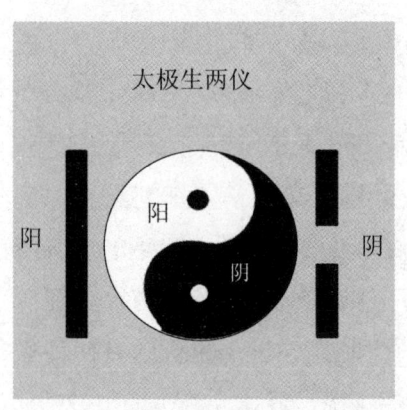

图 5-3　太极生两仪

太极生"两仪"。太极中阴阳鱼一分为二，生成阴阳。也就是老子所说的由"一"生的"二"。

四、两仪生四象

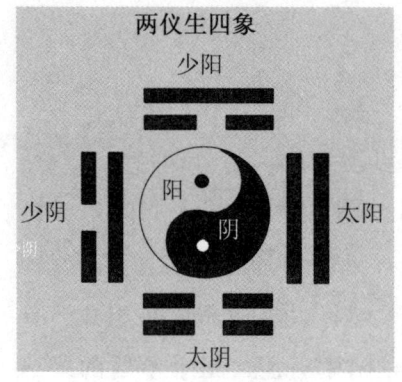

图5-4　两仪生四象

阴爻阳爻两两组合，生成了四象。

五、四象生八卦

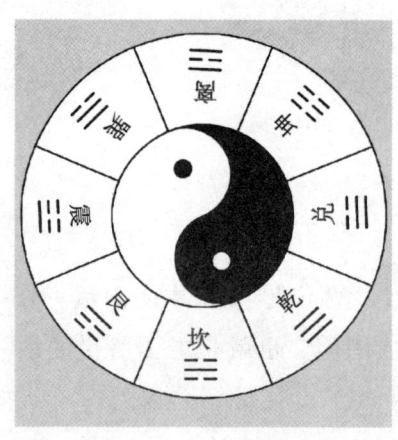

图5-5　太极八卦图

这里相当于老子所说的由"二"生的"三"，阴爻与阳爻互动，排列组合，形成了8个三。"二生三"也就是老子所说的"一阴一阳谓之道"，此"道"为规律的意思。（"道"在汉语里大致有四种意思：世界的本源、规律、路、说出。）

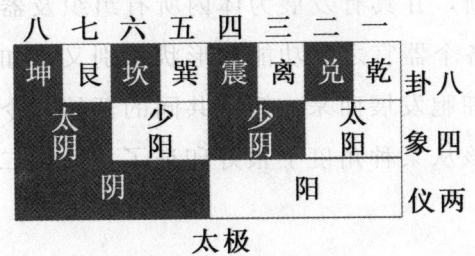

图5-6　太极、两仪、四象、八卦综合示意图

最后八卦两两组合生成60卦，也就是"三生万物"了，形成了一个大的系统。万物种类虽多，古人根据其性质把万物划分为5类：金、木、水、火、土，其互相之间的关系如下图：

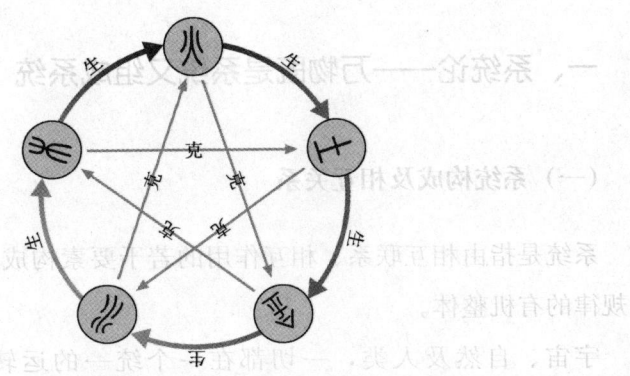

图5-7　五行生克图

从上图不难看出：万物相生相克，每一种物质在生与克这两种矛盾的力量推动下发展变化，循环往复，金木水火土周而复始地变化，按规律地变化；分阶段发展变化，金要想生成火，就得经过金生水，然后水生木，木生火这三个阶段；每一阶段都有矛盾，且每个阶段的主要矛盾是不一样的。里面蕴含的道理还有很多，在此不进行过多论述。

生物学家在研究人的形成过程中发现，卵细胞与精子结合后很快就开始分裂，先是1个受精卵分裂成2个细胞，然后继续分裂，直至分裂成有16至32个细胞的细胞团，叫作桑椹胚。这时如果将组成桑椹胚的细胞一一分开，并分别植入到母体的子宫内，则每个细胞都可以发育成一个完整的胚胎。这种细胞就是胚胎干细胞，属于全能干细

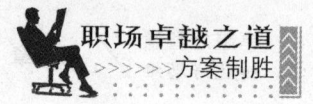

胞，可以自我更新，并具有发展为体内所有组织及器官的能力。人体结构如此复杂，各个器官之间功能和形状差别又是如此之大，居然是一个全能胚胎干细胞发展而来，拥有共同的开始，令人啧啧称奇。人体形成的过程应该从某种角度上很好印证了"一生二，二生三，三生万物"的道理。

第二节　现代基本哲学——轻松学哲学

一、系统论——万物既是系统又组成系统

（一）系统构成及相互关系

系统是指由相互联系、相互作用的若干要素构成的具有特定功能和运动规律的有机整体。

宇宙、自然及人类，一切都在一个统一的运转的系统之中。一切伟大的进步，都必须以系统论作为出发点及归属处。这个系统包括广袤空间、时间、太阳、地球、月亮、气候、国家等等，没有谁可以脱离系统而单独存在。系统内的各因素相互影响、联系、制约、作用。整个宇宙是一个最大的系统，这个系统又由多个子系统组成，最小的子系统应该算是质子及原子等物质微粒了。而我们所遇到的问题无不由多个子系统组成，同时又无不处于多个系统之中。系统结构可由下图表示：

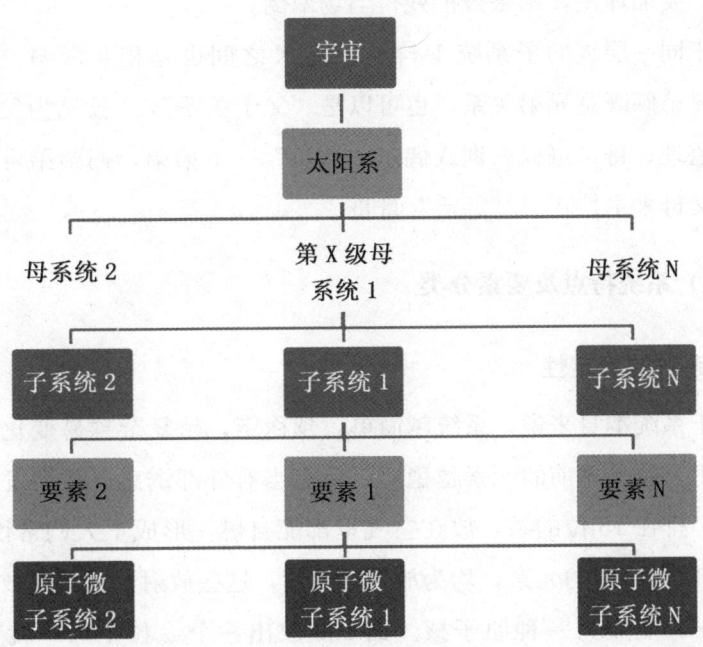

图5-8　宇宙系统结构图，N和X均为自然数，且N>2，X>0

子系统的发展首先要直接受到母系统1的影响，同时会受到旁系母系通N的间接影响，子系统不能脱离上一级系统而单独存在，同时也可以对母系统进行影响，子系统与母系统是相互影响、相互制约的。例如人类的各种活动肯定首先受到气候及环境的制约，可当人类发展现代工业后，排放了大量的温室气体，从而导致全球气候变暖及灾害气候现象的频繁发生。

小职员乙看到公司领导甲手机上其女儿的照片，就拍领导的马屁说："您可真有福气，有一个那么聪明活泼漂亮的女儿。旁边这个小姑娘跟您女儿相比可差远了！"甲紧皱眉头，满脸不悦，说："旁边小姑娘是我侄女！"乙大吃一惊，浑身直冒汗，知道自己闯祸了，颤颤巍巍地说："实际上您侄女也挺漂亮，只是衣服穿得太一般了。"甲大怒，叫道："衣服是我送的！"乙当场晕倒。

悲催的小职员乙不了解上一级系统的情况，屡撞枪口，先是恶评了上级的侄女，然后又不小心直接攻击了上级，本想拍马屁，却不曾想拍到马

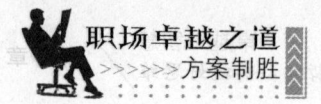

蹄子上，妄加评论，结果被摧残得当场晕倒。

属于同一层级的子系统 1 与子系统 N 之间也是相互影响、相互制约的。如兄弟俩既是兄弟关系，也可以是"父子关系"，"长兄为父"说的就是这个道理；哥哥可以教训或偶尔"欺负"一下弟弟，而弟弟可以向上告状，由父母来主持正义"惩治"哥哥。

（二）系统特点及要素分类

1. 系统的稳定性

对于系统本身来说，系统越简单，越稳定，越复杂越易变化。在元素周期表里，越是靠前的元素越稳定，只有当有外部诱惑，才会发生缓慢化学反应；排在 15 位的磷，放在空气里都能自燃，形成了人们常说的鬼火；而排在 84 位以后的元素，均为放射性元素，这些放射性元素可放出 α 粒子或 β 粒子，变成另一种原子核。铀 238 放出一个 α 粒子后，就变成了镤 234，甭提外部勾引了。原子核内部由于所包含的质子和中子太多了，都开始内斗起来而发生核衰变，如果再遇到外部诱因，原子弹就该爆炸了，如同火星撞地球似的，威力大得不可想象。从这里可以看出，系统越简单越稳定，因为简单的系统矛盾少；系统越复杂越容易发生变化，因为其中所含矛盾太多，个个蠢蠢欲动，一有个风吹草动，就七处冒烟，八处冒火，无法控制。人也一样，生活越简单，越幸福。人如果按硬件与软件来分，人的身体就是硬件，思维及价值观就是软件，软件部分如果人前一套，背后一套，必定心绪不宁，难受至极。只有一套价值观的人，更单纯，更快乐。

2. 系统要素分类

一个系统中各种相互影响的要素很多，有时候会让人觉得无从下手分析，这时需要我们按照其性质特点进行归纳分类，古人根据事物的特性把万物归纳为金木水火土五种，这样复杂系统就变得简单明了，便于分析相互关系。

系统所涉及的要素虽多，无非是包含人和物，而认识一个系统，需要人去观察，所以我们可以首先把所有的要素分为主观要素和客观要素，主观要素就是我们自己的能力、态度、方法及努力程度等等，客观要素就是"我"之外的其他"人"及"物"。主观要素修炼好了，才能更好地认识、利用客观规律去改造客观世界。"事在人为"就是主观要素如何调动客观要素，推动事情朝着理想的方向前进。

系统中的要素按影响系统发展的重要性，可分为主要因素及次要因素。例如一个家庭是一个子系统，由房子、家具、电器、电路、网络、祖父母、父母及孩子等诸多要素组成，而诸多要素中可能起主要作用的是父母，因为他们上有老，下有小，祖父母因年龄原因可能在家庭决策中起不了很大的作用了，孩子太小只能依附父母生活，主导这个家庭的通常只能是父母，那么一个家庭中的主要要素就是父母了，其他的就属于次要要素。对于系统中主要因素及次要因素，我们需重点关注主要因素。

系统中的要素按是否可控，分为可控要素及不可控要素，可控就是在我们能力范围内可以被我们控制和使用的，不会有太大变数的要素，不可控要素则显然有很大变数，且不易控制，如系统中我们常遇到的天气要素，就是我们寻常老百姓无法控制的，对这类要素，我们只能顺从，并保持密切关注。对于系统中可控要素及不可控要素，我们需重点关注不可控要素。

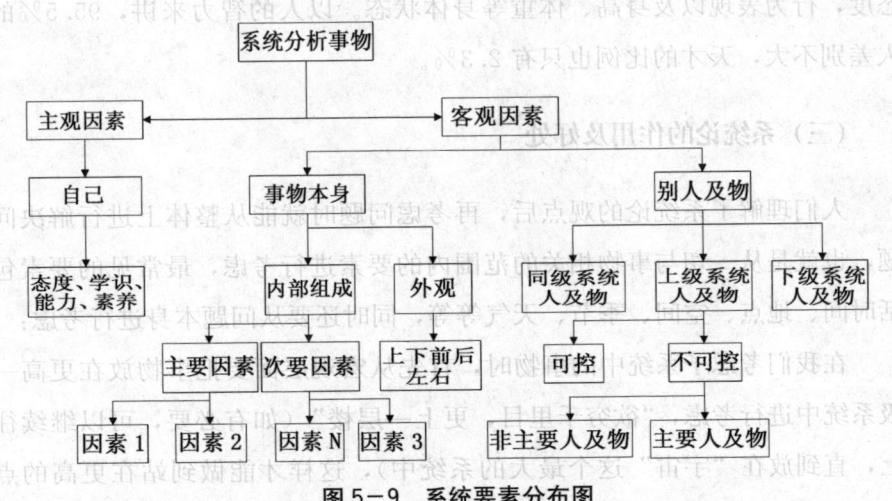

图 5-9　系统要素分布图

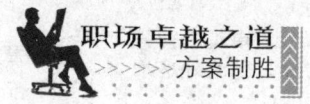

系统由很多要素组成，同一类要素的特点整体呈现正态分布，具体情况如下图：

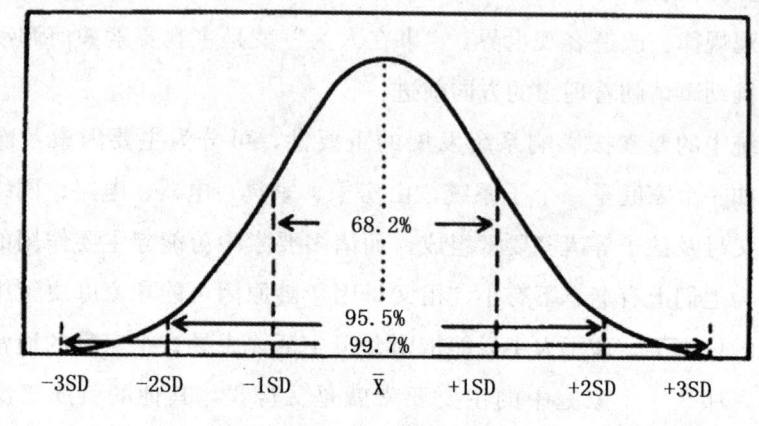

图 5-10　正态曲线图

正态曲线呈钟形，两头低，中间高，左右对称，曲线与横轴间的面积总等于 1。其中 X 为整体的平均值，D 为方差。与平均值有一个正负方差 D 的数量占整体 68.2%，与平均值有二个正负方差 D 的数量占整体 95.5%，与平均值有大于二个正负方差 D 的数量为 4.5%，此区域内的个体都属于小概率个体。自然界，人类社会，心理与教育，产品质量中大量现象均按正态形式分布。例如能力的高低，学生成绩的好坏，人们的社会态度，行为表现以及身高、体重等身体状态。以人的智力来讲，95.5% 的人差别不大，天才的比例也只有 2.3%。

（三）系统论的作用及好处

人们理解了系统论的观点后，再考虑问题时就能从整体上进行解决问题，也就是从一切与事物相关的范围内的要素进行考虑，最常见的要素包括时间、地点、空间、季节、天气等等，同时还要从问题本身进行考虑：

在我们考虑子系统中的事物时，首先从宏观层面要把事物放在更高一级系统中进行考虑，"欲穷千里目，更上一层楼"（如有必要，可以继续往上，直到放在"宇宙"这个最大的系统中），这样才能做到站在更高的点上，统筹兼顾地处理子系统中的事物，提高我们思考的高度，达到高屋建瓴，看得更远，更全面。"不识庐山真面目，只缘身在此山中。"只有站得高，才能识庐山真面目，高度决定远度。高度更高，也就是有了大局观，就能对事物的外围进行了明晰的了解。

其次从微观层面我们先要从前后左右、上下内外没有死角地对事物本身的外在形态及功能特点进行分析，然后再从内部组成分析事物由哪几个子系统组成，子系统又由哪些要素组成（如有必要，可以一直往下刨根问底到原子等微子系统），这样就对事物本身进行了全面透彻的了解。

正所谓"不谋全局者不足谋一域"！经过宏观及微观层面的分析，我们看待事物就达到既高屋建瓴又细致入微，既见森林又见树木，必要时还能见到细枝末节，从而提高了我们思考的全面性和缜密性。然后再重点关注系统中主要要素及不可控要素，我们也就抓住系统中的重点，解决问题就更快速、高效。

系统论是我们考虑问题的出发点，同样也是我们为人做事的终结点。解决问题时，在众多方案中进行选择，就得系统性考虑：自己拥有的资源适合选择哪一个，每一方案带来的后果，对系统中各要素会有什么影响，有没有共赢的方案等等。如果我们做事，不考虑后果，那是莽夫，有可能银铛入狱；只顾自己，不顾别人，也不顾及环境，极端地自私自利，最终危害的还是自己。毕竟人是不能脱离环境而单独存在，皮之不存，毛将焉附？现在环境污染很厉害，如果哪天环境恶劣到不适合人类居住了，谁又能独善其身呢？人若全部为己，最后真的就是天诛地灭了。所以说，人应该和环境和谐共处，君子有所为有所不为。

二、矛盾论——矛盾推动事物按规律变化

从系统论中我们了解到，万物是相互影响、联系、制约、作用的，且也是变化的。

既然事物都是变化的，那么是什么导致事物的变化呢？是事物本身所具有的矛盾，矛盾推动着事物变化。"道生一，一生二，二生三，三生万

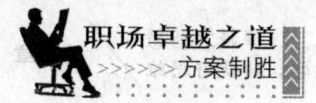

物"，"无极生太极，太极生两仪，两仪生四象，四象生八卦"及"五行生克图"都讲述了关于矛盾的哲学，现在再来看看毛主席的《矛盾论》，也就是马列哲学的辩证法之一的"对立统一规律"。（辩证法基本规律只有三个：对立统一规律、量变质变规律、否定之否定规律。）

对立统一规律揭示了客观存在具有的特点，任何事物内部都是矛盾的统一体，矛盾是事物发展变化的源泉、动力。

此规律具体内容包括：

（一）事物本身就是个矛盾的统一体，普遍存在且时时刻刻存在着（内因）

为什么说"事物本身就是个矛盾的统一体"呢？先看一下组成物质的基本粒子——原子的相关知识：

原子是由中心的带正电的原子核和核外带负电的电子构成的，原子核是由质子和中子两种粒子构成的，电子在核外较大空间内做高速运动。电子带有一个单位的负电荷；质子由两个上夸克和一个下夸克组成，带一个单位正电荷；中子由一个上夸克和两个下夸克组成，两种夸克的电荷相互抵消，所以中子不显电性。拥有相同质子数的原子是同一种元素，目前已知的元素有112种。原子核中的质子数等于和大于84的原子核是不稳定的，即原子序数84以后的元素均为放射性元素。具有少于84个质子的原子核，当质子数和中子数均为偶数时，其核稳定。

从这里可以看出原子是由夸克和电子组成，形成质子、中子、电子，也就是二生三，然后这"三子"互相进行排列组合，原子核数量从一个核的氢到112个核的镭，形成了组成世界的112种元素，这112种元素又进行相互结合，形成了这个五彩缤纷的世界，也就是三生万物了。

原子由带正电的原子核与带负电的电子组成，质子和中子都由上下夸克组成，可见原子、质子及中子本身就是个矛盾体。由于电子是在核外空间内做高速运动，所以电子是原子这个微小系统里最不稳定的因素，当遇到有合适的诱因时，很容易脱离原子核的束缚。作为组成物的原子都是矛盾的统一体，那么任何事物就更是矛盾的统一体，矛盾是普遍存在的，时时刻刻存在着，贯穿了事物发展的始末。上下、正反、内外、前后、高矮、胖瘦、美丑、黑白、贫富、福祸、得失、软硬、多少、利弊、好坏、奇正、生死、有无……生活中放眼看去，无处不矛盾，世间万象，千差万别，没有一模一样的两片树叶，差别就是矛盾。

按照老子的理论"一生二，二生三，三生万物"，其中的"一"就是个矛盾的统一体，矛盾就是"一"的基因。如果"三"是万物的妈妈的话，论资排辈，"一"应该是万物的太姥了，基因是可以遗传的，自然万物也是个矛盾体。

有形的物是矛盾的统一体，无形的如人的思维也是矛盾体，因为人的思维也是对物质世界的反应，人每天都在不停地做思想斗争，该采取怎样的行动，那是个大问题（To be or not to be, it is a big problem）。

既然任何事物都是矛盾的统一体，那说明事物就同时具有优缺点、正反两面等等。以人为例，有头有脚，有胸有背；有睁眼就有闭眼，一睁眼一闭眼，一天过去了，否则，一闭眼不睁眼，一辈子过去了；既有优点，也有缺点，没有谁是完美的；和姚明比，个矮点，和小朋友比，个子又是高的。所以在我们看待事物时，既要看到优点又要看到缺点，既要看到正面，又要看到反面，只有这样，我们才能从事物本身具有的所有内在特点上，去全面地了解事物。只看到事物的一面，看不到对立的另一面，就是片面地看待问题中的一种。

矛盾的统一体也决定了：有来必有去，有生必有死，有贫必有富，有祸必有福，有利必有弊……这些相反相成的东东是铁定存在的，是不随人的意志而转移的，人只能接受，并尽可能地趋利避害。"有百利无一害"及"稳赚不亏"等这些骗人的鬼话，在"矛盾统一体"这面照妖镜前，就原形毕露了。

长颈鹿说："小兔子，真希望你能知道有一个长脖子是多么好。无论什么好吃的东西，我吃的时候都会慢慢地通过我的长脖子，那美味可以长时间地享受。"

兔子毫无表情地看着它。

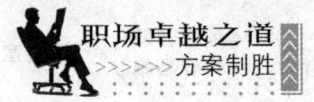

"并且，在夏天，那凉水慢慢地流过我的长脖子，是那么可口。有个长脖子真是太好了！兔子，你能想象吗？"

兔子慢悠悠地说："你吐过吗？"

长颈鹿脖子长，本身只是其具备的一个特点，但在不同的环境下，表现出了其美好及不好的一面。从这则笑话可以看出，每一事物都是一个矛盾的统一体，先有特点，然后才有在某种情况下，该特点表现为优缺点，优点及缺点都是相对的，随着不同的时间和场合而相互转换。一上来就说某人具备什么优点和缺点，其实是不对的。

（二）事物与外界环境（外因）形成一个矛盾的统一体。外因与内因相结合而发生变化，外因是变化的条件，内因是变化的根据，外因通过内因而起作用

铁发生氧化，是因为空气中有氧气，铁易氧化是内因，氧气是外因，但不论铁氧化变成三氧化二铁，还是四氧化三铁，绝不会变成五氧化二磷，因为铁原子的质子数没变。就像鸡蛋如果 21 天不出鸡，就变成臭蛋，臭蛋那也是臭鸡蛋，绝不会是臭鸭蛋。

因事物与外界环境形成了一个矛盾的统一体，所以矛盾的一方消失了，另外一方也跟着消失了。想当年，奉命到云南剿匪的清朝大臣吴三桂，给他的海陆空三军开"班前会"时，说过一句著名的大实话："兄弟们，匪，就是我们的衣食父母，他们的存在就是我们的存在。所以，我们剿匪啊只能剿其一，留其二，否则，一旦匪剿光了，你我兄弟就只有回家种田的份了。"飞鸟尽，良弓藏；狡兔死，走狗烹，这从某种程度说明了，矛盾的一方不能单独存在。

古代的政治家就非常精通这个道理，虽然我们不涉足政治，但这个理念却有助于解决问题，如铁易氧化，可镀一层镍，隔绝氧气了，矛盾就消失了，铁就能长时间保存。苍蝇不叮无缝的蛋，想不被苍蝇叮，先保持身材完好；想不被小偷光顾，先做好防范工作。

理解这个理念，有助于我们改变人和人之间的关系，实际上人与人之间也是矛盾体，既对立，又统一。人与人之间产生冲突最主要的原因是只对立，不统一。多数人总觉得别人都是竞争者、破坏者，对自己严重不利，或者别人的生与死跟自己没有任何关系，于是就形成了对立不统一的关系。只要认为是对立不统一的关系，矛盾就容易产生，且心中没有任何感恩的想法，对别人的事无动于衷、冷漠。

一个小伙子爱上了一个姑娘，但他发现追这个姑娘的人很多，心里顿生恐惧，不敢表白。总觉得自己哪哪都不如别人，心里非常难过，怎么会有这么多男人啊！要是所有人都飞天上去了，天下只剩下我这么一个男人及心上的姑娘该多好，再也不愁娶老婆了，现在的好房子想住哪间就住哪间，还愁什么高房价啊！美美地想了半天之后，突然又觉得不对：最好再留一个做大饼的！

这个小伙子如果再细想想，"留一个做大饼的"肯定是不够的，生病了怎么办？老虎和狼重新杀回来了怎么办？……况且他还一厢情愿地忘了有种女人的誓言：即使天下只剩下你这一个男人，我也不会嫁给你。毕竟追女朋友最关键还是看自身能力。实际上每个人的生存与发展，都离不开别人的努力工作。时时心怀感恩，自然减少了矛盾和冲突的发生。

（三）一切事物中包含的矛盾，相互依赖和相互斗争，决定一切事物的生命，矛盾推动一切事物的发展

只要是矛盾体，就是不稳定的。在外界条件合适时，例如氧与铁产生三氧化二铁或四氧化三铁。在一个家庭里，子女与父母就是个矛盾体，子女需要父母的养育，子女又是父母的希望，谁也离不开谁。成长的过程与父母有争吵，矛盾激烈到一定程度，父母有拿棍棒进行教育的，孩子有离家出走的。儿大不由爷了，便飞出去自己独立组建家庭了。飞得再高，走得再远，但只要父母健在，子女是父母永远的关心，父母是子女永远的牵挂。

矛盾推动着事物发展。理解了这个理念，我们便有了一个极为有效的工具，去分析问题是由哪个或哪几个"王八蛋"矛盾推动造成的，找到之

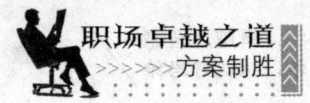

后，先揍他狗娘养的，让它没事找事；有了这个极为有效的工具，分析由哪几个"宝贵"的矛盾，推动事物向着希望的方向前进，直到实现目标。

这正如老子所说："一阴一阳，谓之道。"一阴一阳就是一对"矛盾"，此处的"道"为"规律"的意思。充分地理解这句话，对于我们工作及生活来说，实在太重要了。"文武之道，一张一弛"，本指文王武王治理国家的方法，意思是宽严及奖惩相结合。管理公司、教育员工无不需要这样，只罚不奖，员工还有什么积极性，只能是奖励先进的，以图带动后进的；处罚违反制度的，以儆效尤。我们拿筷子夹菜时，两个筷子就是一静一动，一般上面那只筷子是动的，下面的那只是静的；如果两只筷子都动，就很难夹住想要的那块肉了；两个筷子都动，估计是得了"帕金森"综合症，夹菜就费劲了。"一阴一阳，谓之道。"这个道理融进了世界及我们生活里的方方面面，我们需要充分地应用这个道理，把我们的工作及生活处理得更好。

正所谓"孤阴不长，独阳不生"，有时候我们需要制造矛盾来推动事物发展。管理学里有个鲶鱼效应：是指有一种鱼叫作沙丁鱼，数量很多，它们生活在一个很安全的环境下，往往会因为太安逸了，反而存活得很少；有的人就想了一个办法，在沙丁鱼中放了一些专门吃沙丁鱼的鲶鱼，没想到沙丁鱼的存活率反而高了起来。这是个典型的"相反相成"的例子，所以市场上提倡竞争，垄断只会造成效率低下、停滞不前甚至江河日下。

一个乡下来的小伙子去应聘城里"世界最大"的"应有尽有"百货公司的销售员。老板问他："你以前做过销售员吗？"

他回答说："我以前是村里挨家挨户推销的小贩子。"老板喜欢他的机灵："你明天可以来上班了。等下班的时候，我会来看一下。"

一天的光阴对这个乡下来的穷小子来说太长了，而且还有些难熬。但是年轻人还是熬到了5点，差不多该下班了，老板真的来了，问他说："你今天做了几单买卖？""一单。"年轻人回答说。"只有一单？"老板很吃惊地说，"我们这儿的售货员一天基本上可以完成20到30单生意呢。你卖了多少钱？""30万美元。"年轻人回答道。

"你怎么卖到那么多钱的？"目瞪口呆，半晌才回过神来的老板问道。

"是这样的，"乡下来的年轻人说，"一个男士进来买东西，我先卖给他一个小号的鱼钩，然后中号的鱼钩，最后大号的鱼钩。接着，我卖给他小号的鱼线，中号的鱼线，最后是大号的鱼线。我问他上哪儿钓鱼，他说海边。我建议他买条船，所以我带他到卖船的专柜，卖给他长20英尺有两个发动机的纵帆船。然后他说他的4缸小汽车可能拖不动这么大的船。我于是带他去汽车销售区，卖给他一辆新款豪华型越野车。"

老板后退两步，几乎难以置信地问道："一个顾客仅仅来买个鱼钩，你就能卖给他这么多东西？"

"不是的，"乡下来的年轻销售员回答道，"他是来给他妻子买卫生棉的。我就告诉他'你的周末算是毁了，干吗不去钓鱼呢？'"

小伙子是一个善于发现矛盾并能利用矛盾的人。从顾客给妻子买卫生棉，就以"你的周末算是毁了"这种成年男人之间的玩笑话，拉近彼此的距离，获得顾客的好感。然后引导顾客周末去休闲去钓鱼，钓鱼哪能没有鱼钩、鱼线？矛盾产生了，解决办法就是"买"。当得知顾客要到海边钓鱼时，就建议顾客买个游船，游船不仅能扩大钓鱼地点，还能在海上享受乘风破浪的感觉。游船在家与海边来回运输需要汽车拉拽，顾客的"小马"拉不了"大车"，矛盾又产生了，那就再买个马力大点的越野车。顾客的购买意愿就是在一个个矛盾产生的情况下出现的，矛盾影响推动着购买行为。就连笑话好不好笑，也是由矛盾决定的。顾客本是为老婆买卫生棉的，估计也就5美元，经不住小伙子忽悠，最后却买了与卫生棉毫不相干的，高达30万美元的车和船。这种反差越大，也就是矛盾越大，就越好笑。连新闻业也和这类似，狗咬人不算新闻，人咬狗才是新闻，只有矛盾越大，越受人关注。

（四）推动事物发展的矛盾中，其中必有一个是主要矛盾，而主要矛盾的主要因素决定着事物的性质

孩子的成长过程中面临多种矛盾：学习、同学、朋友、老师、父母等

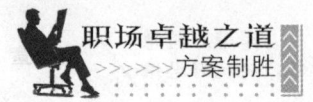
等，其中父母是影响孩子成长的主要矛盾，其他为次要矛盾。首先父母是孩子的法定第一监护人，有责任有义务管理好孩子，其次父母对孩子的爱是最无私和最博大的，是最希望孩子健康快乐成长的，最后父母是孩子最好的老师，所以父母是影响孩子成长的最关键因素。如果孩子早恋了，父母就会棒打鸳鸯；如果孩子学习成绩不好，父母会监督孩子的学习认真程度，并为孩子进行课外辅导；孩子交友不慎，父母会晓之以理动之以情，告诉其危害性。总之父母将自己认为所有正确的理念和技能，全部教给了孩子，希望孩子能在正确的道路上走下去，父母的学识、能力、价值观影响了孩子的方方面面。所以说，在孩子所面临的诸多矛盾中，与父母的矛盾为主要矛盾。在这对主要矛盾中，双方的地位并不是平等的，父母处于主导地位，是主要矛盾中的主要方面，孩子处于次要位置，是主要矛盾中的次要方面。父母的学识、能力、价值观决定了亲子关系是否融洽，孩子的发展轨迹及能力水平。

所以毛主席说：在复杂的事物的发展过程中，有许多的矛盾存在，其中必有一种是主要的矛盾，由于它的存在和发展，规定或影响着其他矛盾的存在和发展。抓住了这个主要矛盾，一切问题就迎刃而解了。主要矛盾的主要方面决定着事物的性质。如果主要矛盾是"王"的话，那么主要矛盾的主要方面就是"王中王"。

理解了多重矛盾的存在，有助于我们从与之所有相关的外在环境因素上，去更全面地看待问题；理解了主要矛盾的存在、作用及意义，我们便能抓住重点，迅速找到解决问题的办法，要想孩子好，父母要切实履行好自己的责任，不能对孩子放任不管；理解了主要矛盾的主要方面的性质，我们便知道了从哪方面着手，从根本上解决问题，孩子不好，肯定是父母的责任，不能怪孩子，孩子最开始就是一块白纸，白纸上能画出什么样的画来，主要看父母，所以父母需要不断地提高自己的水平。

兔子在写论文，狼走过来，问兔子在写什么？兔子说："我在写《论兔子怎么打败狼》。"狼大笑："哈哈，可能吗？你的论据呢？"兔子指着背后的山洞："论据在里面呢！"狼不相信，就走进山洞。一阵惨叫后，兔子走进山洞，看到狮子在剔牙，兔子说："老师，怎么样了?"狮子冷笑道："这个世界，写论文论据不重要，关键看导师是谁。"

兔子、狼、狮子形成了三种矛盾关系，而其中兔子和狮子是主要矛盾，狮子则是主要矛盾的主要方面，实现了一个让狼甚至很多人都不相信的结果。故事虽然好笑，同样也说明了主要矛盾及主要矛盾的主要方面（狮子），在推动兔子如何打败狼的过程中所起的作用。

（五）推动事物发展的多种矛盾之间的关系，也是互为矛盾关系，矛盾虽多，也只有两大类，互为矛盾的两大类，一类是推动事物沿着某个方向运动，另一类推动事物朝着相反的方向运动

影响孩子成长的多种矛盾，无非一类是积极地影响着孩子，朝着健康良好的方向发展，另一类影响着孩子朝着不好的方向发展。孩子本身辨别力及控制力都不强，这时候就要求父母及老师积极地引导，避免孩子误入歧途。从上文的"五行生克图"我们也不难看出，影响每一个事物发展的就两大因素，一个是"生"，一个是"克"，生与克这两大力量互相一直较劲，推动事物发展，生的力量大于克的力量，就保持生的现有状态；克的力量大于生的力量，事物就要苟延残缓了，如不能扭转颓势，就只能被新的事物取代了。

（六）矛盾普遍存在（共性），同时矛盾又千差万别，每种事物都有其矛盾的特殊性

铁、磷、氧的共性是都是由质子、中子、电子组成，都具有可导致发生化学反应的矛盾性，但这种矛盾性又不一样，内部不同的质子、中子数量这个内因，决定了各自具有不同的矛盾特性：铁与氧发生化学反应，是春风化细雨型的，是缓慢的、看不见的；而磷与氧发生反应时，则是干柴遇烈火型的，一见钟情，轰轰烈烈，有时还被误认为是"鬼火"，在很长的时间内吓坏了很多人，可见科学知识有多重要；磷和铁虽然都具有矛盾性，但这两种矛盾性是风马牛不相及的，彼此对不上眼，也发生不了什么反应，非要捆绑在一块，也只能是大眼瞪小眼，难怪包办的婚姻是男女青

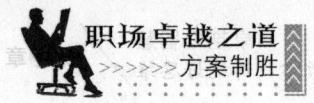

年都痛恨的。所以说矛盾虽然普遍存在，但矛盾各有不同，其矛盾特性由其内因确定。

一天，一只小白兔来到一家商店问老板："老板，有胡萝卜吗？"

老板摇摇头："没有。"

小白兔听完就"嗖"地跑了。

第二天小白兔又来到这家商店问："老板，有胡萝卜吗？"

老板生气地摇摇头："没有。"

小白兔听完就"嗖"地跑了。

第三天小白兔又来到这家商店问："老板，有胡萝卜吗？"

老板愤怒地大喊："没有没有！再问我就用钳子把你的牙齿拔掉！"

小白兔听完就"嗖"地跑了。

第四天小白兔又来到这家商店，怯生生地问："老板，有钳子吗？"

老板说："没有。"

小白兔于是又问："有胡萝卜吗？"

老板愤怒了，捉住小白兔，拿出一把小锤子，把小白兔的外边的牙齿都敲掉了，最里边的"两颗"因不好敲，幸运地保留了。

第五天小白兔又来到这家商店，用手捂着受伤的嘴，含糊不清地问："老板，有胡萝卜汁吗？"

喜欢吃胡萝卜就是小白兔的特性，即使冒着生命危险，也要寻找胡萝卜；即使牙齿被敲掉，不能再啃胡萝卜了，心里也还惦记着换种方式吃胡萝卜。这是不是和人的某些特性相似呢？

因为每个事物都有其矛盾的特性，所以，事物的特性就成为想办法解决问题的一个很有效的途径。如你想让小白兔听话，就在小白兔每次履行完命令后，奖励一些胡萝卜，正向激励它继续保持现有的状态。不听话就教训它，大棒伺候。马戏团的驯兽师在训练动物时使用的都是这种办法，父母教育孩子，使用的也是传说中的"胡萝卜加大棒"的政策。

小白兔在受到商店老板的巨大打击后，非常郁闷。事情总得多看其积极面，老板如果有钳子的话，估计剩下的"两颗"也全完了，幸好还有

"两颗"。想到这里，小白兔心里好受了些，但还是有点郁闷，决定去钓鱼散散心，以图渐渐忘却敲齿之痛。第一天，小白兔去河边钓鱼，什么也没钓到，回家了。第二天，小白兔又去河边钓鱼，还是什么也没钓到，回家了。第三天，小白兔刚到河边，一条大鱼从河里跳出来，冲着小白兔大叫：你小子要是再敢用胡萝卜当鱼饵，小心你剩下的两颗牙！

小白兔只知道自己特别喜欢胡萝卜，不去了解鱼的喜好，想当然地推己及人，不仅钓不到鱼，还被鱼臭骂了一顿，伤口上又被撒了把盐。

矛盾所具有的特殊性，也就要求我们必须具体事务具体分析，否则就容易犯经验主义、教条主义及本本主义的错误。

矛盾普遍存在就是矛盾的共性，矛盾千差万别就是矛盾的特性。正是矛盾的共性与特性，决定了人类的两种认识过程：一个是由特殊到一般，一个是由一般到特殊。这两种认识都有助于解决问题。

从平地搬到高山上去煮饭，饭不易熟，找原因时就得对照高山与平地的不同，从高山的海拔高这个不同点去研究，海拔高导致气压低，气压低导致水的沸点低，沸点低导致饭不熟，于是增加锅内气压，就成了解决问题的办法；办法找到了，然后配合做饭通常所需要的必要条件，饭就能煮熟。如果你从相同点上去找，只能是瞎耽误工夫了。

所以说从特殊到一般地去认识事物，在老兵遇到新问题时，能快速地发现矛盾点，找到解决办法，再依靠已有的经验和技能，加快解决问题的步伐。

从一般到特殊去认识事物，在新手刚上路时，先学会走，后学会跑，循序渐进，有助于少摔跟头，少走弯路，并最终达成所愿。

三、变化论——万物时刻都在按规律变化

矛盾推动着事物变化，那么变化具备什么样的特点呢？

（一）分分秒秒都在变

整个系统及一切事物是变化的，唯一不变的就是变化，且是**无时无刻**

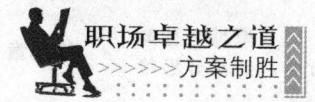

不变化，分分秒秒都在变。你所看到的物体和其前一秒所存在的状况都是不同的。这种变化分两大类：自然变化和人为变化。自然变化包括物理变化、化学反应及核子反应；人为变化是人组合各种自然界现存要素，利用相互间的特点发生的自然变化，进而达到一定目的的变化。

整个系统是处于一种动态的平衡中，当其中一个主要因素发生巨大变化时，或者系统内出现新的因素时，必然带动其他维度的变化，经过一段时间的磨合，才重新达到一个新的动态平衡。以前商品流通的基本形式是从厂家到批发商及零售商，最后到消费者手里，可随着网络及电脑的普及，目前商品流通基本实现了从厂家到消费者，直接去掉了中间两个环节，大大降低了商品价格，也导致了很多批发商及零售商的消亡。网络技术从实验室走向社会后，由一个次要因素成长为主要因素，打破了旧有的平衡，促进了快递行业的发展，深刻地影响着社会及每个人的生活，进而形成了新的平衡。

以人为例，人身体内时时刻刻在发生着同化作用及异化作用，使得身体每分每秒都在发生着细微的变化。有时候人不能感觉到它的变化，是因为它在短时间内很难有巨大的变化，就像人天天照镜子，觉得今天的自己和昨天的自己没变化，但如果你看看 5 年前自己的照片，一定会感觉到自己的变化怎么会那么大，但这个变化因为是渐变，以至于让人产生错觉而已。自己 5 年的渐变让自己在 5 年后觉得自己的变化很大，也就是由量变发展到质变，质变是每个人都能感觉到的。所以系统是处于一种动态（变化）的平衡，系统中的每一个因素也是变化的，我们在观察事物时就不能以静止的观点去观察事物。对于持续变化着的世界，我们只能以变化的观点看待它，这也是我们常说的要反对本本主义和经验主义，应该根据实际情况采取相应的措施。

事物分分秒秒都在变能给我们带来以下启发：

1. 变化能带来机遇

变化既然不可避免地在发生，就不要放过任何一个变化，此种变化会导致什么后果产生，这种后果会对自己产生什么影响？至少应该像小品

《卖拐》里的大忽悠似的：听说人家买马，上人那卖车套，听说人家买摩托，上那卖安全帽，听说人失眠，上那人家卖安眠药。

2. 以变制变

只有跟得上变化，我们才不至于犯错误。

B君回家，父亲笑着问："面试通过了吧！"

B君一脸沮丧说："没有通过啊！"

父亲问："为什么？"

B君说："面试的领导说我面善，不适合那种强力执法管理的工作。"

父亲表示理解。

之后，B君每天对着镜子龇牙咧嘴，最后面部表情变化很大，不能说是人见人怕，至少小朋友见了会哭。

一天那个管理部门又扩招队伍。

B君自信满满地参加面试，还是上次那个主考官，主考官一见就说："你不行啊，你面太凶……"

B君很郁闷，说："可是上次你说我面善不合适啊……"

主考官说："是啊，此一时彼一时啊，现在是文明执法了。"

B君就是在苦练内功的时候，没注意外部要求的变化，导致努力白费了，还搞得自己面目狰狞。所以说人每天都应该考虑的一个问题是：面对每分每秒的变化，我该怎么变化，变与不变各自的优劣势是什么，我该采取哪个应对变化的方案。

可能有人讨厌变化，甚至畏惧变化，可世界如果没有变化，也就意味着整个世界停止了，那么富人永远富，穷人永远穷，疾病永远也治愈不了。对于每一个希望未来更美好的人来说，都应该欢迎变化，因为变化意味着机会，没有变化，就意味着永远保持现状。

时间的产生恰恰是因为"变化"，人们常感伤"时间都去哪儿了"，我觉得时间通过"变化"都凝结在事物的表面上，渗透到内核里。小人物留在了自己及亲人的脑海里，大人物留在了传说和历史书中。

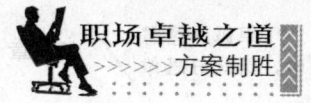

（二）按照规律变化

变化不是杂乱无章地变化，而是按照一定的规律去变化的。什么是规律？《现代汉语词典》里是这样解释的：规律是"事物之间的内在的必然联系。这种联系不断重复出现，在一定条件下经常起作用，并且决定着事物必然向着某种趋向发展。规律是客观存在的，是不以人们的意志为转移的，但人们能够通过实践认识它，利用它"。

1. 规律是事物之间的内在的必然联系，说明规律是自然存在的，人们不能改变及创造它，只能认识它和利用它

2. 规律是在一定的条件下才起作用

必要条件不具备，规律就无法体现。有句口号：为祖国健康工作 50 年。要想实现这个目标，这个人至少要解决好吃喝拉撒睡的问题，否则健康工作 5 天都费劲。规律既然是具有条件性的，那么在应用规律时如果条件不够，那就创造条件，创造条件的过程就是想办法解决问题的过程。

3. 规律决定着事物必然的发展方向且重复出现

当你用煤气或电烧开水，水必然会在特定的沸点烧开，再继续加热时，水的气温就不会再变。原因在于：当水沸腾时，在其内部所形成的气泡中的饱和蒸汽压，必须与外界施予的压强相等，气泡才有可能长大并上升，所以，沸点也就是水的饱和蒸汽压等于外界压强的温度。水的沸点跟外部压强有关，外压不变，水的沸点就不变。当水所受的压强增大时，它的沸点升高；压强减小时，沸点降低。例如，蒸汽锅炉里的蒸汽压强，约有几十个大气压，锅炉里的水的沸点可在 200℃以上。水的沸点随压强的变化为：

$$t = 100.00 + 0.0367(p-760) - 0.000023(p-760))^2$$

这个公式就是一个规律，根据压强就能推算出水的沸点。在海拔低的地方我们能把饭煮熟。可如果你继续把这套设备搬到高山上去煮饭，水易沸腾，因为大气压随地势的升高而降低（这也是规律），根据公式可推导出水的沸点就会降低，进而就可导致饭不易熟。要想在高山上把饭煮熟，就得换高压锅来煮饭，高压锅改变不了高山的气压，却增大了锅内的压强，压强这个条件具备了，饭才具备煮熟的可能，否则只能是夹生饭。

既然规律决定着事物**必然**的发展方向且重复出现，那说明了四点。

第一，事物无论是朝着好的方向在变，还是朝着坏的方向在变，都是按规律在变。我们需要找到并能应用能达成所愿的那个"好规律"，避免"坏规律"起作用。俗话说"种瓜得瓜，种豆得豆"，如果你非要往地里种点"人民币"，必将血本无归。

第二，我们不能违背"好规律"，否则必将受到"坏规律"的惩罚，违一次，罚一次。拔苗助长的故事能很好地说明这一点。

第三，一切的结果，就其本身而言，其实都是"必然"，没必要对结果大惊小怪、捶胸顿足或暴怒狂喜。而偶然只是从发生的频率角度来说。

第四，规律可为我所用。我们可以通过掌握的规律对事物的发展利害趋向进行预测，进而趋利避害。善于抓机会的人，就是因为其掌握某类事物的相关知识及发展规律，根据规律来判断未来走势。未来发展趋势良好的，那么现在就需先人一步做相应的准备，待现实确如预期那样发展良好时，便可大获其利；如果判断未来发展趋势不利时，就未雨绸缪或赶紧闪人，以避开外界可能带给自己的伤害。

在 20 世纪 70 年代早期，盖茨写了一封著名的《致爱好者的公开信》，震惊了计算机界。盖茨宣称计算机软件将会是一个巨大的商业市场，计算机爱好者们不应该在不获得原作者同意的情况下随意复制电脑程序。当时的计算机界受到黑客文化影响，认为创意与知识应该被共享。盖茨随后离开校园，一手创办了世界上最成功的企业之一——微软公司，并逐渐将软件产业化，个人也成为世界首富。

与我们每天息息相关的预测就是天气预报，它关乎我们每天的衣着出行及工作安排。气象科学家是如何进行预测的呢？

现代天气预报有 4 个组成部分：

收集数据。通过专业人员、爱好者、自动气象站或者浮标收集气压、气温、风速、风向、湿度等数据。使用气象气球，气象学家还可以收集上

空的气温、湿度、风值。气象卫星可以采集全世界的数据。

数据同化。将采集的数据与用来做预报的数字模型（此模型就是规律）结合在一起来产生气象分析。其结果是目前大气状态的最好估计，它是一个三维的温度、湿度、气压和风速、风向的表示。

数据天气预报。数字天气预报是使用超级计算机来模拟大气。它使用数据同化的结果作为其出发点，按照现在物理学和流体力学的结果来计算大气随时间的变化。这个模型计算的输出是天气预报的基础。

输出处理。模型计算的原始输出一般要经过加工处理后才能成为天气预报。这些处理包括使用统计学的原理来消除已知的模型中的偏差，或者参考其他模型的计算结果进行调整。

从天气预报的过程我们不难发现，科学家也是通过规律来进行预测，为国家、国防军事、工业生产、航海、普通老百姓提供重要的信息。即使科学家不预测，气压、气温、风速、风向、湿度等数据在某个时间点达到一定的程度时，必然会下雨或下雪。任何事物的发展都可进行预测，预测不准只能说明还没有掌握事物发展的规律。

三百六十行，行行出状元，这些状元们都是很好掌握本行的规律并能很好地应用规律的人。

（三）量变质变规律

揭示了事物发展变化形式上具有的特点，从量变开始，质变是量变的终结，同时又是下一次量变的开始。

1. 量变、质变的含义

量变：事物在数量和程度上的逐渐的不显著的变化，叫作量变；质变：事物显著的、根本性质的变化。

2. 量变与质变的关系

世界上任何事物的变化，都是量变和质变的统一。量变和质变是事物变化发展的两种状态。

（1）量变是质变的前提和必要准备

任何质变的发生都不是偶然的，更不是凭空出现的。客观事物的变化和发展是一个实实在在的过程，而过程总是要逐步进行的，且时间较长，没有量变就没有质变。

有一个人饿了，狼吞虎咽吃了一个饼子，没有吃饱，又吃了一个，一连吃了六个，还是没有饱。于是拿起第七个饼子，吃了一半，饱了。这个人非常后悔，一面用手打自己的嘴巴，一面自作聪明地说："我今天吃饱了，是因为吃了这半个饼子，前面吃的六个饼子，都白白浪费啦。如果早知道这半个饼子就能吃饱，我就不会吃那六个饼子了。"

这个人所犯的错误，就是没意识到量变是质变的前提和必要准备。

（2）质变是量变的必然结果，同时又是下一量变的开始

事物的发展最终是要通过质变实现的，没有质变就没有发展。只有质变、飞跃才是事物根本性质的变化，才能使新事物代替旧事物。我们应当注意，量变只有达到一定程度才会引起质变，与量变所经历的时间来说，质变所花的时间通常很短，有时就是一刹那，正所谓"众里寻他千百度。蓦然回首，那人却在，灯火阑珊处"。

量变导致质变，与老子所言是一个道理："合抱之木，生于毫末；九层之台，起于垒土；千里之行，始于足下。"任何大的事物无不是从细微处开始。现如今流行的说法是蝴蝶效应：一只蝴蝶在巴西扇动翅膀，有可能会在美国的得克萨斯州引起一场龙卷风。

质变是量变的结果，同时质变又是下一个量变的开始，质变和量变之间循环往复地进行。这就和庄子的"方死方生，方生方死"是一个概念，当一个生命刚开始时，就是其死亡的开始，没有"生"，也就不存在"死"；当一个生命死亡时，死亡是质变，而身体的变化并没有停止，死亡是下一个变化的开始。

（3）质变的实质

事物的质变根源于事物的内部矛盾运动。当事物的内部矛盾斗争激化，双方力量对比的结果使得在多重矛盾中，主要矛盾的主要方面沦为次要方面，次要矛盾上升为主要矛盾时，一事物就转化为另一不同质的事

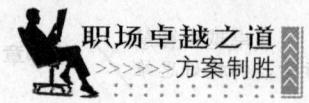

物。事物的质变瓦解了事物原有的质量统一体，破坏了事物的相对静止状态，突破了事物原有的度，从而呈现出显著的、迅速的和剧烈的变化。

3. 用量变引起质变的道理看问题，能给我们带来如下启示

（1）如果不想改变现状，要坚持适度原则

由于量变只有在一定的范围和限度之内，事物才能保持其原有的性质，所以，当我们需要保持事物性质的稳定时，就必须把量变控制在一定的限度之内。做事情要注意分寸，掌握火候，坚持适度的原则。美苏争霸时，双方就心照不宣地把握一个"度"——斗而不破，可以互相争吵，可以明争暗斗，甚至可以发生各自代理人之间的战争，但绝不能发生直接的大规模军事冲突，因为双方都承受不了核战争的后果，真撕破脸了，那就是玉石俱焚。

（2）如果想改变现状，要超越度，要不失时机地促成飞跃

事物的发展最终是要通过质变来实现的，没有质变就没有发展。所以，在量变已经达到一定程度，只有改变事物原有的性质才能向前发展，我们就要果断地不失时机地突破其范围和限度，积极促成质变，实现事物的飞跃和发展。

在欧洲一次宴会上，有一位到场的客人对哥伦布说："你发现了新大陆又有什么了不起，新大路只不过是客观的存在物，刚巧被你撞上了。"

哥伦布并没有同他争论，而是拿出一只鸡蛋，让它立在光滑的桌面上。

这位客人试来试去，无论如何也不能把鸡蛋立起来，最后终于无能为力地住手了。

这时，只见哥伦布拿起鸡蛋用力往桌子上一磕，下面的蛋壳破了，但鸡蛋稳稳地立在了桌子上。之后，哥伦布说了一句颇富哲理的话："不破不立也是一种客观存在，但就是有人发现不了。"

这个客人无言以对。

既然不满现状，就要打破现状，就如中国的改革开放，消除体制中的弊端，才能超越现状，社会才能变得更好。

（3）如果想成功，做大事，就需从小事做起，重视量的积累

任何事物的发展都必须首先从量变开始，没有一定程度的量的积累，就不会有事物性质的变化，就不会实现事物的飞跃和发展。做事要持之以恒，因量变的时间较长，所以不能急于求成。许三多正是凭借"不抛弃不放弃"的理念，从踢正步、整理内务开始，专心致志，"傻里傻气"地做好每一件事，一步步超越自己，从一个处处不招人待见的新兵，最后终于成为"死老 A"中的一员。爱迪生在认真总结了前人制造电灯的失败经验后，又经过试验 1600 多种耐热不同的材料，最后才发明电灯。锲而不舍，金石可镂；日积月累，水滴石穿。

（4）如果想杜绝灾祸，就要重视细节，防微杜渐

巨大的灾害也要经历一个由小到大的过程，老子言："慎始如慎终，则无败矣。"西方流传的一首民谣对此做了形象的说明：

> 丢失一个钉子，坏了一只蹄铁；
>
> 坏了一只蹄铁，折了一匹战马；
>
> 折了一匹战马，伤了一位骑士；
>
> 伤了一位骑士，输了一场战斗；
>
> 输了一场战斗，亡了一个帝国。

马蹄铁上一个钉子的丢失，本是十分微小的变化，人们通常即使注意到了，也不会觉得有什么大不了，但其"长期"效应却是关乎一个帝国的存与亡。这就是军事领域中的所谓"蝴蝶效应"。细节的不等式意味着：1％的错误导致 100％的失败。看起来有点天方夜谭，耸人听闻，但是现实中确实能够造成这样的恶果。

1930 年 5 月，蒋介石、冯玉祥、阎锡山在河南南部进行了大规模的中原大战，双方使用了 100 多万人的兵力。战前，冯玉祥和阎锡山为了更好地讨伐蒋，商定率军在河南北部的沁阳会师，然后集中兵力一举歼灭驻守在河南的蒋军。但是，冯玉祥的一位作战参谋在拟定命令时，误把"沁阳"写成"泌阳"。恰巧河南南部有一个泌阳，该地与沁阳相距数百公里。这样一来，就使冯玉祥的军队误入泌阳，因而贻误了聚歼蒋军的有利战

机，让蒋军争得了主动权。在近半年的中原大战中，冯玉祥军队处处被动挨打，最后导致中原大战以蒋的胜利、冯玉祥和阎锡山的联军失败而告结束。

这是因一撇之差而导致了战争的失败，与西方谚语一个马蹄钉导致帝国的灭亡，是惊人地相似，只不过一个是谚语，一个是"惨痛"的事实。血的教训让我们明白：一定要注意细节。

（四）否定之否定规律

规律揭示了矛盾运动过程具有的特点，它告诉人们，矛盾运动是生命力的表现，其特点是自我否定，向对立面转化。

这个和老子所讲的"反者道之动"完全是一个道理，只是旧酒装在了一个新瓶子里。说的就是一切事物都向着它相反的方向在变化，"物极必反"也是这个道理。

1. 矛盾着的双方依一定的条件，能够共居于一个统一体中（同一性），同时依据一定的条件，又能够互相转化到相反的方面去（相对性）

父母与孩子形成一对矛盾体，父母一般处于主导地位，通常是孩子听父母的，父母说什么就是什么，可如果父母教育不得当，孩子又是寻死又是觅活的，那时候就变了，只要孩子别干傻事，你说什么就是什么，父母连降三级，变成孙子了，什么都听孩子的。所以说虽然家长处于主导地位，如果不平等地对待孩子，不注意教育方法，自己也会很麻烦。

企业里甲方收了乙方的贿赂，表面上甲方得到了实惠，可实际上却吃了大亏，因为甲方有一个把柄被乙方抓住，乙方随时可以告发甲方，这样甲方连降三级，变成了乙方的乙方，而乙方连升三级，变成了甲方的甲方。无欲则刚，甲方行得正，走得端，才能严格要求乙方。

2. 推动事物发展的诸多矛盾中，主要矛盾和次要矛盾依据一定的条件，又能够互相转化到相反的方面去

影响孩子发展的矛盾中，父母与孩子是主要矛盾，可在青春发育期，有的孩子早恋，父母虽然不断打压，但有时效果也不好，有的孩子就和对象一起私奔，脱离了父母管辖和影响的范围。这时候，孩子和对象的矛盾从次要矛盾变为主要矛盾了。所以我们不能忽视次要矛盾，一旦处理不当，次要矛盾上升为主要矛盾时，问题就麻烦了。这个就像蔡桓公一样，你不重视小毛病，小毛病就会变成大毛病，然后要了你的小命。

3. 矛盾推动事物向其相反的方向发展

太阳系这个系统中，地球气候一年有春夏秋冬，一天之内有黑夜与白昼，循环往复地走向其反面，万事万物为这个系统所生，肯定也具备这个特点，子女总会遗传父母的基因的。

三十年河东，三十年河西，风水轮流转。曾经的兽中之王老虎追着人满山跑，避之唯恐不及。现如今，东北虎成了濒危动物，不保护，老虎就要绝迹了。人类是地球之王了，什么将打败人类呢？贪欲，无止境的贪欲。如不控制贪欲，人类必将自己打败自己。

小的会变大，大的会变小；弱的能变强，强的能变弱；坏的能变好，好的能变坏。所以当你处于低谷时，请不要难过，那也许是黎明前的黑暗，事情会有转机，否极泰来。只要你努力，也会有属于你的时代，"野百合也会有春天"。当你事事如意时，也不要太高兴，情况可能要朝其相反方向发展了，所以需要居安思危。

古人为什么讲究"谦虚"及"处下守静"？要一直把自己的心态放在很低的位置，飞黄腾达时不认为自己高人一等，为群众做好事，与群众打成一片。位置高必然要走向其反面，毕竟铁打的营盘流水的兵，长江后浪推前浪，等到被拍在沙滩上时，你依然没有失落感，因为你的心从来没有高高在上过，可以很从容地回到群众里，群众依然欢迎你。高官及富贾本来从老百姓中走出来，其权力来自老百姓，拥有了稀缺资源不图感恩，却认为这一切都是理所当然的，与别人无关，典型的孤立看待世界。少数高官们偏偏以权谋私，贪污腐化，达到了当官不为民做主，专为自己烤红薯；个别富贾们炫富比阔，吃肉时非要吧唧吧唧嘴。他们都高高在上，不可一世，脱离了老百姓的阵营，走向了老百姓的对立面，成为人民公敌，孤家寡人，以至于东窗事发被绳之以法时，老百姓弹冠相庆，奔走相告；

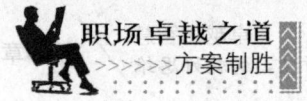

有的下台后甚至被老百姓责问：下来了，为啥啊？腐败啊？无言以答！

（五）变化是分阶段发展且循环往复

任何事物的发展都是有过程的，事物变化的过程是循序渐进、分阶段、周而复始地变化，事物变化一般遵循四个阶段：一是从无到有；二是由弱到强；三是由强到弱；四是由弱到无。类似于自然界的春生，夏长，秋收，冬藏，从荒芜到新生，再从繁盛到寂寥，如此循环不已。

图 5-11　事物变化阶段示意图

老总对秘书说：本周末我去北京见客户，你准备下。

秘书打电话给老公：本周末我要和老总去北京见客户，你自己照顾自己。

老公给朋友打电话：我老婆本周末要去北京出差，我们可以去郊游。

朋友给辅导功课的小男孩打电话：本周末不用上课，我有事情。

小男孩给爷爷打电话：爷爷，本周末老师有事，不用上课，你陪我玩吧。

爷爷给秘书打电话：我本周末要陪孙子玩，不能去北京了。

秘书给老公打电话：本周末老总有急事，我们不去北京见客户了。

老公给朋友打电话：本周末不能郊游，我老婆不去北京了。

朋友给辅导功课的小男孩电话：本周末继续正常上课。

小男孩给爷爷电话：爷爷，本周末还是要上课，我不能陪你玩了。

电话照这个形式打下去，算是没完了，电话局该乐晕了。这则笑话说明系统内的事物是相互影响的，一事物的变化必然带动其他事物的变化，同时也能说明事物是循环往复地变化。

常常听说某某地发生了什么"突发"事件，严格地说，世界上没什么"突发"事件，事件的发生都有其发展的过程，**事物都是以过程的形式存在的**。有果必有因，由"因"慢慢演变为"果"，我们感觉某事突然发生，只是没有感觉到果之前的发展过程。就如地震的发生，在未震之前，地下多种力量已经互相较劲多时，当其中一种力量超过另外一种力量的极限时，便发生了山崩地裂。结果不会无缘无故地出现，都是有原因的，就如水是有源的，树是有根的。"菩萨畏因，凡夫畏果"，如果你害怕领导批评你粗心没做好工作，那么你从一开始就要认真仔细；如果你害怕疾病，那你就得经常锻炼身体，不给疾病可乘之机；如果你害怕坐牢，那你一开始就别违法乱纪。

1. 事物都是分阶段发展且以过程的形式存在

（1）考虑整体过程与及各阶段特性

考虑问题，既要看到过程整体，又要看到各阶段，并了解各阶段特性。如一年分四季，人应该在了解四季不同特点后，在春夏秋冬不同的阶段采取不同养生策略，这样才能更好地保持身体健康。

（2）风物长宜放眼量

不谋万世者不足谋一时。为长远打算，为了最终结果，有时需要放弃眼前的蝇头小利，否则小不忍则乱大谋。

（3）未雨绸缪

阶段一并不会自动演变为目标中的阶段二，我们需要提前准备好阶段二所需要的各种必要条件，积极促进阶段二的实现，如此坚持不懈，促进最终目标的实现。

（4）注重过程

结果是过程的最后一个节点，要想有好的结果，就得充分重视结果之前的过程，没有好的过程，就不会有好的结果。

（5）确定终点

把事物当作一个过程来看待，很重要的一点就是要确定终点。我们当中很多人在生活中都经历这种尴尬：蹲过马桶之后才发现卫生间没手纸。这就是缺乏过程思维的一个例证，只考虑赶紧解决当前问题，没考虑到体面地离开卫生间才是整个过程的结束点。

2. 事物都是循环往复地发展变化

（1）终点就是起点

因事物都是循环往复地发展，所以说，事物发展的过程都是闭合的，终点就是起点，只不过到达终点时，发生了一些变化或实现了一定的目的，而这个终点又是下一个循环的开始，这种循环可能是重复原有的循环，也可能是全新的循环。

老板拿钱投资办企业，卖出产品或服务不是终点，能收回款项且还能让客户满意才是终点，老板实现了从钱（投资钱）到钱（回收款）的过程。如果收回的钱大于投资的钱，就赚了，老板有可能拿这钱追加投资，重复原有的循环，也可能投资新的领域，开始全新的循环；如果投资的是钱，收回的是别人的一堆债务白条，就很危险了。确定好终点，我们才能知道什么时候才算是把事情做完了，否则就显得思考不够周全。

人也一样，《圣经》上说：你出自尘土，必归于尘土。人都从起点回到了起点，不同的是有人恶贯满盈，有人德高望重。

（2）全部回到起点

只有事物中所有因素都回到起点，整个事物才算在本次循环中结束。

如有人上完卫生间后，是体面地出来了，一身轻松回到了起点，但忘了冲马桶，那么马桶就没有回到起点，这对于使用卫生间的人来说，就是事情没做完。所以我们在做事时，需要及时地把各种因素回归到原点，否则就会像未冲马桶似的，后果会臭气熏天。

（3）必须总结

事物是循环往复地发展，也就意味着当一次循环结束后，我们需要总结，找出相应的改进措施，以便掌握"更好的规律"，促进"良性循环"。

如果既没总结，且掌握的还是"坏规律"，那就只能导致"恶性循环"。

不能要求人不犯一点错误，但最起码不能在同一个地方摔两次跤。下次上卫生间时，是不是要先看一下卫生间是否有纸，推而广之，就是多检查与确认，少犯"我以为"之类的"想当然"错误。对于企业来说，就得不停地总结，这样不仅能避免问题的发生，还能更好地为客户服务，并能持续不断赢得客户的信任，比较容易拿到合同款。

促进良性循环很重要的一点就是不能"涸泽而渔"，否则鱼没了，循环中的一个节点就没了，相当于掉链子了，循环也就无以为继，所以事情不能做绝了，凡事要留有余地。

了解变化论相关知识，就能从变化的观点来看待问题，避免静止、僵化地看待问题；根据"事物都是有规律的变化"来看待事物，便于我们能更好地预测未来趋势；根据事物所处不同的发展阶段这个角度，去看待问题，这样就能更加具有针对性地看待问题；以"事物都是以过程的形式存在"的观点来看问题，便于我们看得更远，更全面，同时为了达到一个好的结果，就必须重视过程。以"事物都是循环往复的发展"来看待问题，会促使我们做事更周到，并不断地总结，不仅能避免问题的发生，还能使二次循环更顺畅。

基本哲学知识，可用一句话进行概括：事物本身是个矛盾体，与系统环境中多种因素，形成"生"与"克"两大类多个矛盾，推动着事物循环往复地朝着相反的方向有规律地变化，其中有一个主要矛盾，决定着事物的变化方向。

四、心理学——矛盾推动人心按规律变化

心理学是一门研究人的心理活动的规律的科学。心理学者只是在尽可能地按照科学的方法，间接地观察、研究或思考人的心理过程（包括感觉、知觉、注意、记忆、思维、想象和言语等过程）是怎样的，人与人有什么不同，为什么会有这样和那样的不同，即人的人格或个性，包括需要与动机、能力、气质、性格和自我意识等，从而得出适用人类的、一般性

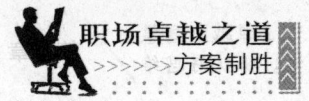

的规律，继而运用这些规律，更好地服务于人类的生产和实践。

直到 19 世纪初，德国哲学家、教育学家赫尔巴特才首次提出心理学是一门科学。而原先，心理学、教育学都同属于哲学的范畴，后来才各自从哲学的襁褓中分离出来。从本质上来讲，心理学还是属于哲学的一部分。

沟通、营销与广告活动中广泛应用心理学知识。对于职场人士来说，我们不需要去研究至为高深的，类似于梦是怎么产生的，梦又代表了什么等等。我们只需要了解，常人通常具备什么样的特点及行为方式就行了。人们所具有的共性及特性，是我们解决人的问题的钥匙，对于陌生的人只能从共性上考虑解决办法；对于熟悉的人首先从特性上考虑解决办法会更妥，这是对症下药，其次才是从共性上来寻求解决办法。

心理学的内容包含很多，下面只介绍常用的知识，便于后续的案例分析。

（一）首先我们要了解人的共性

1. 人都是有需求的，马斯洛把人的需求分成五个由低到高的层次

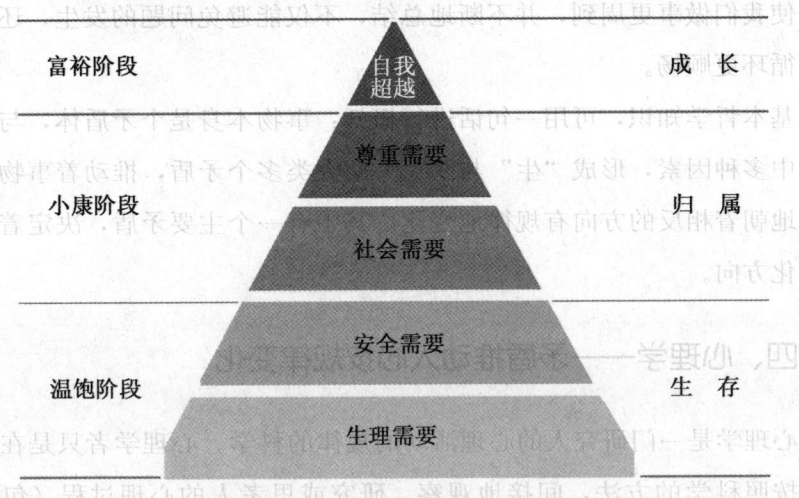

图 5-12　人的五级需求示意图

（1）生理的需求

生理的需求是人最基本的需求，可简要概括为五个字：衣、食、住、

行、性。人喜欢权、钱、色、锦衣玉食、香车豪宅，不喜欢困难、贫穷、粗茶淡饭等等。迫切地希望能有个强人当带头大哥，带自己发家致富，此时拼搏的动力十足，可以忍受常人难以忍受的屈辱和苦难。生存是人一生都需要面对的事情。

（2）安全的需求

生命安全，希望在晚年老有所养、病有所医，讨厌疾病的产生；希望在失业以后有人照顾和救急，希望自己的财富能得到保护，不会无缘无故地失去。

因对未来安全的不确定性而产生恐惧心理，希望有个权贵能罩着自己，免受别人欺负；有人把自己的心托付给神仙或万能上帝，愿意做好事，以图消灾避祸。

因小朋友单纯且对成年人安全没有任何威胁，所有成年人普遍都喜欢小朋友。

（3）社交或情感的需求

不但有温馨的亲情、甜蜜的爱情，而且有真挚的友情、邻里情、同事情、乡里乡亲情。在社交中建立感情，在感情中得到归宿，愿意帮助亲人及朋友。

（4）尊重

就是我们经常讲的让别人看得起你。具体表现在以下几点：好面子，打肿脸充胖子。好为人师，喜欢别人请教问题。听到别人的赞美，无论是真心的还是拍马屁的，乐得屁颠屁颠的；被人批评时，脸上红一阵白一阵，无地自容。

（5）自我实现

就是能够实现自我的价值，有成功感、成就感。不再为钱而活着，不愿为钱低声下气屈辱地活着，为兴趣、为理想、为信念活着，为了理想和信念，甚至牺牲生命也在所不惜。

既然事物发展是由矛盾推动，那么人的心理活动同样也是由矛盾推动的。人是一个智慧生物，知道自然界是个矛盾的世界，有利有害，通过自

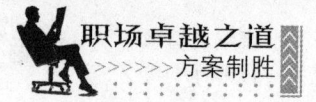

己的判断,去趋利避害。趋利避害也成了人做决策的指导原则,多数人做决策的原则首先是利己的,都寻求最大的自身利益。自己创业时,动力最足,因为这时挣的和亏的都是自己的。这样利己的人就成了普通老百姓,少数利人的人就成了圣人。思维决定着人的行动,理念指导着人的行动。

人从生下来之后,就面临着一个巨大的矛盾:生存与死亡。为了生存下来,就得有收入,去满足基本衣食住行的要求,要想有收入,就得去工作,毕竟天上不会掉馅饼,掉下来的通常是鸟屎。不生存就死亡,这对矛盾促使人努力去工作,活下来才是硬道理,面子就先摆在一边吧。

身体内因荷尔蒙的分泌,导致人有性的需求,于是恋爱成家了。单身一人时,一人吃饱,全家不饿;有了家以后,经过一段时间的积累,基本解决了温饱这个矛盾,于是开始注意人身安全及财产安全问题,毕竟希望能健康地多活些时日,辛辛苦苦挣来的钱不容易,这样能不能保住目前所拥有的这个矛盾,推动人去买各种人身保险及财产保险,把门换成防盗门等等。

自己的各种基本生存问题解决后,也希望亲人能过好点,最起码不能忘了亲人及亲戚,否则被人扣个"六亲不认"的大帽子,谁受得了;再说了,总不能夫妻及孩子天天在家大眼瞪小眼吧,毕竟各有不同的爱好,审美时间长了,也会有疲劳的,都需要有朋友来一块沟通、谈心、娱乐、消遣,于是朋友也成了生活中很重要的一部分。

在社会上打拼一段时间后,发现社会上成功人士是有标准的。舆论上制订的成功人士的标准,随着时间变化,不断地水涨船高,依次如下:20世纪70年代的三大件:手表、自行车、缝纫机;80年代三大件:冰箱、电视、洗衣机;90年代结婚三大件:彩电、空调、摩托车;现如今的三大件:电脑、轿车、房子,旅游应算是第四大件,最恶心的要算某些人定的求偶标准:有车有房,父母双亡。只要达不到这些标准,你都会觉得在众人面前没面子。为了达到这些标准,不同时代的人都在努力工作,别人买啥,俺买啥,省吃俭用也得买,几乎花掉了大部分人所有的积蓄。尤其是现代人,贷款"按揭"买房子,被人"按"倒在地,一层层"揭"皮,惨啊，血淋淋的，惨不忍睹，一生都卖给房子了。年轻人觉得每月比父辈挣得多多了，可看看口袋，依旧空空，银行的贷款倒是比父辈多多了。

在为生存、为亲人、为标准活了很多年后，有一天偶然想起，自己儿时的梦想是什么，自己的爱好是什么，自己的信仰是什么，不禁唏嘘不已。多年来的委屈和辛酸，一齐涌上心头，苦了自己啊！不禁扪心自问，自己过得有意义吗？就不能为自己活几天？于是很多人就改变了自己的活法。想法变了，行动也就变了，非要忍受上司的刁难吗？可以说"不"了；钱不那么重要了，能养活自己及家人就行，关键是干自己喜欢的事情。

人在不同的阶段都是有欲望的，正因为人是有欲望的，所以给别人想要的，就能得到你想要的。不给别人想要的，却得到想要的，多是土匪。

2. 美国心理学家罗伯特·西奥迪尼所著的《影响力》心理学，用几个关键词，概括了常见的影响人们决策的模式

（1）本能

一旦孩子出现危险时，有时候甚至不是自己的孩子，母亲保护的本能便被诱发出来，立即会奋不顾身地保护孩子；人的固定思维及偏见从某种角度来说，也形成了个体的本能，你说的话里如果包含"拉屎"这个词，多数人第一反应是你的素质低下，严重的会恶心呕吐，实际上"没有大粪臭，哪有米饭香"呢？商家善用对比，常说哪种哪种产品没这个功能，没这个好，甚至拿出实物进行对比，促使你购买；如果拿好的对比，就会说好的太贵，这个性价比最好等等。用对比来产生矛盾，促使消费者做决策。

（2）互惠

投之以桃报之以李；对方让步，我也让步；有来无回就会造成心理矛盾，为了消除矛盾，就必须要有所回报，所以互惠是在社会中用得最广泛的，如：你给我钱，我给你晋升；我都让步了，你不让步说不过去吧。互惠对于骗子是没用的。

（3）承诺

对于自己承诺过的事情，通常都会努力地去实现，否则就会被人扣上

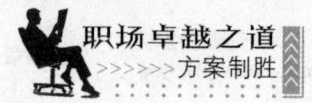

一个"不守信用"的大帽子，这可就亏大了，衡量利弊后，还是必须去做，即使难度很大。军事上为防止儿戏及"空口无凭"，就"立字为证"，要求写下"军令状"，并公之于众，将军就只能拼死一搏去完成任务，否则不成功就成仁，"军令状"还等着秋后算账呢。所以写下来的诺言是最有效的，社会上讨债的时候，经常会用到这一招；为成功愿意对自己狠一点的人，也会经常把自己的目标写下来，甚至还会让别人都知道，把自己逼入绝路，然后奋力向前。

（4）社会认同

也就是模仿别人，随大流，不敢站在主流之外，否则不就是少数对抗多数吗？个体有时候不知什么是对的，就拿别人的行动作为标准，如果社会已有标准，更会趋之若鹜。模仿是好坏都仿，自杀有人模仿，觉得自杀是摆脱目前困境的好办法，如富士康员工连续跳楼。"楚王好细腰，后宫多饿死。"国王都定标准了，你还不赶紧靠，否则就是不美。钻石对于老百姓来说，既不能解渴，也不能解饿，其实就是一块石头，那么多"钻石"卖给谁啊！都卖给企业，需求量太少，卖不上价。可商家把"钻石"不易变质的特点，愣是和爱情挂上钩，媒体上，诗歌及小说里，天天全方位立体饱和式轰炸，以至于每个人结婚时，都想买，不买就是对爱情不真，买得越贵，越能代表你的心，月亮都代表不了。钻石如果真能让爱情天长地久的话，戴安娜和查尔斯就不会离婚了，因为查尔斯送的结婚钻戒够大了。待到大家都买时，商家在心里偷着笑。

（5）喜好

愿意满足自己喜欢的人所提出的要求，无论这个人是熟悉的还是陌生的。父母教育孩子时，通常父亲是唱黑脸的，母亲是唱红脸的。母亲常说孩子赶紧去睡觉，否则，爸爸又该打屁股了，孩子看到爸爸瞪大的眼睛，还有随时会落到自己屁股上的大手，昨日的疼痛仍未烟消云散，于是乖乖地睡觉去了。觉得妈妈真好，处处为自己考虑，爸爸真讨厌，动不动就武力威胁，跟美国似的。实际上爸爸和妈妈是一条战线的，可为了孩子的成长，爸爸当黑脸是最合适的了，背一辈子黑锅也值。如果父母都顺着孩子，那不就是溺爱孩子吗？成年人尚且管不着自己，于是国家采用奖与惩的方式管理社会，小孩子就更需要这种一文一武的管理方式。这也是为什么许多人，相对而言更喜欢妈妈的原因之一。

每个人喜欢什么样的人呢？喜欢与自己有相似点的人，如老乡、同学及有共同爱好者等；喜欢恭维自己的人；喜欢对自己有用的人（对于老板来说，眼里只有有用和没用两种人）；喜欢维护自己利益的人；喜欢长相好看及有魅力的人；喜欢幽默的人。

（6）权威

社会越来越复杂，人很难成为各方面的专家，在自己不擅长的领域，就只能相信权威了。所谓权威就是大家公认的专家，大家都信，应该就是对的。因国家规定专家不能做广告，于是广告上卖药的人多是专家打扮。

（7）稀缺

因为人所共有的一个认识："越稀缺，越珍贵。"这个矛盾原理被商家狠狠地利用着，房产商天天鼓吹土地是稀缺资源，人口会越来越多，赶紧买吧，于是房价越来越高。

（二）然后我们要了解个体的特性

只要是具有与上述共性相反的特点，就是其具备的特性；个体的嗜好、厌恶、习惯、信仰、贪恋、忌讳、迷信等就是其特性。人的特性只有在关系很近的情况下，才能了解到，或经过长期观察才能发现。

要想了解别人的心理运行轨迹，最好的办法是先充分地研究自己，利用矛盾的思维方式，研究自己是如何做决策的，外界的什么因素对自己产生了什么影响，并最终做出自己的决定。在研究自己做决定的同时，再加上研读心理学书籍，很快就能达到融会贯通地理解心理学，接下来就是如何利用所学所理解的和所悟到的理论，应用到工作及生活中去了，如此理论结合实践，最终能熟练地利用这些技能，更好地解决所遇到的问题。

第三节 "三论"打造"纵横矛盾"思维模式

根据系统论、变化论及矛盾论相关理论，则可形成比较科学全面的思考模式。

一、利用变化论的知识去分析

把事物当作一个过程且是循环往复发展的过程来看待。如果问题已经产生，就要去分析问题发生的过程，找到产生的原因，也就是主要矛盾；如果是为了达到未来的目标，则需从现有的资源入手，如何经过一系列的筹划和实施，最终能达到目标。从横向上看，所有因素是如何相互联系及影响问题的发展，从何时开始一步步发展起来的，现状是个什么样的情况，未来又将会发展成什么样，最好及最坏的结果会是什么样，各个阶段会具备什么样的特点，推动事物发展的主要矛盾是什么，最终又是怎样回到原点的。事情如果没有回到起点，肯定是没做完的，是半途而废的。事情回到起点后，还要进行总结，以便使下一次的循环能朝着我们理想的方向进行。

二、利用系统论的知识去分析

把问题中所涉及的人或物当作系统中的一部分来看待。从纵向上了解一个问题所涉及的各个因素；把事物本身作为一个系统，仔细分析事物本身的组成要素。

找到相关的所有因素之后，首先将其分为主观因素及客观因素，其次再将我之外的客观因素，按可控性及重要性进行划分，从中找到主要因素及不可控因素，重点观察它们，努力找到其发展的规律。不可控因素里人是最难控制的，也是最易发生变化的，尤其需要重点关注。

三、利用矛盾论的知识去分析

（一）内在特点

把所有要素本身当作一个矛盾体来看待。分析所有要素所具有的特点，外界哪些因素与事物本身的特点发生反应，进而推动事物的发展变化。

（二）矛盾关系

找到系统中所有因素之间的矛盾关系，找出其中的主要矛盾，着重关注构成主要矛盾的主次要因素。

综上所述，分析事物，需要通过"纵横矛盾"思考模式，也就是从纵、横及自身矛盾特点三方面进行思考，才能真正做到系统全面地分析事物。

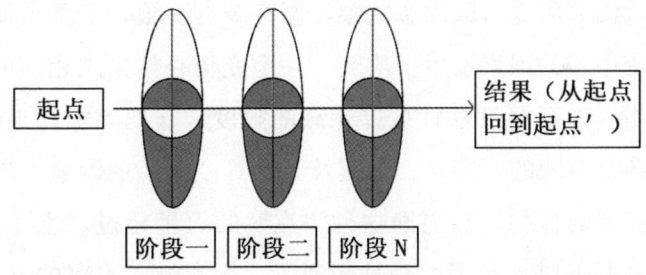

图5-13　纵横矛盾分析过程图，图中的"圆"表示事物本身及所具有的矛盾特点；椭圆代表事物所在系统中相关的因素及其矛盾特点；"起点′"是指事物回到了起点，但发生了一定的变化。

20世纪初叶，美国凯巴伯森林还是松杉葱郁、生机勃勃，里面生存着约4000头鹿，尾随鹿群的是凶残的狼。在人们的心中，狼是凶狠的，应该消灭它；鹿是善良的，应该保护它，让它们更快地繁殖。为了保护鹿群，总统罗斯福下令杀狼保鹿。

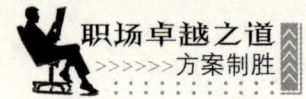
森林里的狼纷纷丧生在猎人的枪口之下，几乎被赶尽杀绝。小鹿们欢快地撒开蹄子在森林里无忧无虑地到处游荡，好心的人们看见了，都露出了欣慰的笑容，同时，鹿群的数量也在飞快地增加，从原来的几万只猛增到十几万只。可是，好景不长，令人意想不到的事情发生了。由于没有凶恶的狼来追逐、捕捉，小鹿们一个个变得膘肥体胖，连跑动都越来越困难。病鹿壮鹿杂居，素质日下，数量猛增，疯狂啃食灌木、小树，最后是大树树皮，原本茂盛的森林被一扫而光。森林毁了，饥饿造成鹿的大量死亡。更为可怕的是一种怪病在鹿群中蔓延开来，一批又一批的小鹿倒了下去，还有一些小鹿由于饥饿难耐也没再起来。到 1942 年，几十年间所增加的 10 万头鹿仅存 8000 头，且多是病弱残鹿。

在这个案例中，按照"纵横矛盾"思维模式进行分析如下：

纵向：人、狼、鹿、森林、病菌、阳光、雨露、土壤构成一个系统；

横向：人消灭狼，系统平衡被打破，鹿的数量先增加后减少；

矛盾：人与鹿、人与狼构成两对主要矛盾，其余两两组合构成次要矛盾，其中人又是主要矛盾的主要方面，人决定着整个系统的变化方向。

人因喜欢温驯的鹿讨厌凶恶的狼，便下令打死狼，于是狼便如人所愿消失了。系统中狼的因素发生了质变，一个变化必然带来相应的变化。于是鹿数量大增，增到超过森林可以承载的限度，却把森林几乎吃崩溃了，因为森林资源是有限的，阳光、雨露及土壤等"生"的因素不断推动着森林提供鹿所需要的食物，而当鹿这种"克"的力量超过"生"的力量时，就意味着森林要不堪重负了。森林崩溃了，人类赖以生存的基础就没了，下一步就该人类遭殃了，人真是搬起石头砸自己的脚！狼的质变引发了鹿的质变，进而导致森林的质变，引起人的恐慌，也改变了人的认识。狼没有了，鹿中老弱病残都得以存活，因不用天天玩命躲避狼的追杀，日子过得很悠闲，缺乏体育锻炼，身体素质大幅度下降，可见锻炼身体有多重要。对于鹿的认知能力来说，狼是其主要敌人，病菌是次要矛盾，可当狼消失了，且鹿的身体素质下降时，原来能抵抗得了的病菌现在变为致命因素，变为主要矛盾，使鹿的数量急剧减少。可真是生于忧患，死于安乐！

鹿的变化没有按照人们的预期发展，反而越来越差，人好心办了坏事，主要还是认知上的错误，鹿和狼本是一对矛盾的统一体，既对立又统一，谁也离不开谁。狼虽吃了几只鹿，但多是老弱病残，剩下的多是强壮的，而强壮的就不易生病，一定程度上阻碍了疾病的传播，促进了鹿群的良性发展，也限定了鹿的总数，进而减少了鹿对森林的破坏，保证森林的休养生息。狼对于维护保持系统的生态平衡发挥着至关重要的作用。

这个问题的实质是鹿缺少天敌，解决问题的办法就是引进鹿的天敌，可以把"可恶"的狼重新请回来，也可把狮子、老虎、豹子等鹿的天敌引进来。每个物种都是天生天养，都有生存的权利，也都有其存在的价值。看似凶恶的狼不单单是鹿的天敌，它还是动物"食物链"中不可或缺的重要一环，是保护生态平衡的使者。从此以后，猎人们再也不刻意为难狼了，物竞天择，这座森林又逐渐恢复了昔日勃勃的生机。

狼吃鹿，鹿吃草，而森林中的病菌又制约狼，形成一个循环，每一个因素都在"生"与"克"两种力量的较量中变化，各个因素就如"金木水火土"那样相互制约，达到一种均衡的状态，形成了一个良性互动循环的稳定系统。

第六章

卓越之执行

——好素养出执行力

根据《孙子兵法》与《三十六计》，创新总结出指导战争的 33 字方针。战争问题是问题，职场中的问题同样也是问题。用解决战争问题的指导方针来指导我们解决现实工作中的问题，那应该是绰绰有余了。

在我看来"三思"就是按照"纵横矛盾"分析法从纵向、横向及事物本身三方面去分析，针对问题要至少有三个解决方法，然后根据"原则"选定最佳的一个，形成"最佳方案"。我把这个"三思而后行"的过程叫"331方案"。

第一节　执行之四阶段——创新总结兵法宝典

　　《孙子兵法》是孙武对战争规律及战争技巧的总结，体现着孙武面对战争的思维模式；《三十六计》是人们对战争技巧的总结，其中的计谋可以直接借鉴使用。古往今来人们视这两部著作为经典，不停地研读，以期能学到三招两式，提高一下自己的思维能力。毛主席曾说，解决一件事情需要从"情况明、决心大、方法对"三方面着手。个人才疏学浅，根据《孙子兵法》及《三十六计》内容，斗胆狗尾续貂，按照以下四个阶段十一个方面阐述战争规律：内心静，信心足，决心大，态度正，情况明，目标对，原则好，方法优，时机准，行动灵，总结勤。按照解决问题的过程，可以按四个阶段11个关键节点进行分类，具体如下图所示：

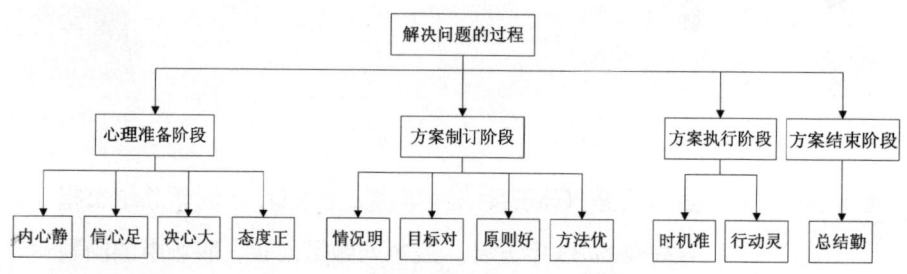

图6-1　解决问题的阶段及33字方针

一、心理准备阶段

（一）内心静

　　"主不可以怒而兴师，将不可以愠而攻战。""将军之事，静以幽，正以治。""以治待乱，以静待哗，此治心者也。"对于君和将来说无论是战前、战中，还是战后，均需保持一颗冷静的心，足够理性，才能做出正确的分析和决定。

（二）信心足

"胜可为也。敌虽众，可使无斗。"胜利是可以达到的，关键看使用什么办法。

"故五行无常胜，四时无常位，日有短长，月有死生。"没有常胜的将军，也没常胜的军队，所以说敌人是可以打败的，同时"胜败乃兵家常事"，即使自己败了也不要紧，既不要被敌人吓破胆，也不要为一时的失败而丧失信心，不求取得每次战役的胜利，但求取得最后决定性胜利。永远要对自己保持足够的信心。

（三）决心大

"投之亡地然后存，陷之死地然后生。"将与卒均需同仇敌忾，誓死杀敌。只要有取胜的机会，坚持按既定策略稳步推进，坚定不移直至打败敌人。

（四）态度正

"兵者，国之大事，死生之地，存亡之道，不可不察也。"因战争事关极其重大，所以在态度上必须需要极其慎重。

二、方案制订阶段

（一）情况明

"故经之以五事，校之以计，而索其情。"要明白战争涉及的重要因素：道天地将法，道者，令民于上同意，可与之死，可与之生，而不畏危也；天者，阴阳、寒暑、时制也；地者，远近、险易、广狭、死生也；将者，智、信、仁、勇、严也；法者，曲制、官道、主用也。

五大因素里面核心是将，处于主导地位，君臣关系要做到"将在外，

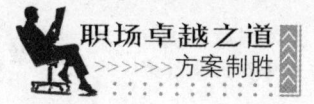

君命有所不受"。

"是故智者之虑，必杂于利害，杂于利而务可信也，杂于害而患可解也。"将者看待任何事物均要看到其利及弊。

"夫未战而庙算胜者，得算多也；未战而庙算不胜者，得算少也。"通过庙算，推算敌我实力对比及胜负可能。

"知彼知己，胜乃不殆；知天知地，胜乃可全。"打仗要知天知地，知己知彼，知彼最重要的途径是靠间谍，其中反间是最为有效的。

"上下同欲者胜。"上下要团结一致。

（二）目标对

"昔之善战者，先为不可胜，以待敌之可胜。"战争首先确立的目标是——要使自己立于不败之地，战败就意味着国破家亡，所以首先不能败，然后伺机破敌。致人而不致于人，把握战争主动权。

（三）原则好

"攻其无备，出其不意。"在敌人没有准备的情况下，突然发动袭击，在敌人意料不到的情况下采取行动。

"兵者，诡道也。"使用奇正之术"三十六计"，在使诈的基础上迷惑对手，使对手无法知我，相当于把敌方变成瞎子、聋子，破坏对方的优势，放大对方的缺点，以削弱敌人的实力。

"故兵贵胜，不贵久。"用兵作战贵在速战，持久则不利。

"不战而屈人之兵，善之善者也。"不用武力进攻就能使敌人降服，才是高明之中最高明的。

"胜兵先胜而后求战，败兵先战而后求胜。"打胜仗的军队总是先取得必胜的条件，然后才找机会与敌人交战，打败仗的军队总是先与敌人交战，然后企图侥幸取胜。

"凡战者，以正合，以奇胜。"一般成功的战争，总是以"正"兵迎敌，以"奇"兵取胜。

（四）方法优（三十六计）

"夫未战而庙算胜者，得算多也；未战而庙算不胜者，得算少也。"战争前对各种方案进行推演，寻找获胜机会最大的方案。

"令之以文，齐之以武。"战胜敌人首先自己要强大，为将者管理军队，组织架构合理，职责明确，各司其职，临场指挥善用金鼓及令旗，保证令行禁止。

"善用兵者，役不再籍，粮不三载，取用于国，因粮于敌，故军食可足也。"战争耗费巨大，关乎国家安危，所以取粮于敌，以战养战，兵贵神速，减少自己的消耗。

"故上兵伐谋，其次伐交，其次伐兵，其下攻城。攻城之法，为不得已。"以尽可能小的代价，去取得最大的成功。根据战争实力对比采取不同的方法，运用心理战，不战而屈人之兵是最好的，武力解决永远是最后的办法。对待每一次战役均要有尽可能多的方案，然后优中选优。

"故善战者，求之于势，不责于人，故能择人而任势。"善于造势，如转圆石于千仞之山，以造成势大力沉，势不可挡。

"善用兵者，修道而保法，故能为胜败之政。"克服自己的缺点放大自己的优点，利用一切积极有利因素以增强我方实力。

"故用兵之法，十则围之，五则攻之，倍则分之，敌则能战之，少则能逃之，不若则能避之。"根据不同的实力对比，采取不同的进攻方法。

"兵非益多也，惟无武进，足以并力、料敌、取人而已。""兵之所加，如以碫击卵者，虚实是也。"充分了解敌方情况，集结优势兵力，提高士兵打仗积极性，打击敌方薄弱的环节。

"火攻。"火攻是一种很重要的取胜方法，本小利大。

三、方案执行阶段

（一）时机准

"避其锐气，击其惰归，此治气者也。"在敌人实力最弱，敌人劣势暴

露无遗，于我极其有利且有把握获胜时，果断发起攻击，"势如彍弩，节如发机"。

"发火有时，起火有日。时者，天之燥也。日者，月在箕、壁、翼、轸也。"火攻同样也要把握好时机，这样才能收到最好的效果。

（二）行动灵

"合于利而动，不合于利而止。"有利可图才行动，无利则止。

"故善战者，致人而不致于人。"善于指挥作战的人，总是能设法调动敌人而不被敌人所调动。

"途有所不由，军有所不击，城有所不攻，地有所不争，君命有所不受。"有所为，有所不为，一切以大局为重。

"兵闻拙速，未睹巧之久也。"因战争耗费巨大，故兵贵神速。

"故其疾如风，其徐如林，侵掠如火，不动如山，难知如阴，动如雷震。掠乡分众，廓地分利，悬权而动。"动静之间把握好分寸，需要行动时快如闪电，需要静止时任它风吹雨打，我自岿然不动。需要根据实际情况，采取切实可行的行动。

"势者，因利而制权也。""践墨随敌，以决战事。"根据战场实际情况，灵活机动地采取措施。

"故战道必胜，主曰无战，必战可也；战道不胜，主曰必战，无战可也。"遵循战争规律，不为上是举。

"夫兵形象水，水之行避高而趋下，兵之形避实而击虚；水因地而制流，兵因敌而制胜。"对敌作战关键是要避实击虚，随机应变，积小胜为大胜。

四、方案结束阶段

总结勤

《孙子兵法》虽未直接说"总结"的重要性，但每一章节所得出的结论无不是在分析情况后，总结出自己的观点，例如开篇："兵者，国之大事，死生之地，存亡之道，不可不察也。故经之以五事，校之以计，而索其情。"《孙子兵法》总字数将近7500个，而"故"字出现了97次，平均每78个字中有一个"故"字，频率相当高，说"总结勤"一点也不过分。

第二节 心理准备阶段——内心强大是真强大

下面抛开战争不说，着重解读一下如何用指导战争的原则，为我们寻常百姓解决一下实际问题。

用解决战争问题的指导方针来指导我们解决现实工作中的问题，那应该是绰绰有余了。首先是工作及生活中问题的复杂程度比起战争来说，完全是小巫见大巫了。其次战争耗费大，输掉战争有可能输掉整个国家，而职场中的问题即使一次没解决，后果也没战争那么大，大不了从头再来。战争问题是问题，职场中的问题同样也是问题，其解决的思路也是一样的。

一、内心静——成功做事首要保证

人的情绪通常有：喜、怒、哀、乐、忧、思、恐，皆为内心不静所引起，人的心态对健康影响极大。就养生而言，在中医里有"下士养身，中士养气，上士养心"的说法，也就是说，在中医看来，养心是养生的最高境界，是养生的核心和关键。不好的心态则对身体伤害较大，如《黄帝内经》所说的过喜伤心，过悲伤肺，大怒伤肝，过恐伤肾，过思伤脾。毛主席的养生心得用老人家自己的话来说就是：遇事不怒，基本吃素，多多散步，劳逸适度。

不好的心态不仅影响身体，还会严重地降低人的认知判别能力。情绪上的过喜过悲过怒，都最容易让人失去理智，如：

悲痛欲绝：悲痛得都不想活了，哪还有心思去考虑问题？

欣喜若狂：欣喜得像疯子一样，智慧何来？乐极生悲。

恼羞成怒：怒从心上起，恶向胆边生，愤怒会让人失去理智，走极端，做傻事。

利令智昏：利益会堵塞人的心窍，蒙蔽智慧、头脑，那就只能做出错事。

惊慌失措：惊恐过度，让人手足无措，无所适从，整个人都懵了，毫无智慧可言。

所以说，内心不静让人失去理智，失去理智所做的决定通常也是不理智的。因此在内心起波澜时，千万别做什么决定。俗话说"冲动是魔鬼"，而冲动都是由"喜悲怒利惊"所引起的，冲动所付出的代价通常是让人肠子都悔青了。忍得一时之气，免去百日之忧。马加爵就因为一次打牌吵架，怒从心中来，恶向胆边生，残忍地杀害自己的 4 名同学。遇到事情我们内心一点不起变化，那是圣人了。对于我们普通老百姓来说，内心有变化很正常，但只要在内心恢复平静之后再做决定，这个决定就更合乎常理，合乎自己正常的能力水平。

"非淡泊无以明志，非宁静无以致远。"对于我们来说，尤其领导者，不仅是要在遇到问题需做决定时，保持内心静，而且在整个处理问题的过程及结束后，都要保持冷静的心。这里说的冷静包括以下四种情况：

第一，决策前的冷静，能使我们对情况了解得更清楚，所做的决策更科学；

第二，过程中的冷静，可使我们能全面细致观察决策执行的情况，然后根据实际情况进行调整，直至问题解决；内心静才能专心致志，做事才能减少纰漏；而三心二意、心猿意马只能导致错误百出。过程中的冷静主要源于对目标的执着追求，因为在过程中，一旦因主观态度的原因出现问题，目标就很难实现，到时只能怪自己了，悔之晚矣。

第三，成功前的冷静，可以让我们善始善终，确保目标的实现，免去功亏一篑的遗憾。

第四，结束后的冷静，使我们不至于被胜利冲昏了头脑，也不被失败的痛苦击碎了自信心，仔细总结一下自己的得与失，以图未来如何避免问题产生或更好地解决问题，从一个胜利走向另一个胜利或东山再起。

内心静既然如此重要，遇到问题时，该如何保持一颗平静的心呢？

让心情平静下来，最常用的是"深呼吸"，通过深呼吸进行吐故纳新，把内心中各种不利因素呼出去，同时多吸入些氧气，让脑袋不至于缺氧而犯迷糊。深呼吸能有效放松绷紧的神经，舒缓波澜起伏的心情，但我觉得"心病还需心药医"，"深呼吸"是治标不治本。

（一）塞翁失马焉知非福

靠近边塞居住的人中，有位擅长推测吉凶、掌握术数的老人叫塞翁。一次，他的马无缘无故跑到了胡人的住地。人们都为此来宽慰他。那老人却说："这怎么就不会是一种福气呢？"过了几个月，那匹失马带着胡人的良马回来了。人们都前来祝贺他。那老人又说："这怎么就不能是一种灾祸呢？"老人的家中有很多好马，他的儿子爱好骑马，结果从马上掉下来摔断了大腿。人们都前来慰问他。那老人说："这怎么就不能变为一件福事呢？"过了一年，胡人大举入侵边塞，健壮男子都拿起武器去作战。边塞附近的人，死亡的占了十分之九。唯独塞翁的儿子因为腿瘸的缘故免于征战，父子俩一同保全了性命。

首先要认识到，发生一切事情都是正常的，出现一切结果都是正常的。基本的哲学告诉我们，一切事物都是受系统中多种因素的推动而按照规律进行变化的，所以你所看到的一切现象或结果其实都是一种必然。有果必有因，棉裤套皮裤，必定有缘故。就像猪有生老病死的变化，但无论猪怎么变，都是在猪的范围内进行变化，绝不会变成大象。

进一步可理解为你所看到的一切事情都是正常的，发生一切事情都是可能的。这种正常就类似于男人不会得宫颈癌，女人不会得前列腺病。只要你有那个器官，那个器官就可能发病，只是发病的概率高低的问题，哪怕你就是那个万分之一的"倒霉蛋"，那也是正常的。事情的发展也不是

突然产生的，必有前因后果。所以我们常用的词汇"惊讶""惊奇""惊喜""意外"等等实际上应该是不应该有的，只是我们没有注意到系统内各因素的变化而已，发生一切事情都是正常的。

如果说有**偶然**，那也只是系统中某个因素发生了小概率变化，导致了一个小概率的结果出现。**事情只要可能发生，就一定会发生，只是发生的时间早晚及概率的大小不同而已。**如果你觉得什么事情对你来说很意外，那只能说明你对事情的发展动向还不是很了解。

从"必然"及"偶然"这个理念出发，事情发展的所有结果我们基本都能推断出来。结果本身就是个矛盾体，也就导致了结果从利与弊方面来说是一个利弊统一体，有一利必有一弊。**结果无非就是好与坏，而好与坏是相对的。**从时间上来看，现在看是好事，有可能将来看就是坏事。从范围上看，对自己有利，对别人可能就是有害。产生的结果只是我们心目中的好与坏。而结果则肯定介于最好与最坏之间，从一开始就预想到可能的最好结果与最坏结果，达到心中有数，也就不会对结果有什么意外了。然后我们筹划着向最好的方向努力，如果不可抗力的因素或不可控的因素导致坏的结果发生，我们也能坦然接受，毕竟主观上我们努力过，奋斗过。人之不如意者十有八九，如果从概率角度讲，成功是个小概率事件，是不正常的，不成功才是个大概率事件，是正常的。哪能事事都随人所愿，万事如意只是个美好的祝福。

塞翁失马的故事需要我们牢记，甚至需要背下来。故事中发生的一切事情都是合情合理的，没有什么玄幻的或不可思议的，塞翁在看待每一个结果时，都是以一种发展变化及长远的角度来看，以一种相对的观点来看待，并不局限于一时的得与失。从塞翁失马的故事中，我们应当有所领悟：当我们遇到自认为是高兴的时候，不要高兴太早，事情是发展变化的，福兮祸所伏；当我们遇到自认为是倒霉的事情时，不要悲伤过度，事情是发展变化的，祸兮福所倚。这个世界没有绝对的，只有相对的对与错及好与坏。在遇到重大事情而无法平复心情时，那就默默背一背塞翁失马的故事，福祸相依的理念有助于我们保持一份平常心。

"福祸相依"的理念应该内化为一种"信仰",人在困难的时候尤其需要这种信仰的支撑,否则很容易崩溃;人在春风得意时,也需要这种信仰的约束,否则很容易马失前蹄。

(二) 牛仔大王苦尽甘来

当年他像许多年轻人一样,带着发财的梦想前往西部淘金。

一天,他发现有一条大河挡住了他前往西部的路,苦等数日,被阻隔的行人越来越多,但都无法过河。于是陆续有人转往上游、下游,绕道而行;也有人打道回府,更多的则是怨声一片。而心情慢慢平静下来的李维斯,面对河水,想起了曾有人传授给自己的一个思考制胜的法宝——"精神胜利法",那是一段话:"太好了,这样的事情竟然发生在我的身上,上天又给了我一次成长的机会,凡事的发生必有其因果,必有助于我!"

于是他非常兴奋地不断重复着对自己大声说:"太好了,大河居然挡住了我的去路,上天又给了我一次成长的机会,凡事的发生必有因果,必有助于我!"

果然,随后他真的有了一个绝妙的创业主意——摆渡。没有人因为吝啬一点钱而不坐他的渡船过河,因此,他人生的第一笔财富居然是因大河挡在面前而获得的。

一段时间后,摆渡的人多了起来,生意开始清淡,他决定放弃,并继续前往西部淘金。来到西部,到处是人,他买了工具,找到一块合适的空地,便开始淘起金来。没多久,来了几个恶汉,围住他叫他离开,说是他们的地盘,他刚想理论几句,那伙人便失去耐心,给了他一顿拳脚。无奈之下,他只好灰溜溜地离开。好不容易又找到一个地方,同样的悲剧再次上演,这样的事情多次发生。最后一次被人打完后,看着那些人的背影,他又一次想起他的精神胜利法:"太好了,这样的事情竟然发生在我的身上,上天又给了我一次成长的机会,凡事的发生必有其因果,必有助于我!"

他真切地、兴奋地反复说着,终于,他又想出了另一个绝妙的创业主

意——卖水。西部黄金不缺，但自己似乎无力与人争雄；西部缺水，可似乎没什么人能想到它，不久他卖水的生意便红红火火开张了。

慢慢地，也有人参与了他的新行业，再后来，同行的人越来越多。终于有一天，在他旁边卖水的一个壮汉对他发出了最后通牒："小个子，以后你再不用来卖水了，从明天早上开始，这个地盘归我了。"他以为那人是在开玩笑，第二天依然来了，没想到那家伙立即冲上来，不由分说，便对他一顿暴打，最后还将他的水车也一起拆烂了。在当时没有法律、只有武力的西部，李维斯不得不再次无奈地接受现实。然而当这家伙扬长而去时，他却立即开始调整自己的心情，再次强行让自己兴奋起来，不断对自己大声说："太好了，这样的事情竟然发生在我的身上，上天又给了我一次成长的机会，凡事的发生必有其因果，必有助于我！"

他开始再次调整自己注意的焦点，后来发现西部人的衣服极易磨破，同时又发现西部到处都有废弃的帐篷，于是他又有了一个绝妙的主意：把那些废弃的帐篷收集起来，洗干净，缝出了世界上第一条用帐篷做的裤子——"牛仔裤"。从此他一发不可收拾，最终成为举世闻名的牛仔裤大王。

李维斯在每次遇到挫折后，虽然也很难过，但在"**太好了，这样的事情竟然发生在我的身上，上天又给了我一次成长的机会，凡事的发生必有其因果，必有助于我！**"这个信念的指引下，总能看到所遇挫折中的积极的因素，在心情平静之后，经过冷静的分析，又发现了新的机会。碰到坏事，有时候甚至要感谢，例如得了感冒，当时很难受，可感冒却能防癌。信仰的力量是无穷的，因为积极的因素本来就存在于任何事物中，李维斯因坚定这个信念，愈挫愈勇，最终否极泰来，成就一番事业。

孟子云："天将降大任于斯人也，必先苦其心志，劳其筋骨，饿其体肤，空乏其身，行拂乱其所为，所以动心忍性，曾益其所不能。"如果你不停地遇到各种挫折，那你就把他们当成强身健体的补品，成功前的各种考验吧！

（三）意大利队绝处逢生

身处绝境中首先需要的是平静的心态，其次是坚持。

2000 年欧洲杯半决赛，意大利对阵东道主荷兰，荷兰占据天时地利人和，且其进攻能力可谓摧枯拉朽。相较而言，意大利唯一不吃亏的地方就是其闻名于天下的"钢筋混凝土"式的防守，可意大利开场半小时后就被罚下一人，防守就更难了，真是屋漏偏逢连阴雨！在万分不利的情况下，意大利并未放弃希望而自乱阵脚，迅速调整好心态后依然稳扎稳打，居然不可思议地防住了对方的六个点球，最终在点球大战中取得了胜利，成就了欧洲杯历史上前无古人、几乎后无来者的经典之战。

绝境只是极端不利，并不是死境，希望虽然渺茫，但依然存在。不到最后一刻，绝不放弃任何可能获胜的机会，只有冷静应对，坚持不懈，才可能创造奇迹，才可能绝处逢生！这也应证了中国的一句古话："山穷水复疑无路，柳暗花明又一村。"

做大事的任何能力和素养都可以在平时的小事上进行修炼，并能很好地掌握。有时我们可以刻意地进行模拟训练，例如故意在下车前五分钟之内，安排自己写一封电子邮件，以锻炼自己临危不乱、紧急情况下处理问题的能力。

（四）飞行着陆功亏一篑

二战结束后，英国皇家空军统计了在战争中失事的战斗机和牺牲的飞行员数量以及飞机失事的原因和地点。其结果令人震惊——夺走生命最多的不是敌人猛烈的炮火，也不是大自然的急风暴雨，而是飞行员的操作失误。更令人费解的是，事故发生最频繁的时段，不是在激烈的交火中，也不是在紧急撤退时，而是在完成任务归来着陆前的几分钟。

心理学家对这个结果丝毫不惊讶，他们说这是典型的心理现象。在高度紧张过后，一旦外界刺激消失，人类心理会产生"几乎不可抑制的放松倾向"。飞行员在敌人的枪林弹雨里精神高度集中，虽然外界环境恶劣，但由于大脑正处于聚精会神中，反而不容易出纰漏。

在返航途中，飞行员精神越来越放松，当他终于看到熟悉的基地，自己的飞机离跑道越来越近时，他顿时有了安全感。然而，恰恰是这一瞬间

的放松，酿成大祸。因此人们管这种状态叫"虚假安全"。虚假安全也就是我们常说的"大风大浪都过来了，阴沟里却翻了船"，只有小心才能行得万年船。

飞机返航，本是飞行员参加战斗的这个过程中的一部分，过程没有结束，还没有回到起点，就不能算是成功，还不是庆功的时候。在人生的路上，也有很多"虚假安全"。当你通过重重困难，成功近在咫尺的时候，千万别因放松警惕而放慢你的步伐，只要事情还没成功，就永远存在变数。功败垂成岂不让人捶胸顿足，扼腕叹息，心里念叨着、耳边回响着的是一句歌词，"我曾那么接近幸福"。

"行百里者半九十。"善始善终，整个过程保持内心的平静才能极大地增加成功的可能。

（五）闯王登基乐极生悲

闯王把脑袋别在裤腰带上，历尽 15 年的拼死搏杀终于打进北京，崇祯皇帝自缢身亡，李自成称帝。夺得天下后，李自成及麾下的一些大将们得意忘形，以为天下大定，可以为所欲为了。李自成霸占陈圆圆，惹得吴三桂"冲冠一怒为红颜"。他们纵容部下，骄奢淫逸，烧杀抢掠，军纪败坏，无恶不作，失去民心。结果从 1644 年 3 月 19 日到 4 月 30 日只"乐"了四十二天，在吴三桂领着清兵入关后，形势就来了一个大逆转。大顺军先是退出北京，最后退到了九宫山，一代豪杰终于被地主民团所杀，落得个"乐极生悲"、兵败身亡的下场。

15 年的艰辛奋斗，42 天的疯狂享受，其兴也难矣，其亡也忽焉。李闯王可真正是"辛辛苦苦几十年，一夜回到了解放前"。作为"乐极生悲"失败的典型，他实在是太"成功"了。胜利之后可以庆祝，但不能在胜利之后醉生梦死，要想从一个胜利走向另一胜利，还需尽快使自己清醒过来，保持内心的平静。

遭遇大喜或大悲，想想塞翁失马的故事；遭遇困难和挫折，想想李维斯的故事；极端不利时，想一想意大利队绝处逢生的故事；无限接近成功时，想一想英国飞行员的故事；梦想成真时，想想李闯王的故事。在想故事的过程中，不仅有效地转移了注意力，同时福祸相依的理念能让你迅速恢复平静的心态。一个好的故事远胜过单一的理念，故事不仅承载理念，还比理念更饱满，更有趣，更具有现实及指导意义。人活到最后，就剩下一些故事了，我们都变成了"有故事的人"。

二、信心足——战略高度藐视问题

内心静是我们没必要被来势汹汹的纸老虎所吓倒，待心情平静后，我们需要有信心去戳破纸老虎。

（一）面对问题保持信心

从五行生克图上可以看出，万物相生相克，金克木，木克土，土克水，水克火，火克金，如此循环。如《孙子兵法》所言"五行无常胜"，也就是说，没有克服不了的困难，没有翻不过去的火焰山，这种信念很重要。如温总理所言："信心比黄金更重要!"

面对困难时，人们常有"恐惧"之心。困难其实没什么好怕的，毛主席在解决完那么多极其狰狞的困难后，说了一句世界名言：一切反动派都是纸老虎。这些反动派就包括蒋介石、美国及其跟班们，每一个都是超重量级的。

我们普通老百姓虽然不用直接和那些超级反动派过招，但职场中遇到点虾兵蟹将——小困难——还是在所难免的，超重量级的反动派都是纸老虎，那些虾兵蟹将就更是纸老虎，如果非要有什么不同的话，一个是 A6 纸大小的纸老虎，一个是 A4 纸大小的纸老虎，面积虽大小不一，但本质上都是纸老虎，一戳就破，遇火就焚。困难即使是真老虎，也没什么可怕的，对付真老虎，人们照样有很多办法。

困难确实是纸老虎，实在是没什么好怕的。

记得有次在老家农村串门，就在离朋友家 15 米左右距离时，一条巨大的狼狗龇牙咧嘴气势汹汹地朝我扑来，我本能反应是想跑，因小时候腿就

被狗咬过，但转念一想，跑估计也会被赶上，还是难逃被咬，况且一个成年老爷们被一条狗撵得到处跑，传出去还不让人笑掉大牙。再看附近也没有立即能到手的树棍之类的东西防身，就决定放手一搏，准备先用脚踢狼狗，摆开架势等着狼狗冲过来。就在这时，令人奇怪的事情发生了，狼狗在离我3米左右的距离时，突然来个急刹车，并不停狂吠，除此之外，没什么新鲜的了。这时狗主人出来了，大笑，我虽心有余悸，也大笑，小样，原来你也是欺软怕硬的主啊！后来狗主人说，这狗曾经把一个讨饭的人给咬伤了，你越跑，它追得越凶。对付狗很简单，只要你一弯腰，在地上佯装捡起东西来攻击它，即使什么也没捡到，就能把狗吓住。后来我做过实验，确实如此。那次对付狼狗的经历常让我想起来就觉得好笑。后来一次看电视，说新疆一个石油工人凌晨下班后，拖着疲惫的身躯往宿舍走，根本没有意识到，身后有两条狼突然向他发起攻击，一只狼一下子从后面扑到肩上，他本能地抓住肩上的"不明东东"奋力往前一摔，狼一声惨叫，拔腿就跑，他赶紧转身一看，后面一头狼见势头不对，也逃了。这时我算明白了，一个疲惫的人都能对付两头狼，正常情况下就更用不着害怕了，更不应该害怕一只狼狗了。可如果你见到狼不是奋力一搏，而是仓皇逃命，肯定会被狼吃掉。我们之所以害怕狼，估计和小时候听过的狼外婆的故事有关，狼已经在我们幼小的心里成了一种狡猾凶残的吃人动物的形象，我是干不过它的。形成这种观念后，因思维惯性的原因，长大后遇到狼，第一反应肯定是干不过它，会依然非常害怕它。小时候因为自己能力及意识的原因，已经对自己的很多能力设定了很多高度，以至于长大后，思维的惯性依然会保留那些自我设限。所以说，作为成年人，不应首先对自己的能力设限，应先想办法去尝试。

　　能带来生命危险的狼和狼狗都没什么好怕，其他的苦难更没什么好怕的。困难肯定没有我们想象的那么难，绝没有！"困难"的克星是"方案"。困难只是在我们没有找到方案时，张牙舞爪的显得有些唬人，只要我们找到了方案，剩下的就是试验我们的方案，就如弯腰捡东西吓唬狼狗似的。

对待困难，我们根本没必要去恐惧它，而更多是要感谢它。就像李维斯的那句名言："太好了，这样的事情竟然发生在我的身上，上天又给了**我一次成长的机会，凡事的发生必有其因果，必有助于我！**"我们和困难实际上也是一个相反相成的矛盾体，没有困难就没有我们。正是有了困难的刺激，我们的身体和能力才不断地得到加强，才能应对各种天灾及疾病，使人类能繁衍到今天，成为地球的王者。

毛主席说过，对待困难首先在战略上藐视它，但在战术上要重视它。战略上藐视就是不被纸老虎吓倒，要有信心去战胜它。但毛主席还说过：凡是反动的东西，你不打他就不倒。这也和扫地一样，扫帚不到灰尘照例不会自己跑掉。所以说你还得在战术上重视它，你不采取一定的办法和实际行动，去对付它，它就像狼和狼狗一样，会咬人的。

方案总比困难多，对于每一个困难来说，解决的方法通常都有好几个，条条大路通罗马，这个论断几乎不用证明，所以每次遇到一个困难时，首先想到的是去找解决办法，这样困难给人带来的压力，就转变成了我们竭尽全力地去想解决办法的动力；如果自己实在是想不出来办法，你可以请教相关方面的高人，别忘了人是"好为人师的"。有了办法，就有了信心，自然就没那么大的压力和对困难的恐惧了。

（二）遭遇失败保持信心

"五行无常胜"的另一个含义也就是没有常胜的将军，谁都会有失败的时候。失败会让人心灰意冷，垂头丧气，但最关键的是不要丢失信心。解决问题遭遇失败，表面上感觉"问题依旧杵在那里"，可实际上我们成功收获了失败的经验，对问题了解得更清楚，离成功也就更近。失败后我们需要查找原因，总结教训，调整策略及方法，满怀信心，从头再来，成功就在那不远处！

三、决心大——排除万难争取胜利

信心足了，对问题不再有恐惧的心态了，下一步是要下定决心来解决

问题。

决心对于问题的解决有着至关重要的影响，《孙子兵法》讲究"置之死地而后生"。而远隔千山万水的古希腊大哲学家苏格拉底对于决心有着同样的重视。

古希腊有个大哲学家苏格拉底。有一天，一个年轻人想向他学哲学。苏格拉底带着他走到一条河边，突然用力把他推到了河里。年轻人起先以为苏格拉底在跟他开玩笑，并不在意。结果苏格拉底也跳到水里，并且拼命地把他往水底按。这下子，年轻人真的慌了，求生的本能令他拼尽全力将苏格拉底掀开，爬到岸上。年轻人不解地问苏格拉底为什么要这样做，苏格拉底回答道："我只想告诉你，做什么事业都必须有绝处求生那么大的决心，才能得到真正的收获。"

古今中外的圣贤先哲们都很重视决心的重要性，英雄所见略同。

决心大就是置之死地而后生，不成功就成仁，把自己放在一个没有退路的位置上，必然会穷尽一切努力，挖掘自己的一切潜能，心里再也没有什么面子、羞涩、荣辱，只为活下去。人在沙漠里为求生，可以喝以前闻起来或想起来都会吐的尿液。项羽前锋军援救巨鹿，初战少利，项羽便率大军渡过漳河，破釜沉舟以激励士气，终于杀苏角，虏王离，大败秦军于巨鹿之野。

决心大与决心小之间的区别就是"我一定要"和"我想要"之间的区别。

"我想要"是一个得过且过的决定，通常会导致两个结果的出现，一是更多地停留在想法上，根本就不采取行动；二是采取了行动，但因态度上的不坚定，必然会导致行动上的拖拖拉拉，朝三暮四，虎头蛇尾，不成功大不了放弃，反正还能活下去，结果可想而知。两种结果都使"想要"变成永远想要却永远也要不到。

"我一定要"是一个真正的决定，是一个极其严肃的事情，尊重自己的誓言，履行自己的誓言，不成功决不罢休。《士兵突击》中连长高成对许三多的评价："有一人把每件事都当成救命稻草，我一直以为他抓的是一把草，呵，当我抬头看的时候，他抓的已经是足以让我仰望的参天大树了！"许三多正是凭借坚定的决心，从开始大家心目中的"许木木"、"许呆子"，最后成长为"兵王许三多"。决心大是这个到处充满着自认很聪明的人的时代里，大部分人所缺少的，聪明人喜欢耍小聪明，走捷径，不费力地去实现目标，没有许三多那种踏踏实实，极其严肃认真地对待每一件事的态度。

"我一定要"还牵涉如果没达到目标，如何惩罚自己的问题，也就是"我一定要，否则……"如"我一定要在今天 15 点之前做完某项工作，否则惩罚自己做 30 个俯卧撑"，并将其写下来，形成一个自立的"军令状"。将惩罚与锻炼身体进行结合，可达到一箭双雕的效果，既惩罚了自己，又锻炼了身体。惩罚的后果越严重，促进自己达到目标的动力就越足。这就如在非洲大草原上生活着的羚羊和狮子，清晨，羚羊从睡梦中醒来，第一个念头就是：我一定要跑得比最快的狮子还要快，不然，我可能会被咬死。此时，狮子也睁开了眼睛，它所想的第一件事是，我一定要跑得比最慢的羚羊还要快，否则，我可能会被饿死。当然在达到目标时，可以适当地给自己一些奖励，以宽慰过程中所付出的艰辛。失败后的惩罚及胜利后的奖励，都会让自己在下一次完成目标时更加积极，更加努力，毕竟趋利避害是人的天性。奖与罚就促使人进入一个良性的发展，自身的能力就得到不断的提升。

"我一定要，否则……"最好还要告诉自己家人及朋友，进一步把自己逼入一个只能进不能退的境地，由外在的压力促进自己前进，否则大话已经说出去了，覆水难收，如不能实现，家人怎么看我，朋友怎么看我，上级怎么看我，即使嘴上不说，心里肯定会认为自己是个意志不坚定、满嘴放空炮的人，以后别人还怎么敢相信我，还怎样看得起我，自己还怎么在社会上混！

决心大要求我们首先不能被眼前的困难所吓倒，一切困难都是纸老虎！在解决问题的过程中，出现反复和挫折在所难免，遇到一时的困难很正常，我们需要做的是不断地总结经验教训，完善方法，坚定不易，直到

最终解决问题。决心大可使愚公移山，决心大可使铁棒磨成绣花针！

有了决心要做某事，还要下一个决心——一定要做好这件事，既然决定要做某件事了，就一定要做好，否则还不如不做。因为如果没做好，必然会打击自尊心及信心。而下了"一定要做好"的决心，必然会让自己在态度上高度重视每一件事情。

四、态度正——战术层面重视问题

决心大是个人意愿，口号喊得山响，只是对问题下了挑战书，但问题依旧杵在那里，如何干掉问题还需脚踏实地去做，我们需要从态度上重视每一件事情。多数人常见的特点：马虎，粗心大意，满不在乎，差不多，无所谓。这种特点实际上是个大问题。为什么这么说，让我们先来看看"马虎"一词的来历吧。

宋代时京城有一个画家，作画往往随心所欲，令人搞不清他画的究竟是什么。一次，他刚画好一个虎头，碰上有人来请他画马，他就随手在虎头后画上马的身子。来人问他画的是马还是虎，他答："马马虎虎！"来人不要，他便将画挂在厅堂。大儿子见了问他画里是什么，他说是虎，次儿子问他却说是马。

不久，大儿子外出打猎时，把人家的马当老虎射死了，画家不得不给马主赔钱。他的小儿子外出碰上老虎，却以为是马想去骑，结果被老虎活活咬死了。画家悲痛万分，把画烧了，还写了一首诗自责："马虎图，马虎图，似马又似虎，长子依图射死马，次子依图喂了虎。草堂焚毁马虎图，奉劝诸君莫学吾。"诗虽然算不上好诗，但这教训实在太深刻了，从此，"马虎"这个词就流传开了。

原来"马虎"一词的来历本身就是一个充满"血"与"泪"的故事。别人让其画马，他不当回事，一点也不重视，随手把马身子安在了虎头下，结果画也没卖掉，挂在家里还害了自己的两个儿子，可见态度差危害有多大。所以说，做事前先要从态度上重视将要做的事。

马虎一词的来历，足以警醒世人了。这也印证了老子的一句话：多易必多难。如果你认为凡事都很容易，轻视所做的事情，必将遭遇重重困难。

"态度正"，意味着不仅做事前要首先重视起来，做事的过程也要"认真"，注意"细节"。要想把事情做好，没有好的过程是不现实的，过程导致结果的产生，而过程是由一个个细节组成，认认真真对待每一个细节，过程才可能好，结果才可能好。

1967 年 8 月 23 日，苏联著名宇航员费拉迪米尔·科马洛夫独自一人驾驶"联盟一号"宇宙飞船，经过一昼夜的飞行，完成了任务，胜利返航。但当飞船返回大气层后，准备打开降落伞以减慢飞船速度时，科马洛夫发现无论用什么办法也打不开降落伞了。地面指挥中心采取了一切可能救助措施帮助排除故障，都无济于事。

在人生的最后两小时，科马洛夫并没有沉浸在悲伤和绝望中，而是十分从容地用了大部分时间向上级汇报工作，然后再分别向母亲、妻子和女儿做最后的诀别。他对泣不成声的 12 岁的女儿说："爸爸就要走了，告诉爸爸，你长大了干什么？"

"像爸爸一样，当宇航员！"

"你真好，可我要告诉你，也告诉全国的小朋友，请你们学习时，认真对待每个小数点，每一个标点符号。'联盟一号'今天发生的一切，就因为地面检查时，忽略了一个小数点，这场悲剧，也可以叫作'对一个小数点的疏忽'。同学们，记住它吧！"

"轰隆"一声，整个苏联一片寂静，人们纷纷走向街头，向着飞船坠毁的方向默默地哀悼……

漏掉一个小数点，导致苏联"联盟一号"宇宙飞船坠毁。古今中外无数血的教训，无不说明"注重细节"的重要性，"认真"的重要性。

什么是细节？细节就是过程中能够影响产品质量、工作质量或服务质量的每个细小之处，是过程中细小到不可再分的环节。

人为什么会犯细节性错误？一是因为态度上不重视；二是因为过程中没有检查及确认。

不是每个人天天都在从事类似于航天这种重要的工作，但能把这种重要的工作做好的本事及认真的能力，都是从做小事开始的。我意识到我目前工作的重要性了，我一定要认真对待，但由于多年养成的不认真的习惯，及没有形成认真细致的能力，还是干不好重大的工作。**认真不仅仅是一种态度，更是一种技能**，平时不认真，关键时候想认真却不知从何处入手，不知道应该注意哪些关键点，不知道如何避免问题的发生及如何把事情做好，而这些都需要在平时去锻炼总结及积累。平时不烧香，临时抱佛脚，根本解决不了问题，没有量变的积累，就没有质变。

开过车的应该都有这样的经验：学完车拿到驾照后一个人开车上路时，内心是战战兢兢，如履薄冰，态度上可以说是高度重视了，但在刚上路的前 3 个月，无论你再怎么小心谨慎，还是至少会出现一些刮擦和违反交规之类的事情，原因就在于自己在转弯、并道、倒库时，不知道该在哪些细节上注意，经常是顾头不顾腚，漏洞百出。每一次的刮擦都会让你有所收获，知道下次该如何避免了。一直到你开车的技能提高一定程度，刮擦和违反交规之类的事情才可能大幅度地减少。

而我们该如何养成重视的习惯及认真的能力呢？

首先，从态度上高度重视我们正在做的每一件事情。

做一件事情前，首先要提醒自己至少两次："要重视，要重视，否则麻烦很大！"在自己心静了并在态度上真正对事情重视起来之后，再开始做这件事情，时间久了（21 天之后），自然会养成慎重对待每一件事情的习惯。

多数人都经历过的态度上高度重视是在考试中，尤其是"万人过独木桥"的高考，不知不觉时间过了 2 个多小时，原因是高考一年才有那么一次，这一次就能改变很多人的命运，所以我们都能高度重视。工作中的事因为有后续更改的机会，通常我们都没有拿出高考的那种重视劲来，可工作中领导顶多给你三次改过的机会，超过三次，必然让人受不了，到时你该卷铺盖走人了。你所做的每一件事无不是对你综合能力的考验，如果你不想让别人说你能力不行，就得拿出考试中那种重视劲来，严肃认真地去对待。如果你不重视每一件事情，而你自己又想进步，想晋升，想改变命运，那只是一个空想。其实改善命运的机会就在每一天的小事中，做好每件小事，最少能让自己的工作能力得到极大的提升。

多数人像龟兔赛跑中的兔子，心高气傲，心浮气躁，能力很强，但爱看不起人，爱使小聪明，却最终败给了行动缓慢却踏踏实实的乌龟。乌龟胜在锲而不舍和不断进步，兔子败就败在没有养成重视每一件事的习惯，即使到了比赛中，也没重视起来，坏的习惯毁了兔子。兔子如果再具备乌龟的踏实特点，在必须要快时保持快，在不必快时也能全身心投入去做，基本就无敌了。

其次，注意细节认真做事。

每个人经常会接触到的事就是写文档，不要求每个人都具备作家写作的才华，那也不现实，但最起码要达到两条。一是标点符号的规范性和无错别字。这个标准看似不太难，实际做起来依然不太容易。注意细节的行动就从关注标点符号和每个字开始，书写时尽量保证每个标点符号及汉字的正确性，养成认真细致的习惯。连标点符号都习惯性注意了，还有什么是比标点符号更小的事情呢？二是每一句话的主谓宾都完整，语意要明确，少用模糊性的词汇或模棱两可容易造成误会的方式，这种模糊的沟通容易引起歧义，误导行动方向。

例如：放弃美丽的女人让人心碎。这句话就有两种理解：女人放弃了美丽，让人心碎；某个男士忍痛割爱地放弃了某个美丽的女人。像这种模糊及有歧义的句子，用于搞笑逗乐还行，但如果用在正式沟通里，则让人丈二和尚摸不到头脑。

注意细节是种功力，没有长时间的"认真"修炼，是根本达不到的，处理细节的能力也就是我们的执行能力，办法再好，如果执行不到位，依然解决不了问题。

什么是"认真"？"认真"就是：态度上高度重视，严肃对待，不苟

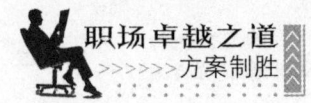

且，不儿戏；行动时全神贯注，心无旁骛，专心致志，不三心二意。认真是你在做事时感觉不到周边其他事物的存在，感觉不到时间过得慢，生活也不再是折磨，能感觉到的是当事情做完时，才发现时间怎么过得那么快。**心无旁骛全神贯注地做事，这个过程本身就是一个很快乐的事情。**

认真是行动上稳扎稳打，步步为营，从容不迫，不急于求成。否则你所认为的"认真"都是程度不够的。

将"认真"融进我们的血液里，让"认真"成为一种"习惯"，使我们无时无刻不"认真"；将"认真"融进我们的灵魂里，让"认真"成为一种"信仰"，使我们无时无刻不重视"认真"。

职场中的小事看似很小，但如果你定的目标是"一定要尽力做好每一件事"，那么世上没有"小事"这一说，也没有"容易"的事，拨电话号码的例子能充分证明这点。如果你正在或将要从事的事情事关重大，那么**其过程中更是决无任何小事，一着不慎满盘皆输**，小数点导致苏联宇宙飞船爆炸的故事能充分证明这点。

第三，检查及确认。

做的过程中，适时的对前面工作进行检查，做完一件事情后，至少检查一遍，检查时是全面的检查，边边角角都不放过，直到自己觉得没问题，然后才敢觉得这件事情我已付出百分之百的努力了。

第四，奖惩。

事情做完后，还要经历别人的检验及实践的检验，一旦发现还有自己没做好的地方，就得总结原因，并对自己进行适度的惩罚，以防再犯；如果发现实践检验后的结果很好，就给自己一定的奖励，通过正向激励，让自己再接再厉。

心理学家发现，形成一个习惯或者改变一个习惯大约 21 天就可以实现。改变或形成每一个习惯，首先就得把形成新习惯的路径给写下来，然后每次严格按照路径去实施，没做到要进行自我惩罚，做到了就进行奖励，如此坚持 21 天，一个新的习惯就会形成，并让你终生受益。如果你不愿意惩罚自己，纵容自己，实践中的处罚将远远超过自己的惩罚。

因此，事前充分重视每一件事情，戒掉"拿豆包不当干粮"的习惯，过程中通过"认真"来注意每一个细节，不轻视每个细节，通过小技巧保证每个细节都不出错，每天总结摸索积累这种小技巧，日积月累，综合素养便能得到极大的提高。每件工作都包含很多细节，把细节做好需要长期修炼，非一朝一夕就能达到，冰冻三尺，非一日之寒。

第三节　方案制订阶段——筹划不误砍柴工

"夫未战而庙算胜者，得算多也；未战而庙算不胜者，得算少也。多算胜，少算不胜，而况于无算乎！吾以此观之，胜负见矣。"

孙子在《孙子兵法》开篇第一章"计篇"结尾处，强调了"庙算"的重要性，意思是：在未战之前，筹划周密，有利条件充分，就能取胜；筹划不周，有利条件不足，就难以取胜；如果在战前干脆就不做筹划，那就不可能获胜。

由此可见孙子对于筹划的重视。筹划，通俗地说，就是我们常说的"动脑筋"。每个人都有一个脑袋，但不是每个人都爱"动脑筋"，对于"动脑筋"这件事，人分三类：

第一类，无论遇到任何事情，都会去动脑筋筹划，找到最优解决办法；

第二类，遇到自认为是重要的事情，才会去动脑筋筹划，找到最优解决办法；

第三类，根本就不爱动脑筋筹划，遇事得过且过。

第三类人我见到的不少，第二类人很多，曾经我也是其中一个，第一类人很少，可以说是凤毛麟角，恰恰这是很多优秀的人都具备的一个特点。

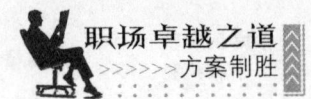

俗话说"磨刀不误砍柴工",意思是不要急于去砍柴,先把砍柴的刀给磨快了,能提升砍柴的效率。现如今这个词应改为"筹划不误砍柴工",因为事前的筹划能给你更多解决方法,而其中最优的方法能让你更"省心省事省钱"地达到目的。单就拿砍柴来说,你得考虑为什么要去砍柴,有没有替代方案,如果非要去砍柴,到什么地方去砍柴,哪里的危险少,哪里的柴料丰富,什么时候去砍,要砍的柴到底是什么样的,需要配什么样的刀合适,然后再去磨刀,磨刀的时候还得考虑用什么样的磨刀石,采取什么样的磨刀方式能使磨刀的效果更好,等等,所以说"筹划不误砍柴工"。

有"脑子"不用,实际上就是"没脑子";有"脑子"遇到大事才用,可大事不常见,小事天天有,小事不动脑子,时间长了还是会被认为"没脑子"。如果不想被人认为是"有脑袋没脑子"的人,那就得做任何事前都要先"动脑筋"去"筹划"一下,养成"爱动脑筋"的习惯。

脑袋就是我们拥有的最大金矿,爱动脑筋,勤动脑筋,把脑袋里蕴藏的潜能充分挖掘出来,不断强大自己。

一、情况明——知己知彼百战不殆

有了"内心静"、"信心足"、"决心大"及"态度正"这 4 个心理准备后,我们才能去了解情况,并能做到"情况明"。情况明就是"知己知彼,知天知地",也就是系统全面地看待问题。通过什么方法才能系统全面地看待问题呢?

通过"分析"与"综合",使情况明了。

什么是"分析"与"综合"?

分析就是将研究对象的整体分为各个部分、方面、因素和层次,并分别地加以考察的认识活动。综合就是将已有的关于研究对象各个部分、方面、因素和层次的认识联结起来,形成对研究对象的统一的整体的认识。

分析问题是把问题揉碎了看,找到各部分之间的矛盾关系。综合是问题当作一个整体来看，形成直观的认识，明白主要矛盾，清楚问题的性质，知晓问题的实质。

下面通过先分析、后综合的方式，从三方面来了解情况：

（一）透彻了解问题

1. 分析问题

什么是"问题"？问题是需要研究讨论并加以解决的矛盾、疑难。从定义可以看出，分析问题其实就是分析矛盾，找出各相关因素的特点及相关因素之间的关系。

分析问题最好的方式是结构化分析，也就是常说的"金字塔原理"，进行"金字塔"结构分析，需要注意三个原则：MECE、明确、量化。

（1）MECE：是 Mutually Exclusive Collectively Exhaustive，是"相互独立，完全穷尽"。"相互独立"要求分类要准确，相互之间不能有交叉的地方，完全穷尽是为了考虑周到全面，无论是从纵向还是横向。

（2）明确：不含歧义，便于分析与决策。

（3）量化：分析具体事物时，能量化的尽量量化，便于后期筹划与决策。

而我们所要分析的事物分为两类，一类是静态的，一类是动态的，"金字塔"形分析事物简图如下：

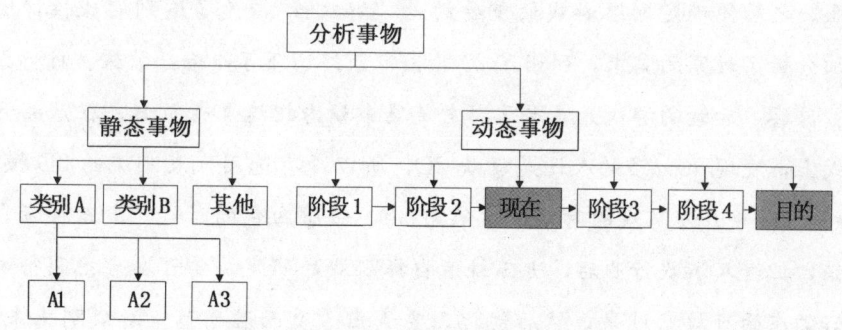

图6-2　"金字塔"形分析事物简图

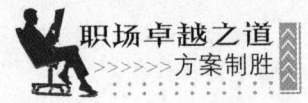

2. 综合问题

分析完问题，我们对于问题有了比较全面的了解，然后可以从整体上综合地来看待问题。从问题的定义可以看出，综合问题，实际上就是综合矛盾。从"矛盾论"中我们知道，推动事物发展的过程中，有多种矛盾，我们需要重点抓住主要矛盾及主要矛盾的主要因素，这样问题便能事半功倍地得到解决。综合问题落实到最后，实际上就是找出主要矛盾及主次要因素的特点。

分析问题需要"三论"知识，综合问题同样需要"三论"知识，到底需要归纳综合哪些要素呢？主要应该有以下三点：

（1）利用系统论知识综合出系统主要特点；

（2）利用变化论知识综合出变化趋势；

（3）利用矛盾论知识综合出主要矛盾及主要因素。

问题可分为两个种类：当前由历史原因造成的问题和运用现有资源达成未来的一个目标。而分析与综合问题，按照"纵横矛盾"思维模式，从三方面进行（图6—3）。

史玉柱在保健品行业取得巨大成功后，感觉消费者普遍对保健品不信任，导致整个保健品行业容量不大，便不想在这个行业继续征战。因其个人是个游戏迷，玩着玩着就有了想做网游的想法。

史玉柱首先关注的是网游行业的生命周期，经过调研，认定网络游戏很长寿，其次他发现网络游戏的市场容量很大，于是在2004年决定杀入网游行业。之后便确定网络游戏最重要的是"游戏性"，为了达到游戏性，团队仔细分析了玩家的需求，列出了20几条，最终留下了4条：荣耀、目标、互动、惊喜。后续的游戏开发思路，全是集中精力把这4条做好。在产品开发形式上，发现70％多的人还是喜欢2D，所以没有选用代表潮流的3D模式，直到2008年开发游戏的时候，才采用3D。做脑白金的时候，史玉柱亲自抓营销，但进入游戏行业后，史玉柱亲自抓游戏的研发，要开发者把同行游戏里好的东西直接拿过来，然后优化，要青出于蓝而胜于蓝。游戏刚出来后，非常难玩。他平均每天花15个小时在游戏里待着，待了两年，不断地提出修改意见。经过不断的测试修改完善后，又仔细分析了游戏玩家，把其分为

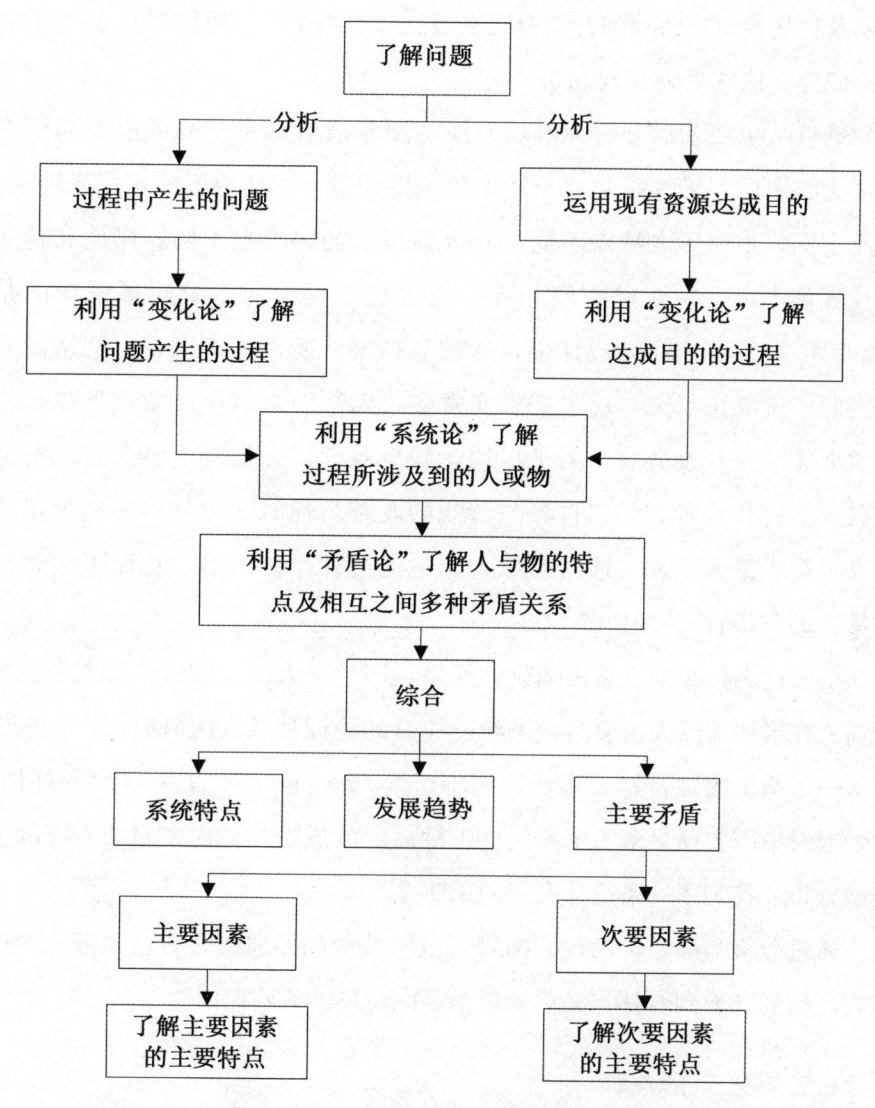

两类，一类有钱，一类无钱。为了能吸引大量玩家，去挣有钱人的钱，让没钱的人陪有钱人打游戏，他摒弃业界常用的"点卡"收费模式，而实行打游戏全免费，但通过卖游戏装备、升级等方式赚钱，最后还实现了美国纽交所上市。因游戏在研发之前，史玉柱让很多人认购了公司的股份，所以上市之后，购买了股份的人也跟着发了大财。

图6-3 "纵横矛盾"思维模式示意图

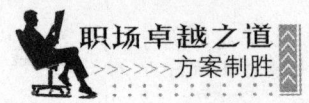

史玉柱的巨大成功，无疑是其在充分调研的基础上，靠着科学的决策及踏实肯干的实际行动来获得的。

首先从行业特点分析。在看到保健品行业市场空间不大的基础上，果断抽身，投入网游行业；

其次从行业趋势分析。进入网游行业，首先关注的是宏观的行业发展周期及市场容量；游戏的开发模式上虽然知道未来的趋势是3D，但当前时机不成熟，依然采用2D模式；

最后从主要矛盾分析。市场方面主要矛盾永远是产品或服务与顾客构成主要矛盾，顾客是主要矛盾中的主要因素，产品或服务是次要因素。行业不同，主要因素特点不同，对次要因素的要求也不同。保健品行业科技含量不高，靠营销制胜，所以他主抓营销；网络游戏最重要的是"游戏性"，只要产品游戏性强，营销靠口碑，所以他抓研发；网络游戏好不好，玩家说了算，玩家需求非常多，无法一一满足，重点抓住玩家的四大需求来开发游戏；为了尽快达到游戏性，开发时借鉴所有同行的优点，并进行改善，并亲自参与游戏的改善，耗时2年，不断地提优化建议。员工最大的动力通常是收入，他通过让员工入股，从而极大地调动员工的积极性。

史玉柱为什么这么重视调研？那是经历过巨大的失败后，得出了血的教训。在当初盖巨人大厦时，未经过充分的论证和认真的研究，盲目地做出了一个错误决定，好大喜功，拖垮了巨人集团，还欠了一屁股的外债，成为当时中国欠债最多的个人。史玉柱后续的成功，首先要归功于冷静周全的分析，找到了一条适合发展的道路。

通过分析与综合，就既能细致入微，又能高屋建瓴、高瞻远瞩地看待问题，达到既看到森林，又看到树木，同时还能看到风向。

（二）明白问题性质

问题花样繁多，让人眼花缭乱。虽然所有的问题都是问题，但解决问题的方法和思路并不都是一样的，我们需要对问题进行分类，然后根据各自特点，制订不同的策略及预防应对办法。按照不同的划分方式，问题种类非常多，以下只介绍常见的几类问题。

按处理对象分类：人的问题，物的问题及二者兼而有之的"人物"问题。

按发生的频率分类：偶发问题、重复出现的问题。对于偶发的问题，也要考虑形成的原因，教育大家防患于未然。对于重复出现的问题，肯定是系统机制出了问题，必须从根上解决问题，就如扬汤止沸不如釜底抽薪，好的方法可以一劳永逸地解决问题，差的方法在解决目前的问题后，还会出现同样的问题。

按重要性来分类：重要问题、不重要问题；按紧急程度来分类：紧急问题、不紧急问题。当同时遇到这两类问题时，一定要注意分清"轻重缓急"，把事情分为四大类：一是重要又紧急；二是重要不紧急；三是紧急不重要；四是不紧急不重要。按照"要事优先"的原则，先把最重要的事情做了，然后再综合考虑依次需做哪几件事，而我们职场中之所以出现紧急的事情，主要还是我们缺少统筹规划或马虎大意，把本来不急的事给转化为紧急的事。现上轿子，现扎耳朵眼，早干吗去了？

按问题能否和平解决分类：敌我矛盾、人民内部矛盾。一个子系统内出现的问题，此类矛盾皆可定义为人民内部矛盾，此类矛盾通常因利益引起，两个系统出现的问题通过互相让利基本可以解决，而对一个系统内的内部矛盾，通过团结——批评——团结来进行解决，再适当地进行利益的平衡，也很快就能解决。两个系统之间的矛盾，这种矛盾又可分为可调和和不可调和的矛盾，不可调和的矛盾如军事斗争（这类矛盾最需要人的智慧），不是你死就是我亡，也就是毛主席说的敌我矛盾。敌我矛盾在通过谈判依然不能解决的情况下，就只能兵戎相见了。

按问题所造成的损害结果来分类：轻微伤害和重大灾难。对于重大灾难来说，只要可能发生，就需提前做好防灾预案及减灾预案。正如《孙子

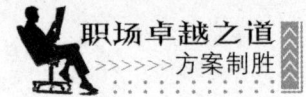
兵法》所言："无恃其不来，恃吾有以待之。"不要期望问题不来，问题可是"铁面无私"且"执着坚韧"的，有备才能无患，万不可心存侥幸而不进行未雨绸缪。对于防灾预案来说，首先进行一定的防灾教育，提高防灾意识，尽可能降低灾害发生的可能。每个人都有可能接触的灾害是火灾，家庭、公司及工厂都需配备灭火器，还要进行火灾演习；对于减灾预案来说，是要增强应对灾害事件（特别是突发性灾害事件）的能力，保证在灾害发生时各项减灾工作有序进行，减轻灾害损失。这就要求提前配备必要的物资，培训如何使用防灾设备，例如发生地震时，各种帐篷、食品等生活必须物资，必须在灾害发生的第一时间内运送到灾区，以尽可能减少次生灾害带来的损失。

明白问题的性质，关系到未来我们采取什么样的原则，关系到投入的成本及未来的目标。仅略举一例，说明明白问题性质的重要性。一个人经济困难了，决定去搞点钱，好吃懒惰的人就想通过歪门邪道的方式获得，于是偷、抢就出现了，可偷和抢性质就完全不一样了，偷属于民事案件，抢是刑事案件，即使抢了一分钱，可判的罪却远远高于偷了一百块钱，可见明白问题的性质有多重要！

（三）明白问题实质

想办法解决问题前，一定要严格界定问题的实质，也就是我们到底遇到了一个什么样的问题。在界定问题核心时，**就是要确定什么最终结果没实现，最终结果就是问题的实质，或是根本目的。**最终结果具有以下三个特点：既不包含任何与结果相关的系统因素，也不包括任何产生问题核心的原因，更不包含任何可能的解决方案的信息。有些人可能觉得这个很简单，无关紧要，可我觉得这件事情不简单，因为这决定了下一步你将会选择什么样的解决办法，核心界定不严格或不准确，很容易对后来的解决方法造成误导。让我们先分析《愚公移山》的寓言再下定论吧。

太行、王屋二山，方七百里，高万仞，本在冀州之南，河阳之北。

北山愚公者，年且九十，面山而居。惩山北之塞，出入之迂也。聚室而谋曰："吾与汝毕力平险，指通豫南，达于汉阴，可乎？"杂然相许。其妻献疑曰："以君之力，曾不能损魁父之丘，如太行、王屋何？且焉置土石？"杂曰："投诸渤海之尾，隐土之北。"遂率子孙荷担者三夫，叩石垦壤，箕畚运于渤海之尾。邻人京城氏之孀妻有遗男，始龀，跳往助之。寒暑易节，始一反焉。

河曲智叟笑而止之曰："甚矣，汝之不惠。以残年余力，曾不能毁山之一毛，其如土石何？"北山愚公长息曰："汝心之固，固不可彻，曾不若孀妻弱子。虽我之死，有子存焉；子又生孙，孙又生子；子又有子，子又有孙；子子孙孙无穷匮也，而山不加增，何苦而不平？"河曲智叟亡以应。

操蛇之神闻之，惧其不已也，告之于帝。帝感其诚，命夸娥氏二子负二山，一厝朔东，一厝雍南。自此，冀之南，汉之阴，无陇断焉。

愚公移山的故事说明只要有毅力就可以成功。每个人都很佩服愚公的毅力，可要从解决问题的办法来说，就有点值得商榷，因为愚公的办法实在是太苦太累，一将无能，累死千军！连愚公的子子孙孙都要跟着受累，愚公移山可谓精神可嘉，可方法却不值得提倡。

界定愚公所遇到的问题核心可以有多种，如：一是家前有山，且高，让愚公行路难；二是山高导致行路难，山要是矮点该多好；三是行路难。

第一个界定包括了系统因素"家"及产生问题的原因"山高"，第二个界定包括了产生问题的原因"山高"及可能的解决方案"降低山的高度"。前面两个对问题的界定侧重点在"山"，这个侧重点就会潜意识地诱导我们，把眼睛一直盯在"山"上，如何把眼前这座山给除掉，就成了想问题的出发点，一叶障目，不见泰山。那么解决办法不是用愚公的办法就是现代的办法——炮轰，然后用炮轰的人还会觉得比愚公聪明，现代科技让人改变自然的能力提高了。

愚公最终所希望实现的结果是出行方便，而第三个对问题的界定只涉及最终结果，不涉及系统因素、问题产生的原因及可能的解决方案，这样

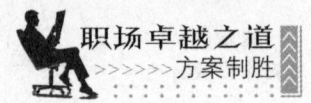
下面的解决问题的方案，就可以不受任何因素诱导，无拘无束的想象，胡思乱想都行，没有什么不可能，不计成本，不计代价，不怕人笑话，就像"海阔凭鱼跃，天高任鸟飞"那样自由，只要把"行路难"这个问题解决了就行了。可以挖个隧道，可修个索道，可买个直升飞机，可修条路买个汽车，此路不通可再寻觅一条新的路，可以把山搬掉，可以把山的高度降低点，可以把家搬走等等 N 种办法。下一步就是从 N 种方案选择一个最优方案了。

所以界定问题很重要，在解决问题前一定要慎重地界定问题的实质，**精确界定问题核心是最优解决问题的开端。**

在界定完问题的实质之后，要想自己的思维不受任何限制、海阔天空地去想，如果可以的话，就需要将问题的实质再往上归纳，就是问题的实质属于哪一大类的分支，例如愚公面临的是"行路难"的问题，那么"行路难"实际就是个"交通问题"，而交通就包括得很广了，有陆路、水路、天上、地下、水下等等，这样解决"行路难"思路一下就更开阔了。思路开阔的原因是我们站在了更高的高度，站得高，自然看得远。

从上面这个案例中，我们不难看出，界定问题的实质——最终结果有多重要，在界定完问题的实质后，如果我们再往上归纳，那么我们解决问题的思维一下子就放宽了，这样有助于解放我们的思维，以低成本高效率的方式，去创造性解决问题。

通过如此细致且周到的分析与高瞻远瞩的综合，了解了问题的前世今生和自己的实际情况，了解了问题的性质与实质，才能算是达到"情况明"，然后才能进行下一步的制订目标。

一只小鸟飞去南方过冬。天实在太冷了。它冻僵了，掉在一片田野上。它躺在那儿时，一头母牛走过来在它身上拉了一堆屎。冻僵的小鸟躺在粪堆里，开始感觉到了温暖。牛粪确实使它暖和过来了。它躺在温暖的牛粪中，异常高兴，并开始唱起歌来。一只过路的猫听到鸟叫赶过来看个究竟。顺着声音，它发现了牛粪下的小鸟，并迅速把它拖出来吃掉了。

故事寓意：

第一，并不是每个在你身上拉屎的都是你的敌人。

第二，并不是每个把你拖出粪堆的都是你的朋友。（辩证地看待事情）

第三，高兴太早，乐极生悲。

第四，当你深陷粪堆之中，对周围情况不明的时候，最好闭上你的鸟嘴。

从这则笑话里可以看出，情况不明的危害有多大，好不容易刚死里逃生，却因一时得意忘形，又招致杀身之祸。没有调查，就没有发言权，否则祸从口出。

毛主席经常说的一句话是："我在犯愁、没有办法的时候，就会想到调查研究。"一位民主人士问毛主席是用什么方法打败国民党的，毛主席回答说："实事求是。"调查研究就是为了达到"情况明"，在此基础上达到"实事求是"，找到那个标准答案"规律"，于是解决问题的方法也就找到了，由此可见"情况明"的重要性。

二、目标对——目标决定原则方法

情况明是确定目标的前提。在知道了问题核心、了解系统因素及问题的发展过程之后，再根据自己的实际情况，就需要确定一个目标，一个合理的目标。

"目标＝目的＋标准"，因此"目标对"包含两个含义：

（一）问题实质决定方向

对于企业来说，在分析宏观环境走势及自己实际情况后，决定下一步该重点发展哪项业务，并逐步关停哪些业务；对于单一简单的问题，就是针对"问题核心"开始突破。"做什么"实际就是方向性的问题，就是下一步朝哪个方向努力。

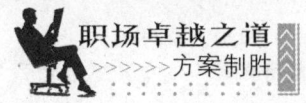

（二）确定做到何种程度

"做到什么程度"是在确定方向后，确定一个合理的目标，确定目标的原则一般是最低的投入能获得最高的产出。合理的目标必须首先根据问题本身性质来决定，目标定得不好，会直接影响后面的资源配置及行动。

目标应该包括最低目标和最高目标。例如孙武把战争的目标定为："先为不可胜，以待敌之可胜。""先为不可胜"就是最低目标，最低目标是保命的，也是肯定能达到的，因为谁都输不起战争，输了就意味着国破家亡。"以待敌之可胜"就是最高目标，这个目标战争双方都想要，但不能急于求成。对于战争来说，如果你从一开始定的目标就是"必胜"，带来的结果必然是盲目冒进，急于进攻，不进攻怎么能取胜。急于进攻就容易导致"心不静"，出昏招，反被对手抓住机会，失败也就在所难免了。

工作中一个主导变革的高管空降到一家公司，如果其一上来定的目标就是"大刀阔斧的改革"，则必然会失败，因为改革肯定会遭人抵制，而一个新人本来就对公司不是很了解，根基又浅，结果只能是"出师未捷身先死"，改革更是无从谈起。其目标应该是"先融入公司，然后进行渐进式改革"，这样这个新高管才能在这个公司生存下去。

最低目标通俗点说就是人站起来举起手能达到的目标，是必须要完成的；最高目标通常是人跳一跳能够着的高度，或借助一定的工具能达到的高度，要比实际能力要高一些。最低目标一般好设定，最高目标设计起来通常有难度，一般比最低目标高 20％或 30％。最高目标设定太高，会影响执行人的信心；在巨大的压力下，可能连最低目标都实现不了，同时目标太高也是一种急于求成的表现，急于求成的结果通常是欲速则不达。

大象、兔子和知了一起来到天堂，询问上帝各自的儿子什么时候才能绕行地球一圈，上帝说：兔子需要 50 年。兔子大哭起来：我是见不到了。上帝又说：大象需要 100 年。大象大哭起来：我是见不到了。知了连忙问：那我儿子呢？上帝大哭起来：我是见不到了。

"朝菌不知晦朔，蟪蛄不知春秋。"可怜的知了（蟪蛄）春生秋死，生命有限，可你如果要把目标定为绕世界一圈，那只能是把上帝都给逼哭了。

目标除了要合理之外，通常还要包含四大要素：

第一，具体。就是具体说明要做的某件事，如完成《1月12日火灾调研报告》。

第二，可以衡量。目标要包含具体质量要求，费用上限等，如报告应达到一万字数，所花费用不超过五千元等。目标里最大忌讳就是含有形容词，因为形容词是一个只可意会不可言传的标准，无法进行衡量。

第三，有时间期限。目标不能是无期限的，必须要有明确的截止日期，如最早3月16号完成，最晚不能晚于3月17号15点以前。

第四，包含奖惩。完成后得到什么奖励（口头表扬都行），不完成要受到什么惩罚。

一个好的目标，必须让执行人清楚地知道，我要干什么，干到什么程度为好，可使用的权限有多大，什么时间必须完成，完不成将会受到什么惩罚，做好了还会得到什么奖励等等。这样就让执行人在目标明确的情况下，在奖与惩推动下，保质保量保时地完成自己的工作任务。

三、原则好——原则提供决策指南

（一）原则的定义

原则：说话、行事所依据的准则。

该如何说话、如何行事才是最优的，归根到底实际是如何决策，因此原则实际是决策的依据，原则如同是行走过程中的指南针，能随时为你前进指明方向，而不至于迷失，或找不到北，直到指导护送你到目的地。

教宗在花园散步时，一名美国人跟随在后，而某地区的主教在旁听他们的谈话，美国人说："一年一百万元成吗？"教宗摇摇头。美国人又说：

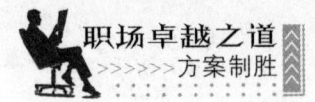

"那么一年一千万行不行?"教宗还是摇摇头。美国人提高价码,又说:"一年五千万!这是我们的上限,不能再多了。"教宗叹了一口气,说:我没办法答应你。"

于是美国人丧气地离开了。

地区主教连忙趋前问道:"教宗,您为什么这么坚持?想想如果有了这笔钱,我们教里很多问题就可迎刃而解了。"

教宗回答道:"你叫我怎么答应他?这个美国广告商要求我将祈祷仪式完毕后念的"阿门"都改成"可口可乐"!

做人做事就需要有原则,面对再大的诱惑,也不能违反原则,不然就是没有原则的人,方向感不强,随波逐流,不知流向何方。

(二) 如何制定原则

由于原则是说话、行事所依据的准则,而我们说话、行事都是为了达到一定的目标,因此原则首先为目标服务,又因为主要矛盾推动事物按规律发展,而主要矛盾的主要方面决定着事物发展的方向,所以原则主要为主要矛盾的主要方面而设定要求。综上所述,制定原则的主要依据是规律,制定原则需要考虑的重点主要有四方面:目标、主要矛盾、主要矛盾的主要方面及过程。

1. 从实现目标来制定原则

当然我们都希望高质量、快速、低成本地实现目标,所以通用的指导原则是"质量第一,速度第二,成本第三"。

2. 从主要矛盾来制定原则

需要我们考虑主要矛盾双方的核心特点是什么,主要矛盾发展变化的规律是什么,然后制定相关准则,保证主要矛盾推动事物按规律变化,朝着我们希望的方向变化。例如和平共处五项原则:互相尊重主权和领土完整、互不侵犯、互不干涉内政、平等互利、和平共处。这五项基本原则是根据国家交往之间最核心的主权、领土、内政、利益四大因素,制定出了相应的原则，为两国交往提供了准则。

3. 从主要矛盾的主要方面来制定原则

需要我们仔细考虑主要矛盾的主要方面的核心特点是什么，然后制定相关规则，促进主要方面推动主要矛盾按规律变化。例如著名的我国改革开放的四项基本原则：坚持社会主义道路，坚持人民民主专政，坚持中国共产党领导，坚持马克思列宁主义、毛泽东思想。这四项基本原则分别指明了社会道路、国家治理形式、国家的领导阶层及指导思想。什么都可以改，什么都可以革，只有这四条是不能变的，因为这四条是实现改革开放目标至关重要的因素。

4. 从过程来制定规则

需要从实现目标的各个阶段来定，如著名的"有理、有利、有节"三原则，此原则是团结抗日时我党对待国民党右派的策略，为了不破坏国共合作抗日的主旋律，团结尽可能多的人民。有理即我不主动挑事，有利即反击时要在优势情况下进行，有节即对顽固势力的反击要适可而止。

（三）常用指导原则

做事常用的指导原则有以下 7 类：

一级决策指导原则：遵守法律、维护道德。

法无禁止即可为，遵守法律能免去牢狱之灾。

维护道德能不被千夫所指，《易经》云："积善之家必有余庆，积恶之家必有余秧。"从长远角度来看，小人只能得意一时，积善行德才能成为最后及最大的赢家。

二级决策指导原则：尊重规律、顺应潮流、大局导向、多赢思维、以人为本。

规律是个唯吾独尊的东东，顺者昌逆者亡，按规律做事，不能凭个人主观想象。

潮流是未来发展的趋势。高瞻远瞩，选择待在大风口，猪都能飞起

来；鼠目寸光，逆流而动，龙都能哭干眼泪。

整体或长期大政方针和目的定下了，所有局部或短期的决策均需服从或服务大局，不能因小失大。

众人皆输你独赢，那是独夫民贼孤家寡人，那是秋后的蚂蚱，蹦弹不了几下；你赢我赢大家赢，那是"赢"雨霏霏，细水长流。

人是万物之灵，充分尊重每一个人，平等对待每一个人，不欺下媚上。

三级决策指导原则：目标导向、抓住重点、实事求是、保持主动、随机应变、积极造势、追求极致。

为目标想尽一切办法，抓住主要矛盾，不拘泥于既有方案及过往经验，认真分析，积极创造有利条件，果断决策，把握做事的主动权，灵活机动，把事情做到精益求精。

四级决策指导原则：资源导向、要事第一、高效办事。

以现有资源为基础，合理安排工作任务，保证重要的事情先做完，进而快速实现目标。

五级决策指导原则：成本意识。

以尽可能低的费用或尽可能合理的费用实现目标。

六级决策指导原则：正事第一、适可而止。

把握好休闲与工作的尺度，需要做事的时候，能果断停止休闲娱乐，并投入到工作中去，做一个自律的人。工作太累了，也需要果断停止，进行休闲娱乐。文武之道，一张一弛，工作与娱乐均需适可而止。

七级决策指导原则：个人喜好。

完全凭个人的喜好，不考虑目标及大局，为所欲为，极端一点甚至"爱屋及乌，恨屋及龙"。

以上七级指导原则的重要性依次降低，当两者出现冲突时，基本以前者为准。

工作上的事情，要尽量理性思维，理性与事情的重要性成正比。至于战争，几乎需要的是纯理性。生活上的事情，则要做好理性与感性的平衡。而我们常犯的错误有八项：

第一，本位主义。只考虑个人或所在局部的利益，忽视了别人或大局的利益，实际应该是"大局导向"及"双赢思维"。

第二，经验主义。拿过往经验解决当前问题，未做到具体问题具体分析，也未按规律做事。

第三，被动挨打。要么惧怕困难，被困难肆无忌惮地暴虐，要么被困难或对手牵着鼻子走，被动应付。不能直面困难，积极地化被动为主动，不能以我为主，主动寻找对手的薄弱点，而坚持"你打你的，我打我的"。

第四，凡事求快。萝卜快了不洗泥，只求效率不求效果。

第五，节约成本。总想尽可能省钱，却忽略了办事的效率及结果的质量，因小而失大，没做到"高效办事"和"追求极致"。

第六，先易后难。总爱先做容易的事，然后再去啃硬骨头，结果导致重要的事情没在规定的时间内做完，实际应该"要事第一"。

第七，个人喜好。决策凭个人喜好，感性思维占了上风；更有甚者，因痴迷于游戏或嗜好，以"嗜好第一"为己任，日夜奋战，既没做到"适可而止"，也没做到"正事第一"，更不要提"要事第一"。

第八，资源导向。只看到自己有的，没有看到外部的，没有以目标为导向。

解决问题的过程中通常需要动用一定的资源，而动用资源的思维方式也会决定我们采取哪种方法。

动用资源的思维方式一般有以下四种：

第一，目标导向式思维。做任何事情都从目标出发，根据目标的要求，规划实现目标的路径，明了实现目标的条件，并在实际工作中努力去发现、借助和创造实现目标的条件，按照路径一步步推进，最终实现目标。这是一种反向思维方式，是一种倒退法，倒推资源配置，倒推时间分配，链接战略战术，链接方法手段，实际上就是"果因法"。天下的菜，

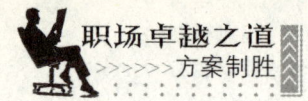

只有能够为我所用，就都是菜，何必拘泥于现在是篮子里的还是篮子外面的。这里面还包括"外包思维"，外包是一个战略管理模型，所谓外包（Outsourcing），在讲究专业分工的时代，企业为维持组织核心竞争能力，且因组织人力不足的困境，可将组织的非核心业务委托给外部的专业公司，以降低营运成本，提高品质，集中人力资源，提高顾客满意度。

第二，资源导向式思维模式。从自己手头现有的资源出发，按照自己能力和资源的规定，正向推进，稳扎稳打，步步为营。眼睛只盯住自己的篮子，篮子里面的才是菜，篮子外面的都是别人的，君子爱财，取之有道。

第三，坐二望一。以资源导向型为本，等待目标导向型，吃着碗里的，看着锅里的，只要条件成熟，就采取目标导向型，大幅度地加快进程。

第四，一退二上。先实施目标导向型，不成功则退而求其次，实施资源导向型，如有可能继续走目标导向型。

天下事有难易乎？为之，则难者亦易矣；不为，则易者亦难矣。人之为学有难易乎？学之，则难者亦易矣；不学，则易者亦难矣。

蜀之鄙有二僧，其一贫，其一富。贫者语于富者曰："吾欲之南海，何如？"

富者曰："子何恃而往？"

曰："吾一瓶一钵足矣。"

富者曰："吾数年来欲买舟而下，犹未能也。子何恃而往！"

越明年，贫者自南海还，以告富者。富者有惭色。

西蜀之去南海，不知几千里也，僧富者不能至而贫者至焉。人之立志，顾不如蜀鄙之僧哉？

吾欲之南海，可谓前两种思维模式的典型案例，也说明了"决心大"的重要性，两种方法没有对错，但富和尚的行动方式不对，一方面他固守目标导向型，此路不通，还不如学习贫僧，舟买不起，应该能乘得起。买舟相当于造了个专车，可以直达南海，无疑速度是最快的，其次乘舟的话，应该比步行快多了，最慢的应该是靠自己"11"路汽车走着去了。另一方面富和尚筹资的方式大有问题，别人愿不愿意投资，关键是你未来能给对方带来多大的收益，否则别人没事吃饱了撑的，拿钱给你花。唐僧西天取经就获得了唐王的支持，关键是他能带给唐王想要的东西。

前面讲的七级决策指导原则是指导性原则，针对具体的事情，还需单独设定。例如周恩来总理提出的和平共处五项原则：互相尊重主权和领土完整、互不侵犯、互不干涉内政、平等互利、和平共处，这五项原则是中国外交关系的基石，为所有的外交行动提供原则和方向，也为世界上很多国家所推崇。

有了指导原则，相应地就有决策的依据，决策时心里更有底气，尤其涉及多人配合的项目时，没有指导原则，工作几乎无法开展，大家背景不同，文化理念不同，必然导致纷争不断。可一旦在开启项目前，大家就事论事，制定共同遵守的一系列原则，则能减少项目推进的阻力，还能为实施过程中随机应变提供指南，否则随机应变要么是胡变乱变，要么就是一个童话。一个公司的企业文化实际也是"指导原则"，且这个文化必须要以文字的方式表达出来，让每个员工能清楚地知道公司提倡什么，禁止什么，便于高效团队的形成。没有文化的公司不能算作一个"团队"，只能算作是一个"团伙"。

七项指导原则中前六项，也是卓越人士的标准。一点不备，必受其累，不在今天，就在昨天与明天。

当在无可无不可的情况下进行抉择时，就是个很费劲的事。在不违反法律和道德的情况下，那就跟着自己的"心"走吧，心里更喜欢哪个就选哪个，总不能常常委屈了自己。做自己想做的事，做自己喜欢的事，也不枉白活一生。

四、方法优——哲学打开方法之门

方案好首先是如何找到解决问题的诸多办法（最少有三个），然后是

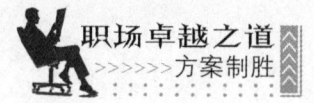
在其中选择一个最切实可行的，形成一个方案。

（一）凭借方法找到方法

因方法包含手段及流程两种意思，所以下面分别从手段、流程及创意三个方面来分析如何找方法。

1. 找手段

（1）通过"因果法"，根据矛盾对立面的特点，利用矛盾分析法去找

什么是因果法？毛主席说：如果你不知道一个问题该怎么解决，就去了解一下问题是怎么产生的。通过了解问题产生的过程，找出产生问题的终极矛盾（矛盾推动着事物发展）。寻找终极矛盾实际上就是透过现象看本质的过程，通过多问几个"为什么"，最终找到产生问题的根本矛盾，然后从根上入手，才能真正解决问题。矛盾通常有多种，但产生问题的主要矛盾通常只有一个，只要抓住主要矛盾，分析构成矛盾的双方面的特点，再针对特点寻求解决办法，问题也就能很快地解决了。构成矛盾的双方面都是想办法的两大主要方向，而双方面本身所具有的特点则是想办法的突破点。

我们所面对的问题种类虽多，却无非是"人"的问题及"物"的问题，人的问题靠了解人的共性及特性（实用心理学）来寻找解决办法，物的问题靠事物本身的特点及发展规律来解决。这里首先重点介绍一下如何解决"人"的问题：

①单人问题

皇帝想看看人送外号"智多星"的大臣A到底有多聪明，有一天故意刁难他：爱卿，你有什么办法能让我现在走下龙椅？

A眉头一皱，计上心来，扑通一下做五体投地状，诚惶诚恐地说：尊敬的陛下，这个即使杀了为臣，为臣也办不到，根本就不可能。但如果陛下现在走下龙椅，我有办法能让陛下坐回龙椅。

皇帝心想，我倒要看看你是怎样让我坐回龙椅，难不成你还敢用武力

抬我不成？于是皇帝便趾高气扬地走下龙椅。这时 A 说：陛下您已经走下龙椅了！皇帝这才恍然大悟，上了 A 的当了。

用纵横矛盾分析法来进行分析，此案例中主要有三个因素：皇帝、A、龙椅。矛盾关系有：皇帝与 A、皇帝与龙椅、A 与龙椅。显然皇帝与 A 是一对主要矛盾，其他为次要矛盾，皇帝是主要矛盾中的主要因素，解决皇帝下龙椅的事情，实际上就是从皇帝着手。找到解决单个"人"的问题的手段需从一文一武两个方向出发，"文"又包括"一正一反"，"正"就是根据人所具有的特点，或晓之以情动之以理地劝说，或通过其他正常手段进行，从而达到目的；"反"就是"欺骗"或者"威胁"；"武"就是通过暴力方式，让对方屈服。对待皇帝，武的方面肯定不行，那是想掉脑袋。"劝说"肯定也不行，皇帝本身就是故意刁难 A，"威胁"更不行，那就只剩下"骗"了，A 就是使用"骗"的手段，让皇帝自己走下了龙椅。A 正是利用皇帝"量你也不敢怎么着我"这种骄傲的心理优越感，从"走下龙椅"想到了事情的反面"坐上龙椅"，而两者都是同样难的情况下，皇帝自然放松了警惕，中了 A 的诡计。

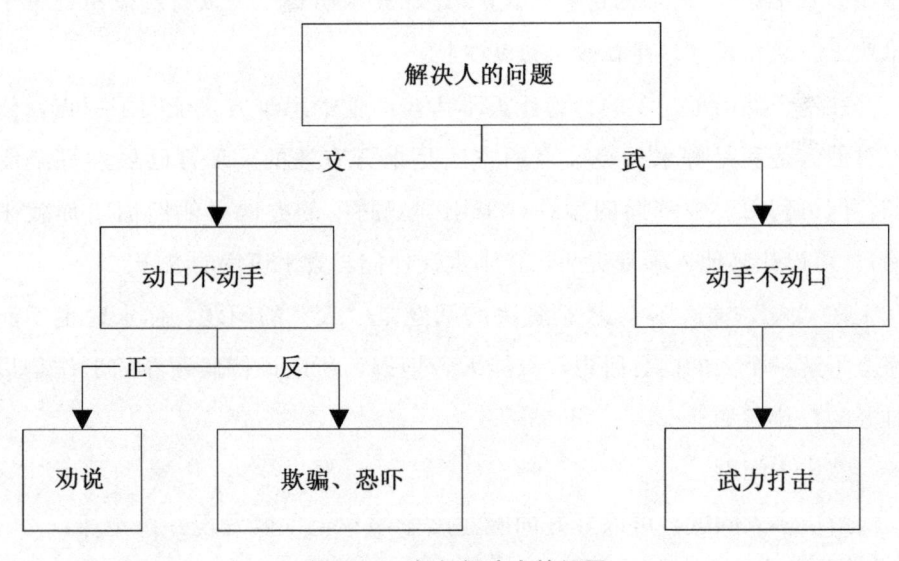

图 6-4　如何解决人的问题

　　军事斗争的实质是在没有法律和道德的约束下人与人的斗争，是解决人的问题，所以讲究诡道及奇正之术；职场中解决人的问题，是在法律及道德的框架下使用诡道及奇正之术，"正"就是使用心理学的基本规律来找到办法，"奇"就是骗，用谎言及假象去欺骗。秀才遇到兵，有理说不清，这说明从"武"及"文"里的"正"上都治不了他，那就得发挥秀才智力上的强项，学习狐假虎威中的狐狸，用"骗"来解决问题了。

　　诸葛亮草船借箭，实际就是骗，但属于两个国家间的骗，没有什么法律来制裁，只有武力来解决，而老百姓如果也用这种方法，可能就被绳之以法了。

　　一集团高管 A 锒铛入狱，恰逢儿子 B 大学毕业，B 来探监，愁容满面，唉声叹气。A 心里很难过，禁不住老泪纵横，不停地劝儿子："我这是咎由自取，我会好好改造，争取早日与你们相聚。"B 依然愁眉紧锁，最后不耐烦地说了句："现如今这工作真是难找啊！"A 一听这话，顿时来了精神，"这事好办，想去哪个公司，只要你帮我递张条子给相关领导，打个招呼就行了。"B 摇了摇头说："爸！醒醒吧，不是以前了，你都这样了，谁还会在乎你？"A 不无伤感地说："这你就不明白了，以前我能想让谁上谁就上，现在我可以想让谁下谁就下！"

　　在这个笑话里，A 的行为让人不齿，但他的思维方式证明了一点，依据对他人是利是弊来找突破点的方法是十分有效的。A 自己虽然深陷囹圄，但可利用手中掌握的猛料，采用"威胁"的办法（他们怕啥你就来啥），可以让其他人乖乖听话，否则也让他们尝尝坐班房的滋味。

　　在"人""物"中，最难解决的问题是"人"的问题，你永远也不能完全了解一个人的内心所想，只能大致把握，所以说侍候领导的工作是最难办的，伴君如伴虎。

　　②多人问题

　　解决多人问题，可以好好向毛主席学习！毛主席发现一条定律："任何有群众的地方，大致都有比较积极的、中间状态的和比较落后的三部分人。"同时毛主席还发现三部分人的特点："两头小中间大，特别积极及特别落后的都是极少数，而中间派的人为数众多，且举棋不定左右观望。"这实际上就是运用到系统论中的"正态分布"理论。

根据这个定律及特点，毛主席找到了一个很有效的发动群众的方法——"抓两头，带中间"。他曾于1958年在《工作方法六十条》中介绍了这个方法："这是一个很好的领导方法。任何一种情况都有两头，即有先进和落后，中间状态又总是占多数。抓两头，抓先进和落后，就是抓住了两个对立面。抓住两头就可以把中间带动起来了。"

毛主席在处理群众内部矛盾时应用的也还是这个办法："对闹事的人，要做好工作，加以分化，把多数人、少数人区别开来。对多数人，要好好引导、教育，使他们逐步转变，不要挫伤他们。我看什么地方都是两头小中间大，要把中间派一步一步地争取过来，这样，我们就占优势了。"（毛泽东：《在省市自治区党委书记会议上的讲话》）积极的反对者是极少数，积极的拥护者也是极少数，少数对少数，势均力敌，难分高下，那么决定胜负的关键就在于中间的那个大头。中间派争取过来了，最后只剩下极少数反对者，极少数反对绝大多数，就相当于寡不敌众，自然就反对无效了。

"抓两头带中间"不仅在治理国家时很重要，在管理团队时同样重要，且能屡试不爽。因为任何一个群体中，总有人是特别积极先进的，也总有人是特别消极落后的，而两个极端都是少数派。中间派属于多数派，类似于墙头草，风吹两面倒，谁得利多，他们就向谁学。怎样抓两头？"奖与惩"！奖励先进的，惩罚落后的，这样先进者就得利多，落后者得到的惩罚多，在"利诱"的牵引下，在"威逼"的胁迫下，两种驱动力量促使中间派积极地向先进的学习，从而达到了"抓两头带中间"的效果。

③多人与多人的问题

国家间的战争、公司之间的竞争、人与人之间的争斗，都属于多人与多人的问题。想要在竞争中获胜，关键在于取得优势，而取得优势可以有两个途径：

利用对手的劣势。再强大的对手也有劣势，老虎也有打盹的时候，在某个特定的时间或地域，集中自己的力量，形成局部优势，达到克敌制胜。这种获胜的可能是建立在对手犯错误的基础上，一旦对方领导能力很强，弱势的一方只能"走为上"。

加大自己的优势。根据外界实际情况，选择最有利的区域，集中人力物力财力，不断地壮大自己，打造超越对手的比较优势，直到达到极限，形成核心优势。

两种方式获得优势都是有选择性的，没有谁能在所有领域取得全面性的优势。所以毛主席在"集中优势兵力，各个歼灭"的方针指导下，以弱胜强，打败了国民党军队。

（2）根据"问题的实质"，在更高一级系统中寻找替代方案

这就需要另辟蹊径，跳出现有各矛盾因素的限制，通过"归纳法"来寻找。"归纳法"就是以系统论的知识来解决问题，就是寻找母系统的问题。这种归纳不仅是问题核心的归纳，还有构成矛盾双方面的归纳。所谓归纳，是指从许多个别的事物中概括出一般性概念、原则或结论的思维方法。例如："他大舅他二舅，都是他舅，高桌子低板凳都是木头。"

下面通过一个幽默案例来说明如何通过"因果法"及"归纳法"来"找手段"，解决"物"的问题。

加拿大航天部门首次将宇航员送上太空，但他们很快得到报告，在失重状态下，宇航员用圆珠笔根本写不出字来。

于是，加拿大科学家用了10年，花了120亿美元，终于研发出了一种能在零重力或水底高压下使用的圆珠笔。而俄罗斯人在太空一直使用铅笔。

如果用因果法，遇到的问题是"处于太空失重条件下，圆珠笔在纸上写不出字"，那么圆珠笔和纸就构成一对矛盾，那么圆珠笔和纸都是寻找"手段"的"方向"。圆珠笔在太空上写不出字，原因是失重条件下，笔里的墨水缺乏引力或推力而出不来，这是圆珠笔本身所具有的特点，那就从其特点出发，开发一个类似于"自动增加推力，使墨水出来的技术"。加

拿大科学家就是这么干的，他们找到了一个解决办法，不过费用好像不少。

如果用归纳法，圆珠笔肯定是"笔"的一种，笔有很多种，铅笔、蜡笔、粉笔、毛笔、钢笔等等，"他大舅"不行，就找"他二舅"，俄罗斯人就找到了铅笔，也解决了问题，显然"蜡笔"和"粉笔"也能解决问题。一个巴掌拍不响，圆珠笔在太空写不了字，纸也是有原因的，同样"纸"也是想办法的方向之一，纸也有很多种，白纸、黑纸、复写纸……或者开发一个不用墨水也能写出字的纸，显然现有已知的"复写纸"就能解决问题。看来"都是你的错"这句话是有问题的，出了问题，我们都得首先从自身找原因。

然后我们再从"问题的实质"往上归纳，加拿大航天员实际上遇到的是"书写难"的问题，进一步往上归纳，那就是个"记录信息难"的问题，因为书写无非就是记录下相关信息以备忘，而记录信息的方式实在是太多了，拍照、录音、录像、电脑等等都可以记录信息，那么这些方式都可以是"记录信息难"的解决办法。这种方式就完全摆脱了构成矛盾双方面的制约，另辟蹊径，找到了更多"手段"。

上述找方法的过程如下图所示：

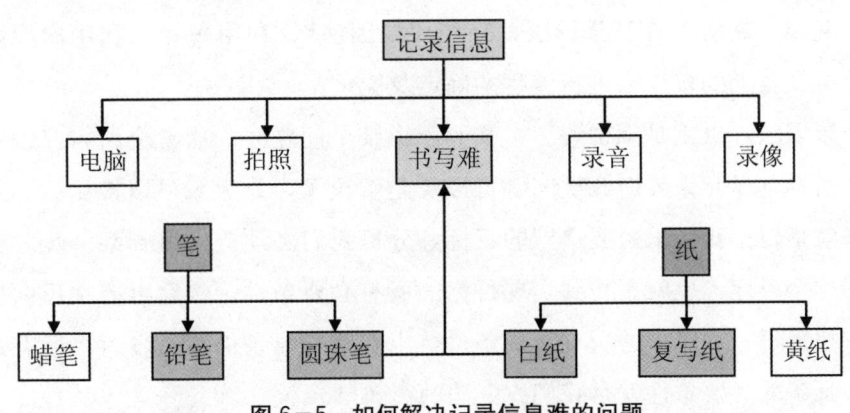

图6-5 如何解决记录信息难的问题

这个幽默笑话清楚地说明了"界定问题核心"的重要性，同时也能很好地应用"因果法"及"归纳法"去寻找解决问题的"手段"。

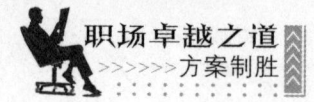

笑话给人感觉是杜撰的，不太可信，但职场中实实在在地发生过类似的事情。在拍电影时，为了增加观赏度及刺激性，很多电影里都有"用枪打帽子"的特技场面，只见神枪手随手一抬，敌人头上的帽子就被打掉了，让观众看了倒吸一口冷气，好悬啊，枪法太准了！而在最开始拍摄这样的镜头时，确实有用真枪来打的，导演从部队里请来神枪手，用步枪将演员头上的帽子打掉，在场的每个人无不心惊胆战，万一有点偏差，那可是真有生命之危的。导演在回忆拍这种镜头时，还心有余悸，觉得当时思维太固化了。幸亏导演拍的是子弹打帽子，如果拍地球大爆炸，全人类岂不是都遭殃了？

这个特技镜头其实最核心的是"把帽子给弄掉"，观众的肉眼根本就看不到"子弹在飞"，而"把帽子给弄掉"这个问题往上归纳，就是"让物体发生位移"，这样可想的办法就太多了，拉力、推力、撞击及自身带有动力等等都可以使物体发生位移。而现在再拍摄这种镜头时，多采用的是一个人躲在镜头视野之外，用绳子把演员头上的帽子快速拉掉，而射击的人不过是摆摆样子而已，观众看到的其实是一个"双簧"。这种处理问题的方法，既经济，又安全，效果还达到了，多好！

2. 找流程

利用"纵横矛盾"分析法，采用"果因法"，利用规律、利用次序排列组合及量上的多少来进行流程的确定及优化。

果因法，也就是倒推法。在我们解决某个问题时，通常会给自己设定一个目标，以此来界定此次问题可以算是解决了，是大家可以接受的。果因法就是根据我们未来要达到的目标，分析我们必须首先做到某一步才能实现这个目标，也就是找到实现目标的所有必要条件，然后再依次反向推算，找出每一步所需的所有必要条件，当有些必要条件不具备时，所有这些不具备的必要条件就是我们找办法的突破口。

"因果法"及"果因法"实际上都是在往回找，"因果法"是在目前生米已经煮成夹生饭的情况下去找饭未做熟的原因，"果因法"是如果在未来想把生米煮成熟饭，从现在到未来我们该如何去做。"果因法"实际上就是如何找到实现目标的"流程","果因法"其实就是"流程法"。

如何找到流程？

简单一目了然的流程如"拨电话号码"，只需将整个过程看透，增加检查及确认的步骤，流程就有了。而和尚治疗皇帝噎膈症的流程则是根据病的特点，采用让药缓慢通过病灶，增加有效接触时间，从而采用了"舔服"的喝法。这有些类似于生活中炖汤，根据肉本身的特点，"急火"炖肉就是不行，正的不行就来反的，减少火力来个"慢火"炖肉，如此多试验多比较，好的流程也就找到了。

可复杂如"金怎么转化成火"的问题，该如何找到流程呢？果因法！从结果倒着推，什么生成火，显然是"木"，什么又生成"木"，显然是"水"，而"水"由"金"生成，由此我们便找到了"金转化成火"的流程：金生水，水生木，木生火。而金又是怎么生成水的呢？是在外部"生"与"克"两种矛盾推动下，结合"金"自己的特点（矛盾性）而生成的。

我们再来看一下"规律"与"流程"的定义：

规律是事物之间的内在的必然联系。这种联系不断重复出现，在一定条件下经常起作用，并且决定着事物必然向着某种趋向发展。

流程是指一个或一系列连续有规律的行动，这些行动以确定的方式发生或执行，导致特定结果的实现。

事物之间的内在的必然联系就是事物自身的特点之间的必然联系，事物的特点就需要我们去观察、学习或查阅资料而掌握，有些现成规律可直接拿来用，而有些规律就需要我们从事物之间的必然联系去钻研和总结了。如果是简单点的，类似于铁氧化，那就是铁与氧这对矛盾推动铁发生变化，铁与氧发生化学反应的原理就是规律。而把米饭煮熟就涉及多方面矛盾：水与米在量上配比、水温与米、火力大小与米及加热时间与米等等，这些矛盾决定了米饭能否煮熟。那么把握这些矛盾的"度"就是掌握了米饭煮熟的规律。所以说，寻找规律就是从寻找矛盾开始的，矛盾是规律的组成部分，规律实际就是影响事物发展的多种矛盾的集合体。所以

说，寻找规律就是从寻找事物本身的特点及事物之间会发生什么样的变化，也就是老子所说的"一阴一阳谓之道"。

流程是指一个或一系列连续有规律的行动，那么流程肯定要运用很多规律，如同"金"生"火"似的，所以流程是多个规律的集合体，而规律又是多种矛盾关系的集合体，因此从本质上来说，流程是多种矛盾关系的集合体。规律是不能改变的，而流程是可以根据我们的分析而改变、优化，从而达到更理想的结果。

因此想找到更好的流程，就得首先找到规律。

如何寻找规律？

实事求是！实事求是指从实际对象出发，探求事物的内部联系及其发展的规律性，认识事物的本质。从定义可看出，寻找规律就得先从事物的特点开始，找到了特点，然后不断试验，才能找到事物的内在联系。

有孩子的人都有过这样的经历，面对新生婴儿的哭闹，会手足无措。孩子哭了，是有诉求没满足而对现状不满意，可孩子又不会说话，就只能嗷嗷哭，这时父母该怎么办？

（1）了解特点

首先了解新生婴儿的特点：免疫力强，轻易不生病；新生婴儿每天能睡 20 个小时。

还要了解孩子的基本需求是"吃喝拉撒"。孩子哭了，要么饿了，要么渴了，要么拉了……

（2）了解现状

了解现状，最好是把现状描述出来，包括时间、地点、搂抱的姿势等等，描述得越全面越精确越具体，越有助于问题的解决，例如：2015 年 4 月 6 日 10 点 20 分，春天，温度 14 度，在南面卧室，窗户紧闭，阳光明媚，空气干燥，孩子 3 个小时前吃奶 120 毫升，大人抱着孩子坐在沙发上看电视，目前抱的姿势是孩子平躺在左手臂弯上，孩子上衣穿了两件，裤子穿了两件……

（3）改变现状

孩子哭是对现状不满意，那就得积极主动地改变现状。因为新生儿轻易不生病，那就先从吃喝拉撒最可能的方面去尝试，然后再从其他方面去摸索：关掉电视、换个房间、抱起来回走动、打开窗户、摇晃拨浪鼓、抱着孩子到外面呼吸新鲜空气等等各种行动。你不断地去改变现状，才能满足孩子的需求，孩子需求满足了，自然不哭了。

通过以上三步，就能逐渐了解孩子的规律，进而找到对付哭泣的良方。

公司创业和喂养新生儿也一样，成功不会说话，需要你去积极探索。在探索新的领域时，大家都是迷茫的，没有谁知道哪条路必然是对的，没有谁知道哪个罐子里有蜜，只能去尝试最有可能是正确的路，然后不断地总结与修正，所以马云给创业者的忠告是："创业成功，取决于试错速度。"

如何优化流程？

流程的优化很多是从前后"顺序"的排列组合，从"度"的多少变化入手。流程的优化没有最好，只有更好。

田忌经常与齐国诸公子赛马，设重金赌注，但田忌是常输将军。孙膑发现他们的马脚力都差不多，可分为上、中、下三等。于是孙膑对田忌说："您只管下大赌注，我能让您取胜。"田忌相信并答应了他，与齐王和诸公子用千金来赌注。比赛即将开始，孙膑说："现在用您的下等马对付他们的上等马，拿您的上等马对付他们的中等马，拿您的中等马对付他们的下等马。"三场比赛完后，田忌一场输、两场胜，最终赢得齐王的千金赌注。

孙膑在充分了解比赛规则及双方马的实力对比后，将原来123出场次序，调整为312，取得了三局两胜的结果，取得了最后的胜利。马还是同样的马，由于调换一下比赛的出场顺序，就得到转败为胜的结果。这是充分利用人的智慧的结果。

所以说，找方法的最基本规律是：按照因果法、归纳法及果因法，运用"纵横矛盾"思维模式去系统地分析问题，发现事物本身的"特点"及主要矛盾，再对照已有的或自己探寻的规律这个标准答案，最终找到解决

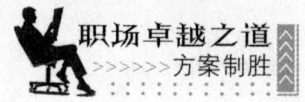

办法。

找办法的过程中，在"情况明"的基础上，先用归纳法看能否解决，然后再用因果法去寻找解决办法。通过归纳法及"纵横矛盾"分析确定大的方向，知道该"做什么"，然后再通过流程法，也即果因法确定相关的路径，知道"如何做"，进而达到目标的实现及问题的解决。

3. 找创意

对于有些问题，找到解决问题的方法很简单，几乎大家都能想到，而如何有创意地解决问题，就变得比较困难了。这是要在平淡处见神奇，在竞争中尤为重要，因为在同质化的竞争中，很难有人能脱颖而出。而创意就是打破现有常规，走自己及别人以前没有走过的路。一旦你走过一次，很容易就被模仿，你想要持续地鹤立鸡群，独占鳌头，就得"人无我有，人有我优"，而这恰恰需要持续的"创意"。

如何才能想出创意来呢，我觉得主要从以下 5 个方面进行：

（1）打破现有思维定式

人在到达一定的年龄后，都会形成思维定式，而思维定式恰恰是创意的天敌。例如鸡蛋可煮可煎，其实鸡蛋也可烤着吃，更可生吃。铁锹最主要的功能是挖土，可二战时在北非的德国士兵用其来煎鸡蛋吃。钢盔最主要的作用是挡子弹或弹片的，可也能当容器使，烧水熬粥都行。我们要清楚的是，我们目前知道的各种工具的功能，只是其所有功能的一种，绝不是唯一。要想打破固定思维的一个方法就是加上"之一"，例如挖土是铁锹的功能之一。

我们现有的常规的解决问题的办法，也只是其所有解决办法中的一种，如我们想把苹果切成两半时，通常把苹果放在桌上，从上往下一分为二，可如果你把苹果拦腰切开，你就会发现苹果里原来有个"五角星"。

只要我们知道目前的"功能"及"办法"仅仅只是"所有"中的"之一"，这种"之一"意识就会打破原有固定思维定式；同时我们要坚信现有的一切都不是完美的，都有"改进"的空间及可能，"改进"是没有止境的，永远也不要满足于现状。"之一"及"改进"的意识引导我们去努力寻找新的"创意"，在实现最终目标的前提下，自由自在无拘无束地去探寻所有可能的解决办法。

（2）从"根本原因"出发

问题出现了，我们需要透过现象看本质，找到引发问题的根本原因，从而一劳永逸地解决问题，不能一头疼就吃止疼药，这种解决办法是"野火烧不尽，春风吹又生"，只有斩草除根，才能"春风吹不生，野火烧不起"，才能彻底解决问题。而找到"根本原因"的方法就是连续多问"为什么"，要打破砂锅问到底。

例如人经常会有不快乐的时候，为什么呢？通常是外界发生了一件事情，然后心情随之变得郁闷。可心情为什么会发生变化呢？那是因为外界发生了一件事情。这显然有点逗乐了，外界只是外因，内心是内因，外界与内心共同作用，产生了情绪波动。外因不可控，内因却可控，改变内因，情绪同样不会波动。对于同一件事情，例如丢了一颗糖，小孩子可能会痛哭流涕，大人觉得无所谓，原因是两类人心中衡量的标准不一样，小孩子是"克克计较"，大人是"斤斤计较"，没到"一斤"的标准，大人是能承受的。

人心变化的主要原因是人内心先有"好"与"坏"的标准，当外界发生的事情与心中"坏的标准"对应上时，心情就会立即很低落，所以说伤害我们的不是外界事物，而是我们自身对事物的看法。而事情就是一件事情，本身是无好无坏的，好与坏是人主观概念强加的，如同"脖子长是长颈鹿的一个特点"，无所谓优缺点，只是在夏天喝水时表现为优点，在呕吐时表现为缺点。例如丢了 100 元钱，纠结的人就会不停地叹息，我咋这么倒霉，居然丢了 100 元钱，可以买好多东西呢，在那不停地拿自己或别人的错误继续折磨自己，这是错上加错，对既定事实怨天尤人，希望能有个"月光宝盒"，让时光倒流，找回那 100 元钱；而豁达的人会觉得丢就丢了，找了一下也未找到，就当是捐款做善事了，捡到钱的人肯定特别高兴，何况自己也有捡钱的时候，不过需找出丢钱的原因，并进行改变，免得再次丢钱或丢更多的钱，

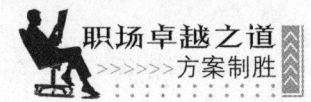

权当买个教训，而这个教训是终生受益，从这个角度考虑，还是件好事呢。因此避免心情糟糕，首先是修炼自己的内心，改变自己对事物的看法，提高自己的定力，超越"斤斤计较"，达到"不以物喜，不以己悲"的平常心，实现"不再计较"；其次是提高能力水平，改变策略方法，促进好事情发生，避免坏结果出现。

"不再计较"的人看待事情时，首先是觉得这个事情发生了，一个无好无坏的事情发生了；其次是以"任何事物都是矛盾的统一体"来看待事物，知道事物有利必有弊，有弊必有利，会考虑对现在的及未来的我利弊谁大，对别人的利弊情况如何；如果对现在的我是弊大于利的，一定会仔细寻找原因，防止重蹈覆辙。

"不再计较"的人是心的主人，也是自己的主人，活得自由自在，心理波动很小，最高境界是"心如止水"，而"平静的心"能给人带来源源不断的快乐。"斤斤计较"的人看待事情时，要么只看到利，要么只看到弊，脑袋里残缺了另一部分思维，算不算脑残呢？时而狂喜，时而暴怒，心跟着外界剧烈波动，成了外界的奴隶。

所以说，要想实现可控的、持久的快乐，首先从内心观念改变上去寻找实现的途径。

通过不停地问"为什么"，直到找到根本原因，然后对症下药，才能让问题"断子绝孙"，否则问题会子子孙孙无穷尽。

（3）从"根本目的"出发

从根本原因出发去解决问题，有时候容易被"根本原因"牵着鼻子走，没法做到跳开问题来解决问题。在弄清"根本原因"之后，再考虑做每件事的"根本目的"，会极大地开拓解决问题的思路，从而找到尽可能多的解决办法，出现更多的创意。前面所述"太空圆珠笔"的故事能很好地说明这一点。

（4）通过排列组合

不同的仪器设备及物体之间互相组合也是创意，例如存储器与播放软件相结合，于是MP3、MP5就诞生了，其中MP3的诞生直接宣告了"随身听"的死亡。橡皮与铅笔的组合，也能申请专利，还能大赚一笔。

（5）立体式的办法

所谓"立体式"的办法，就是充分利用基本的哲学理论及心理学的知识，将各种可能的办法进行立体式的整合，全方位多层次地去考虑。例如做菜，在最开始只要能把菜做熟，人吃了只要不拉肚子就行了。随着时间的推移，做菜逐渐过渡到要达到"色香味"俱全才行，于是饮食文化便诞生了。"色"是满足人眼睛感官的需要，"香"是满足人鼻子感官的需要，"味"是满足人舌头感官的需要。而吃饭是人在一定的环境中进行的，包括人、菜、桌子、餐厅等等各种因素，"色香味"满足了人的"眼鼻口"，人的耳朵不是还闲着吗？于是奏乐便开始了，有现场演奏的，也有播放音乐的。餐厅通常是固定的，景色也就是固定的，于是有人便搞了个旋转餐厅，这样你在吃饭时，还能欣赏到不同的景色。桌子的桌面最开始是固定不动的，后来摆放的桌子，桌面可以旋转，这样就方便了腿和脚，在人不动的情况下，每个人都能吃到桌上不同的菜。身体的器官基本都满足了，还剩下"心"了，于是餐厅的装饰便成了新的创新点，如悬挂各种不同的书画作品，以显示其文化品位等等。其他的如服务员的用语、衣着等等都是创意的出发点，在此不再一一说明。

所以说，**创意就来源于与事物相关的所有因素，得到创意就是在实现根本目的时打破现有常规。**

现如今已经是一个"专注＋创意制胜"的年代了。（此处的"专注"可理解为两层含义：一是行业专注；二是做事"认真"。）从 1996 年开始，诺基亚手机连续 15 年占据手机市场份额第一的位置，而在 2007 年 1 月，苹果公司才正式公布了旗下智能手机"iPhone"诞生，由此开启了新的智能手机市场格局，而时任苹果公司 CEO 的史蒂夫·乔布斯宣布其"重新发明了手机"之后，也让全球业界对智能手机进行了全新的理解和定义。而这个新来乍到的小兄弟，用了不到 5 年的时间，打得诺基亚满地找牙，濒临破产。是诺基亚不好吗？它依然是那样皮实、单调，性能依然十分稳定，只是相较苹果来说，它显得没那么优秀及卓越，没那么有创意，以至

于诺基亚曾经的广告词"科技以人为本",最后被人恶搞为"科技以换壳为本"。"专注"使诺基亚把手机质量做到超稳定,而乔布斯在"专注"的基础上又加上"创意",将科技与艺术进行融合,把苹果手机做到不仅性能稳定,还具有更多功能,更时尚,更加人性化,进而赢得了消费者的青睐。

"专注"能使人把事情做"好","创意"能使人把事情做得更有新意,能把事情做到"优秀","专注加创意"能使人把事情做到"卓越"。

(二)权衡利弊,优中选优

通过因果法、归纳法及果因法,我们找出了解决问题的 N 种办法,分析执行每种办法所需的条件和资源,比较执行各方案所带来的后果、所付出的代价和利益攸关方所接受的程度,再根据自己的特点及所掌握的资源,在 N 种办法中选出一个经济实惠、切实可行的办法来,有时候为保证结果更好更快地实现,需要在 N 种方法中选择 X 个方法,来个 X 管齐下。

针对问题的各种方法制订出来了,如何决断却是大问题。筹划需要的是智商,如何决策及敢于决策却是个大问题,不仅需要智商,还需要胆量。

1. 决策未定,原则先行

决策需要"指导原则",可以说"原则就是总纲",纲举则目张,有了原则,剩下的事情就好办了。因为在思考解决方法之前,已确立了大的指导原则,因此按原则决策即可。

决策总的指导原则是利弊思维,考虑备选方法各自的利与弊,选择尽可能有利的方法。可分为两类:

(1)两害相权取其轻

面临抉择时,可选项都是对自己不利的,在坏与更坏之间,只能选择坏的,让自己损失少一些。

一天,A、B、C 三人谈到了"怎样才能让猫自觉自愿吃辣椒"的问题。B 先说:"这还不容易,首先让人捏住猫的脖子,用筷子将辣椒给猫捅进去不就得了。"A摇头："不妥，我们不能用强迫，应该是自觉自愿的呀。"C说："那就更好办，我先将猫饿几天，然后，待猫非常饿的话，我就把辣椒包在猫喜欢吃的肉里，它不知道，就囫囵吞枣地吃下去了。""那可不行，我们不能用欺骗。"A机智地说，"这很容易，我想，如果我们把辣椒抹在猫的屁股上，当猫感到火辣辣时，它自然就会用嘴去舔掉辣子，而且还会为能有这样的举动感到高兴不已。这样，它不就自己把辣椒吃进去了吗？"

猫不喜欢吃辣，可怎样让猫"自觉自愿"地吃？那就只能是让其在"坏"与"更坏"中进行选择，把辣椒抹在猫屁股上，猫不舔吃，将长时间辣，很难受，长痛不如短痛，在这个原则指导下，猫只能忍受暂时的痛苦了。当然，这只是个思辩的例子，不宜在现实中模仿。

（2）两利相权取其重

面临抉择时，有利选项比较多，这时幸福的烦恼就来了。决策的原则就是"两利相权取其重"，在好与更好之间，选择最有利的，例如常说的"有肉不吃豆腐，有豆腐不吃咸菜"。

2. 杜绝迟疑，果断决策

利弊分析即使做得非常精确，但敢不敢做决策，却是另外一回事。方案筹划需要的是智商，而方案决策需要的是胆量，不敢做决策却是很多人要面对的问题。

不敢做决策主要害怕的是事情如果办砸了怎么办，毕竟决策失误会面临自己荣誉的损失、众人的指责、经济损失等等。因此很多人做的"决策"就是"不做决策"或"犹豫不决"。"不做决策"会导致问题持续存在且有恶化的可能，"犹豫不决"会导致"错失良机"，你的损失会更大，因此这两者都要不得。只要方案做得足够仔细，考虑得足够周到，就应该果断地决策。

据说人每天要做出上万决策，为了养成敢于做决策及习惯做决策的能力，在面对每个问题时，只要按照"纵横矛盾"思维模式都做了系统分析，依据决策七大原则，就赶紧果断地下决策，不要犹豫，也不用瞻前顾

后，畏首畏尾。时间长了，你会发现做决策也是件很有趣的事情，决策的能力和水平能得到很大的提高。

在"情况明"、"目标对"、"原则优"及"方法好"之后，就可以撰写出一个"方案"来。撰写"方案"的主要目的是便于明确主题，便于宣传贯彻，在执行过程中也能不断地进行修正。

中学时背诵过的"党在社会主义初级阶段的基本路线"："领导和团结全国各族人民，以经济建设为中心，坚持四项基本原则（必须坚持社会主义道路；必须坚持无产阶级专政；必须坚持中国共产党的领导；必须坚持马列主义、毛泽东思想），坚持改革开放，自力更生，艰苦创业，为把我国建设成为富强、民主、文明、和谐的社会主义现代化国家而奋斗。"

这段基本路线实际上就是一个治国方案，上中学时，只知道死记硬背，不懂内在逻辑，如今看来，意义非凡。

情况明："社会主义初级阶段"这几个字充分地表明了"定位"问题，清楚知道现有水平。

目标对："为把我国建设成为富强、民主、文明、和谐的社会主义现代化国家而奋斗"，确定了未来"目标"。

原则优："坚持四项基本原则"表明底线及原则，其他都可以变，这四条不能变，因为这四条能保证目标的实现；"领导和团结全国各族人民"表明了实现未来目标的主体；"以经济建设为中心"表明国内的主要矛盾是"人民日益增长物质文化需求不能得到满足"。

方法好：唯有以经济建设为中心才能解决；"坚持改革开放，自力更生，艰苦创业"中"改革开放"是国策，学习国外先进知识与技术；"自力更生"是坚持以我为主，自己事情自己办，不能全部依靠外国；"艰苦创业"是实现目标必备的一个工作作风，踏踏实实创事业。

初级路线短短79个字，可以说定位清晰，目标明确，实现目标的主体清楚，主要矛盾抓得准确，原则明了，借助外力但保持主动，自力更生但不闭关锁国，再苦再难也要实现目标。治国肯定比企业管理难度要大，党在治国方面的这些经验，值得企业及个人借鉴及学习。

具体的目标及策略都有了，实现的流程或分阶段目标是什么？

第一步目标，1981 年到 1990 年实现国民生产总值比 1980 年翻一番，解决人民的温饱问题，这在 20 世纪 80 年代末已基本实现；第二步目标，1991 年到 20 世纪末国民生产总值再增长一倍，人民生活达到小康水平；第三步目标，到 21 世纪中叶人民生活比较富裕，基本实现现代化，人均国民生产总值达到中等发达国家水平，人民过上比较富裕的生活。

（三）遇事培养方案习惯

我们常说"三思而后行"，在我看来"三思"就是按照"纵横矛盾"分析法从纵向、横向及事物本身三方面去分析，针对问题要至少有三个解决方法，然后根据"原则"选定最佳的一个，形成"最佳方案"。我把这个"三思而后行"的过程叫"331 方案"

要想养成制订方案的习惯，就得首先打破一个旧的习惯——因循守旧。

太多的人是不爱动脑筋的，只要现在的办法能解决某个问题，很少有人再去想换个别的方式是不是也能解决问题，不去想现在这个办法是不是最优的，更没有想有没有更好的解决方法。

换种方式解决常见的问题就是打破因循守旧的开始。我们回家时，大部分人通常都只走一条最熟悉的路，但如果你仔细分析一下，其实回家的路有很多条，尝试走不同的路，你可能就有意外的收获。不同的路至少有不同的风景，还有可能找到一条回家最快的路，回家更省钱的路。当某条路通行受阻时，你的脑海中立即就有备选方案，根本不需要所谓的急中生智。

说话也是门艺术活，表达同一个意思时，不同的表述方式就会产生不同的效果。如这三句话：你是最不要脸的；你要是天下第二不要脸的，没人敢称第一；见过不要脸的，没见过你这样不要脸的。第一句就显得很平常，后两句因通过曲线表达，就显得很好笑。

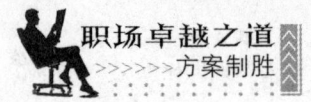

　　每一次在我们面对一个问题时，在时间允许的情况下，都要逼着自己最少要想出 3 个解决办法，渐渐地我们便能养成多方法解决问题的习惯。

　　一次和朋友一家三口在一家餐厅里吃饭，朋友家的孩子叫小明，男孩，6 岁了，比较好动。席间小明突然在妈妈边上闹，说要吃蛋糕，大家很奇怪，孩子怎么突然会有这个想法，桌上的饭菜够丰富了。妈妈问为什么想吃蛋糕？小明用手指了指，原来离我们不到 3 米远两位女士的餐桌上正摆放了一个生日蛋糕。买点普通蛋糕吧，小明还不同意，必须要有奶油的。可如果真买了一个生日蛋糕吧，小明也吃不了多少，简直是个浪费。父母即使想买吧，还得去很远的地才能买到，影响大家吃饭，就和小明说大家吃完饭再去买，可小明就是闹，非要现在就吃，现在的孩子，那可是小皇帝。我当时看到这情形，就觉得出去买蛋糕给小明只是解决问题的一个办法，问题的实质是"拿到蛋糕"，应该还有别的办法，既然身边就有蛋糕，何不就地取材？于是问题就变成了如何把身边的蛋糕弄到手了，给不给蛋糕的决定权在寿星，问题就转变为解决人的问题了，对于这个陌生的寿星来说，解决人的问题靠人的共性来解决。我说："小明，想吃蛋糕是吧？按叔叔说的去做，保证你能吃上蛋糕。"小明说："怎么办？"我说："你到那位阿姨那里大声说阿姨生日快乐，然后眼睛就盯着桌上的蛋糕不动，那位阿姨肯定会给你块蛋糕吃。"小明说："如果阿姨不给怎么办？"我说："阿姨不给我现在就出去给你买一盒蛋糕回来。"小明在大家的鼓励下，三番五次犹豫之后，终于鼓足勇气跑到那位阿姨面前按我说的做，接着小明的妈妈也过去了，说了下原因，那位阿姨非常高兴地给小明一大块蛋糕。小明能吃到蛋糕这件事情，就是充分地运用了心理学的"互惠原理"及成年人都很喜欢小孩这两点。那位寿星得到了陌生人的生日祝福，自然非常高兴，小明得到了免费的蛋糕并锻炼了勇气，大家不用出去满世界买蛋糕，皆大欢喜！

　　一个人如果能在职场中熟练地运用基本哲学（系统论、变化论、矛盾论及心理学）的知识，就能实现用最佳方案解决问题，就能达到生活艺术化的境界——《中庸》说："喜怒哀乐之未发谓之中，发而皆中则谓之和。"喜怒哀乐皆未发不就是保持心态稳定吗？有喜怒哀乐却又不过分，达到了和，人人彼此都和，不就达到了和谐的世界了吗？

凡事皆有方案，时间久了，我们就能储存大量的方案，等到处理一些大的困难时，很多方案甚至都能直接套用，省去了很多考虑的时间，也提高了我们处理问题的能力。

（四）完善方案，考虑异常

制订方案后，一定要具备"备异"思维，也就是在执行既定方案时，万一某个环节出了异常，我们该如何应对，而应对的最好办法，就是对异常情况有准备预案。

在日常生活及工作中，当我们制订完一个方案后，就要考虑目前方案中那些关键因素及易出现问题的因素，并针对性地制订预备措施。例如我们准备从北京飞往上海参加一个重要的会议，其中机票已定。这件事情包含的前提条件至少有两个：一是本次航班不会取消；二是飞机即使晚点，也能在可接受的时间范围内到达上海。可这两个前提条件都不是我们可以控制的，而我们为了保证结果的实现，必须要考虑的是，万一本次飞机航班取消，还能乘坐其他航班或高铁到上海，保证能准时参加上海的会议。

因此，当方案制订完毕后，需要全过程通盘考虑一下，找出容易出现异常的部分，并增加备份，以应对可能出现的差错，保证事物按照预定的轨道前进，做到稳操胜券。

以下是一个以举办公开课的工作流程为案例的方案表，供参考。

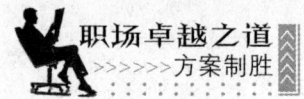
表6－1　举办"领导力"公开课实施流程

公开课方案									

目标	1.7月13号举办"领导力"公开课，参会人员不少于30人（5人来自培训公司，5人来自终端客户），预算不超过1万元； 2.产生5个意向客户，成交2天课程。
原则	实效、方便、极致！ 1. 实效：课程内容有用； 2. 方便：授课地点靠近地铁站； 3. 极致：追求极致，学员能享受到最人性化的服务。 （课程与客户是主要矛盾，其中客户是主要方面，能否吸引客户过来，课程的吸引力是第一位的，其次是交通的便利；客户来了之后，讲师的讲解是第一位的，极致人性化服务是第二位的。）
解决思路	1. 选择授课能力强的讲师； 2. 设计精美的邀请函； 3. 电话、邮件邀约老客户； 4. 网站、微信、QQ发布信息； 5. 熟人介绍。

具体流程	阶段	项目	具体事项	责任人	关联人	备异	月份 6 23	24	26	27	28	7 1	2	3	4	9	10	11	12	13	14	15	8 15
	课前准备	定时间	1. 与赵老师确定上课时间、教室要求； 2. 与赵老师沟通课程要点、培训时长、是否打印课件、现场辅助材料准备； 3. 与培训教室沟通	李老师		如赵老师来不了，备用讲师为王老师		■															
		邀请函	1. 设计邀请函、报名回执； 2. 网站、微信发公开课信息。	李老师					■														
		邀约	电话、短信、QQ、QQ群、邮件邀约（确定相关文稿）	李老师	各业务顾问				■	■	■	■	■										
		定场地	申请经费、确定培训场地、交押金	李老师	财务经理	确定备用场地									■								
		确认人数	设计确认函	李老师											■								
			与客户确认参加，并发送确认函	李老师	各业务顾问	如果人员不够30人，邀请其他非目标客户人员参加									■								
			汇总签到表	李老师													■						

160

续　表

具体流程	阶段	项目	具体事项	责任人	关联人	备异	6					7											8
							23	24	26	27	28	1	2	3	4	9	10	11	12	13	14	15	15
		公开课物品	打印课件	李老师												■						
			购买水和笔、文件袋	李老师													■					
			设计及打印签到表、桌牌、人名、评估表	李老师													■					
		布置现场	1. 摆鱼骨形状；2. 测试设备。	李老师															■			
	课程实施	实施	1. 发短信确认听课人员；2. 携带易拉宝、公司宣传材料、签到表、桌牌、人名、评估表、课件；3. 现场布置签到台、名片箱，整理资料，安排暖场音乐；4. 开场主持；5. 观察学员反应；6. 拍照与摄像；7. 与学员沟通课程效果；8. 送别老师及重点客户；9. 交场租费，要发票。	李老师	各业务顾问	多备一台笔记本、投影仪、激光笔、手持麦克风																
		实施总结	1. 汇总评估表；2. 总结课程实施；3. 确定重点意向客户。	李老师																	■	
总结跟进		跟进	1. 确定跟访方案；2. 确定需电话或见面沟通的客户；3. 实施。	李老师	各业务顾问																	■
		整体总结	总结本次是否完成目标，得失	李老师																		■

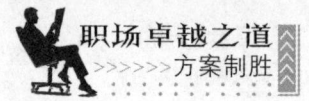
第四节　方案执行阶段——坚定执行迈向目标

一、时机准——蓄势待发顺势而为

方案拟定妥当，还需考虑实施的时机，何时开始实施方法及方法中的每一步该何时启动，都是一个技巧性的问题。时机对了，事半功倍，时机不对，事倍功半。尤其是涉及到方法中最关键一步的时候，时机通常都是到最后摊牌，可以实现目标的最佳时刻，在战争中就是给敌致命一击的时刻。

什么是时机？下面这个故事能给我们些启迪。

一次下了一场非常大的雨，洪水开始淹没城市。一个神父在教堂里祈祷。眼看洪水已经淹到他的腰了，突然一个救生员开着小艇对神父说："神父！快！快上来，不然洪水会把你淹死的。"神父就说："不！我要守着我的殿堂，我深信上帝会来救我的。"于是，救生员很无奈地离开了。

过了不久，洪水已经淹过神父的头了，神父只好勉强站在桌子上。这时，又有一个警察开着小艇过来对神父说："快！快！快上来，不然洪水会把你淹死的。"神父又说："不！我要守着我的殿堂，我深信上帝会来救我的。"于是，警察也很无奈地离开了。

又过了一会儿，洪水已经把教堂淹没，神父只好抓着十字架。这时，一架直升机缓缓开过来，丢下绳梯之后，飞行人员大叫："神父！快！快！拉着绳梯爬上来，不然洪水会把你淹死的。"神父还是意志很坚定地说："不！我要守着我的殿堂，我深信上帝会来救我的。"于是，直升机也很无奈地离开了。

但是，洪水还是一直涨，一直涨，神父很快被淹死了。神父上了天堂后，见了上帝就很生气地问："你是怎么搞的呀！这样你的子民还会相信你吗?"上帝就说:"你到底想怎么样嘛!我已经派了两艘小艇一架直升机去救你了!难道要航空母舰你才坐呀?"

时机也就是某个时刻出现的机会,在这个时刻能极大地促成目标实现的一个因素出现了,特点是看不见摸不着,稍纵即逝,基本没有第二次,过时不候。神父的问题是机会就在眼前,可他根本没有把它当作机会,以至于让机会一而再地白白溜走,让小命也白白溜走。只要出现了可以实现目标的机会,就果断地抓住。事业有成者多是善于抓住机会的人。

出现在神父面前的机会是自然出现的机会,也有通过自己创造而出现的机会。

周郎火烧赤壁,就是在和诸葛亮施展各种招数之后,基本具备了攻击曹操的条件,万事俱备,只欠东风。东风不出现,火攻的时机就不好。东风出现时,周瑜果断地开始火攻,一举击溃 80 万曹军。周瑜属于不断地创造机会并抓住了机会的人。球星马拉多纳、罗纳尔多及梅西都属于这种球员,他们在"前有追兵,后有堵截"的情况下,过五关,斩六将,于万军中直取对方球门,造就了许多让人津津乐道的经典进球。

甲正在与他的一个朋友乙在商店里购物,突然,有两个强盗闯进来抢劫,当强盗开始挨个搜查顾客的腰包时,甲突然觉得他的朋友乙在轻轻地捅他,并悄声说:"拿着这个。"甲说:"别给我手枪,我可不想当英雄。"乙:"快拿着吧,这是我欠你的二十五元钱。"

乙就是个很会讨巧抓机会的人,欠甲的钱必须得还,如果现在不还,待会儿就被强盗全抢走了,还不如现在把钱还了,自己少损失点。乙的做法虽为人不齿,但至少表明乙是一个精于算计、善抓机会的人。

在职场里,比方一个员工想加薪,如果公司效益不好且上级心情不好的时候,他与上级谈加薪,多半成功不了。而上级心情好的时候,再开口要加薪,成功的机会就大多了,尤其是在公司效益好时,这种成功的几率会更大,这就叫把握好了时机。

二、行动灵——积极主动随机应变

"行动灵"原则包含四层意思:

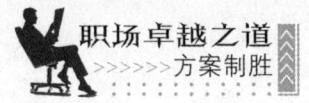

（一）目标关注，积极主动

1. 积极行动，保持主动

面对困难，有一条很重要的指导原则："积极主动"。所谓的积极主动，就是首先要积极地采取行动，同时要在采取行动过程中，保持自己的主动，如处于被动地位，要善于化被动为主动，否则就是彻底被动了。

即使心静如水，胸有诸葛在世之妙计，口号喊得震山响之决心，没有行动，一切就如空中美丽楼阁，是胡扯，是扯淡，根本就实现不了。寒号鸟的故事可以很好地说明这点。

山脚下有一堵石崖，崖上有一道缝，寒号鸟就把这道缝当作自己的窝。石崖前面有一条河，河边有一棵大杨树，杨树上住着喜鹊。寒号鸟和喜鹊面对面住着，成了邻居。

几阵秋风，树叶落尽，冬天快要到了。

有一天，天气晴朗。喜鹊一早飞出去，东寻西找，衔回来一些枯枝，就忙着垒巢，准备过冬。寒号鸟却整天飞出去玩，累了回来睡觉。喜鹊说："寒号鸟，别睡觉了，天气这么好，赶快垒窝吧。"寒号鸟不听劝告，躺在崖缝里对喜鹊说："你不要吵，太阳这么好，正好睡觉。"

冬天说到就到了，寒风呼呼地刮着。喜鹊住在温暖的窝里。寒号鸟在崖缝里冻得直打哆嗦，悲哀地叫着："哆罗罗，哆罗罗，寒风冻死我，明天就垒窝。"

第二天清早，风停了，太阳暖烘烘的。喜鹊又对寒号鸟说："趁着天气好。赶快垒窝吧。"寒号鸟不听劝告，伸伸懒腰，又睡觉了。

寒冬腊月，大雪纷飞，漫山遍野一片白色。北风像狮子一样狂吼，河里的水结了冰，崖缝里冷得像冰窖。就在这严寒的夜里，喜鹊在温暖的窝里熟睡，寒号鸟却发出最后的哀号："哆罗罗，哆罗罗，寒风冻死我，明天就垒窝。"

寒号鸟是可悲的，但这种悲剧是由谁造成的，难道是因为天寒么？表面上看是这样的，但寒号鸟的悲剧能否避免呢，显然是可以的！如果所有鸟儿都被冻死了，那说明天气的寒冷已经超出鸟类的御寒能力，那么寒号鸟的死也就无可厚非，而邻居喜鹊的安然无恙就说明寒号鸟的死实际上只能怪自己了。

首先，它贪图享受。今朝有酒今朝醉，哪管明日剑割头！从不思考未来，更别提未雨绸缪了，对喜鹊的建议嗤之以鼻。

其次，它决心不大。在第一次切身感受到寒冷的威胁后，发出了"明天就垒窝"的决心，这个誓言是典型的停留在"我想要"的水平上，也没有包含如果不成将会受到什么惩罚的内容，何况明日复明日，明日何其多；即使在经历了第二次寒冷煎熬冻得快死之后，所发出的最后哀嚎仍然没变，依旧停留在"我想要"的水平上，没有任何提升。

再者，它没有行动。它的态度决定了它的行动，在艰难的熬过一夜的寒冷，感受到白天的温暖后，好了伤疤忘了疼，没能战胜自己的惰性，第二天依然我行我素，没有采取任何行动。夜幕降临，寒号鸟没能挺过第二夜寒冷的袭击，冻死了。像这种特点的寒号鸟，可真是"它不下地狱，谁下地狱"，否则没天理了。人也一样，懒惰只会让人越来越懒，最后都懒得懒了，都懒得活了。

寒号鸟的悲剧只能让人哀其不幸怒其不争！

"早起的鸟儿有食吃"，"会哭的孩子有奶吃"，这两句俗语都说明了"积极"的重要性，态度要积极，行动要积极，这样才能"有的吃"。虽然"积极"不要一分钱，每个人都能拥有，实际上"积极是种稀缺资源"，主要原因是因为人的"惰性"，为了能有一个更美好的明天，要敢于向自己的不足宣战，通过奖惩，培养自己"积极"的习惯。

《孙子兵法》曰："故善战者，致人而不致于人。"在解决困难过程中，有了"积极行动"还不够，还应在行动中尽量保持"主动"。

了解网球比赛的人应该非常清楚，谁先发球，谁的赢球概率是最大的。原因是发球者掌握主动，对于防守方，首先要判断对手落点，之后展开移动，因网球速度很快，防守方如果脚步慢点，就很难接到球；即使接到球后，也基本上是非常被动地仓促还击，回球质量不高，没法给发球方

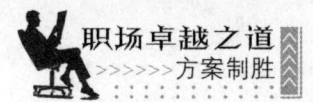

造成威胁，而发球方则能比较从容地继续攻击，直到取胜为止。

因此，在积极行动中，还应尽量保持主动，用你现有的或能调动的所有资源，主动出击。如果一直被困难牵着鼻子走，你只能疲于应付，没法发挥自身的优势，还很有可能被带到死胡同。而一旦你积极主动，你可以充分发挥自身优势，避实而击虚，专攻困难的薄弱环节，直至打倒困难。

2. 关注目标，勿忘初衷

执行既定方案时，常会犯一种错误：把手段当目标。原因是陷于具体事务之中，而忘记了做事情的真正目标。

A 君在马路边闲逛，无意间喜欢上了 B 君卖的字画，标价 9 两纹银，价格挺公道，于是 A 君决定买 5 幅，就交给了 B 君 45 两纹银，可 B 君不同意，说需要 46 两纹银。A 君很纳闷，并说我堂堂一北国才子，5 乘 9 就是 45，肯定没错。B 君一听，就说我堂堂一南国才子，5 乘 9 就是 46。两个才子各不相让，杠起来了，引得众人围观，交通堵塞。于是二人决定报官，由县太爷来决断。大堂之上，听完 A 君与 B 君的陈述，县太爷当即下令，赏 B 君 20 大板，并责骂其不会基本算术。可怜的 B 君被打得皮开肉绽，A 君心里乐开了花，心想该打，让你傻。A 君正美着呢，突然县太爷说，赏 A 君 20 大板。A 君赶紧说我冤枉啊，我算的总价钱 45 是对的啊！县太爷说，你傻啊，你不会分 5 次买，每次付 9 两纹银就行了，何须纠缠于 45 与 46，还搞得交通阻塞，妨碍大家通行。

A 君本来的目标是买 5 幅画，却一直对总价钱进行争论，既没有采取变通措施，缺少"变化"的习惯，也忘记了自己的初衷，结果导致自己还挨了板子。

职场中有人总希望自己钱越多越好，却忘了挣钱的目的是使自己快乐，而达到快乐的方法有很多种，又何必纠结于钱的多少。

把"手段当目标"是一种"迷失"，做事时，需要经常关注自己的目标，针对目标想办法，而不是被某个具体"手段"迷住了双眼而偏离目标。

（二）好的开始，成功一半

万事开头难！在我们勇敢地迈出第一步后，还需要尽量保证一个"好的开始"，中国有句俗话叫作"好的开始是成功的一半"。

从信心上来说，"好的开始"不仅能增强自己解决问题的自信，也能增强别人的自信，这样获得的支持和帮助就更多，也就更容易实现最终目标。

从过程上来说，"开始"是"过程"的第一步，"好的开始"就意味着开局良好，既为下一阶段目标也为最终结果的实现，打下了一个坚实的基础，如同盖房子似的，只有夯实了地基，才能在上面建成百年不倒的高楼大厦。

所以说，做事要尽量来个"开门红"，好的开始就等于成功了一半。

（三）不动如山，动如雷霆

行动是在遵循规律的情况下，需静时，不动如山，需动时，其疾如风。但解决问题的整个过程所花费的时间，要尽可能地少，孙子兵法也讲究"兵贵神速"，毕竟解决问题的过程中是要不断地产生成本的。"行动快"使目标实现变成可能，其次能减少成本，如果有竞争对手的话，"行动快"还能让自己取得竞争的先机，进一步增加成功的概率。"行动快"会加快问题的解决，便于应对未来不期而至的危险，增加抗风险能力。

但在实际工作中，绝大部分的事情都不需要火急火燎地去做，急是因为缺乏统筹规划，把不急的事变成了急事。急急忙忙地做事，本身就心不静，容易惊慌失措乱了分寸，态度上虽然很重视，但很难真正沉下心去仔细做，这样顶多能把事情做好，而这已经是烧高香之后的小概率事件，做不好就同日出东方那样正常，想做到优秀那是痴心妄想，想做到卓越，那是痴人说梦。

俗话说"慢工出细活"，只有心静了，才能真正全神贯注，心无杂念，分析问题更全面，考虑得更周全。认认真真对待自己的工作，不急于求成

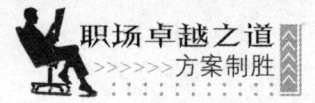

地去做，精雕细琢精益求精才能出精品。

所以说，要注意静与快的结合，只有在迫不得已的情况下才尽量快，绝不能事事都急于求成，盲目地追求一个"快"，否则欲速则不达。更多的时候需要我们静下心来，从容不迫地去开展自己的工作。

（四）践墨随敌，以决战事

方案一般都是在事先制订好了的，是死的，可现实是多变的，是活的，拿死的去对付活的，吓唬人还行，解决问题可就肯定不行了。必须要发挥人的积极主动性，根据实际情况，实事求是，合理地调整方案，找到最佳解决途径，以适应不断变化的环境，真正做到对症下药，实现药到病除。

明明的父亲从不让孩子在吃饭时说话。一次吃饭时，父亲见到明明很想说话的样子，便对他说："孩子，你想说什么？""爸爸，苍蝇好吃吗？"明明问。"不！"父亲说，"你干吗问这个？""刚才碟子里有一只，您把它咽下去了。"

明明就是过于死板，在明知有苍蝇的情况下，依然害怕父亲的戒律，而没有说，父亲也在不知情的情况下吃了一只苍蝇，最要命的是后来明明又告诉父亲了，估计父亲会呕吐不止。

一只老鼠带着儿子散步。在路上，老鼠给儿子讲"明明看爸爸吃苍蝇"的故事，儿子听完后，若有所思地点了点头。这时一只小猫突然出现了，老鼠拉着儿子撒腿就跑，小猫紧跟其后追赶。眼看就要追上了，老鼠一看是只小猫，没经验，不同于老猫，好对付。于是，它赶紧学着狗的样子，蹲在地上对着小猫狂吠。小猫一听，心想今天咋就眼花了呢，怎么迷迷糊糊追赶起狗来，找抽呢！于是吓得掉头就跑。老鼠一抹额头上的汗，还有些惊魂不定，儿子对着父亲做五体投地状，说："爸爸，言传不如身教，今天我算彻底明白随机应变有多重要了！"

老鼠在千钧一发之际，仍能急中生智，说明在危难之时心还是比较静的，知道对手的情况，明白小猫没经验，同时还知道猫怕狗，想吓唬对手，就得"装狗"骗小猫，摆狗的造型，说狗的语言，装得极其逼真，以至于计谋成功，逃过一劫。老鼠的随机应变能力让人惊叹，当然这能力还要建立在自身实力上，如果不会一门外语"犬吠"，又怎能骗得了小猫呢？随机应变说起来容易，做起来就不那么容易，需要打下扎实的基本功，然后能灵活地应用这些技能。

随机应变如果全靠急中生智，那就有些邪乎，不靠谱。要想达到"随机应变"，要做到以下三点：

首先，在制订解决方案时，要有明确的"指导原则"，为"随机应变"提供决策的依据。

其次，在制订方案阶段，所想的办法要足够多，或者平时积累了很多的方案，便能很好地应对后来的变化。开始所想的很多办法，都是有一定的实施条件，而行动前优中选优所定的方案，只是对当时的情况是最好的。当情况变化时，其他次优方案就有可能变成最好方案。

最后，要以"大局导向"为指导原则，以实现"根本目的"为目标，随时关注现有环境，实事求是地分析现有环境，合理变通，寻找最优方案，达到《孙子兵法》中所说水的境界：水无常形，避高趋下，因地制流。

时为386旅参谋长的周希汉，受命于旅长陈赓组建左翼支队，带着新任政委陈志刚，赶赴石拐镇高坪，执行突破鬼子三路包抄的任务。行军途中，发现敌情有变，鬼子主力转向羊儿岭。又探知，刘、邓前指总部正在那里。邓小平担忧要唱"空城计"，刘伯承则说"鬼子可不是司马懿"。危急关头，周希汉当机立断，把进军方向从高坪转至羊儿岭。这时，持陈赓"执行命令，违者斩"手谕的陈政委百般反对、阻挠，而陈赓接到刘、邓救急指示，要改变成命却联系不上周希汉。周希汉决定"将在外君命有所不受"，不理会陈政委的干扰，毅然带队阻击鬼子主力，终于解救了刘、邓前指及后勤机关。

周希汉的机智灵活是典型的随机应变。他大局意识非常强，明白直接上级陈赓的命令——"石拐镇阻击"，只是"前指保卫战"大局中的一个

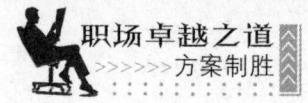

局部，"最终目的"是保护陈赓的上级——身在羊儿岭的刘邓前指。当了解到鬼子主力转向羊儿岭时，周希汉果断决定改变原有行军路线，奔赴羊儿岭进行阻击，虽然陈政委拿出陈赓手谕阻挠，但周希汉不为所动，冒着掉脑袋的风险，关键时刻"将在外君命有所不受"，以实现"根本目的"为目标，灵活应变，保护了刘邓前指的安全，周希汉的大智大勇不得不让人佩服。

"行动灵"是"方案"付之于实践的关键，首先要积极行动起来，尽量处于主动地位，保证一个好的开局，行动中要注意根据实际情况，灵活地调整"方案"，确保问题的解决。

第五节　方案结束阶段——笑看结果总结得失

一、总结勤——总结就是成功之父

（一）总结之前先盘点

在"变化论"里有两个论点：终点就是起点；全部回到起点。因此，解决每一个问题时，我们要明确我们的终点，如果你确定的终点不是起点，那就说明你的"终点"还在路上；事情结束时，你要盘点，确定所有相关因素都回到起点，你的工作才算是彻底完成。

努力的结果有两种：好与坏。结果好时，你有可能得意忘形；结果差时，你可能灰心丧气。这两种心情都会严重影响你去盘点。得意忘形，过早庆祝，忘了盘点，会导致美中不足，最为严重可能会功亏一篑而前功尽弃；灰心丧气，自暴自弃，不愿盘点，会导致错上加错。

盘点所有相关因素都回到起点是做事的最基本的要求，无论成功与失败，都需盘点，盘点之后再去总结。

（二）为何要总结

毛主席说过："我们共产党就是靠总结经验吃饭的。"由此可见总结的重要性。

从事某项工作，尤其是重大的工作，得先学习相关书籍及资料，总结别人的经验、教训及规律，完成初步的知识及理论积累，以便于指导后续的实践活动；过程中实施自己的方案时，随时观察事物有没有按找自己期望的方向发展，如有问题，及时总结，迅速调整方案，以便于实现预定的目标；事情结束后，无论成功与失败，都要仔细地总结，丰富完善自己的理论，以便于更好地指导下一次的实践活动。

人做事的结果无非是"失败"与"成功"，失败后需要总结，几乎没有异议。如果失败是成功的妈妈，那么总结是成功的爸爸。光有失败这个妈妈，没有总结这个爸爸，就相当于"孤阴不生，独阳不长"，生不出成功这个儿子。从失败中总结经验教训，防止在同一个地方第二次摔跟头，以便未来能成功。

失败像一桶冰水从头浇到尾，给人一个透心凉，让人心沉下来。失败的痛苦让人不能忍受，再也不想再经历一次，于是便痛定思痛，仔细思考为什么会失败，失败会让人变得聪明及成熟起来，正所谓"吃一堑长一智"。

失败后需要总结，成功后同样需要总结！

成功的喜悦让人洋洋得意，忘乎所以，心气浮躁，很难去分析成功的具体原因，而多数成功都具有很大的偶然性和特殊性。我们需要总结成功的原因是什么，成功的环境是什么样的，其中有没有侥幸的因素，自己的成功是一种偶然还是必然，把这种成功的经验转化为一种"规律"，用这种"规律"来指导我们连战连捷，避免"经验主义"。

经验是从多次实践中得到的"知识或技能"，这种知识和技能必须严格界定其所适用的具体环境，经过多次试验，运用"纵横矛盾"思维，搞明白其互相作用的原理。只有当一种结果在特定的环境里重复出现的时

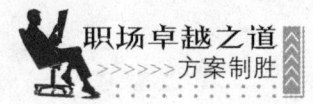

候，"经验"才上升为"规律"，才可放心大胆地借用。而实践中的环境是千变万化的，一旦超出特定的范围，或范围内的因素出现重大变化时，就得小心注意，万不能生搬硬套。经验是上升到规律的必要准备，没有上升到规律的经验，都需要继续提升，只能借鉴，绝不能拿经验当规律去指导实践活动，否则就是拿根茅草当成针，拿着鸡毛当令箭，不好使，坑人坑己。

职场中有些规律，可能没有像化学反应那样精确地出现，但只要形成高概率事件，都可以认为是规律，高概率事件成功的可能性就大大增加。

无论是成功还是失败，无论大事还是小事，无论别人的还是自己的经验教训，都需总结。

我们做事通常是用"理论"来指导"实践"，在实践中检验理论，在实践后就需总结理论的可靠性，进而完善理论，然后以更完善的理论来指导新的行动，整个过程就是毛主席在《实践论》里的提法：理论——实践——理论！

总结是思维进步的关键，是认识能力提高的关键。没有总结，你的经历就不是你的财富，仅是一个经历，甚至会成为你的包袱和危害，因为经验会害了你。没有总结，就不知道成功和失败的真正原因，处于迷迷瞪瞪之中。也只有通过总结，今天的我才能把昨天的我踩在脚下，保持持续进步，最终得偿所愿。

（三）如何去总结

总结必须到位，否则就相当于你掌握的是一个"坏规律"，而"坏规律"只会导致"恶性循环"。在我看来，做完一件事情，总结至少要从"内心静、信心足、决心大、态度正、情况明、目标对、原则好、方法优、时机准、行动灵"这10方面进行全面总结。

1. 失败后的总结

说有一A君发明了"时光机器"，可把人带回到过去，B君听到这个消息后，觉得发财的机会来了，古时候的一个青花瓷，在那个时候肯定不值钱，现在都能卖到上亿的价格。于是B君找到A君，说我想回到过去，A君说搭乘这台机器需要200万费用，且还可能有去无回，有生命危险。B君听了之后，想了想，富贵险中求，于是就变卖了家产，并东挪西借，终于筹够了费用。B君变得一无所有，搭乘时光机器时，顺手带着自己最后一件物品，一个家用电器——手电筒，到了古代。B君见到了国王，并介绍展示了手电筒的好处，国王大为惊奇，想据为己有，便说只要你愿意交换，你可在国库里选任何一个宝贝。B君非常高兴，选了一件最值钱的物品，回到了现在，拍卖之后，发财了，发大财了。

C君看到这个情况，也想效仿B君，既然他能行，我也能办得到。便变卖所有家产，借了很多高利贷后，凑足了费用，然后带着一个手机，搭乘时光机器，也回到了古代。见到国王后，说这个东东能及时通话，边关几千里有什么敌情，国王能立即知道，且手机还能玩游戏，拍照，功能非常多。国王想立即交换，于是把C君领到了国库，说你可任意挑选一个宝贝，但有一个除外，就是箱子上面写着"国之利器"的那件宝贝。C君听说之后，心里一阵狂喜，这宝贝还不比B君带回的宝贝值钱多了，非它莫属了。趁国王不注意，就以迅雷不及掩耳盗铃之势，飞快地抱起"国之利器"，赶紧登上时光机器，跑回了现代，国王的卫兵追都没追上。回家之后，C君怀着无比激动的心情，小心翼翼地打开了"国之利器"，发现里面放着一把手电筒。

从这则笑话，我们不难看出，C君首先是见到"国之利器"后"狂喜"，心不静了。他在"信心"方面还是不错的，觉得B君能做到，自己就能做到；决心是很大的，把自家房子都卖了，决心不可谓不大；态度上也算是高度重视，但缺乏过程的检查与确认，导致他根本就不去想弄清楚，这宝贝到底是什么，只想着尽快占有这个宝贝，因情况不明，导致所定的目标就错了，这是典型的"利令智昏"；原则是"利益最大化"，因为他想要个最值钱的物件，方法是很对的，国王声明不给，就只能用抢的方法了；时机也很准，趁国王不注意的时候，才下手；行动也很快，迅雷不及掩耳盗铃之势飞快地抱起，赶紧登机，国王的卫兵都没追上，他们可都

是大内武功高手啊,那个跑步速度比刘翔也差不了多少。结果冒着生命危险,花费巨大的费用,却用个"手机"换回个"手电筒",着急忙慌地把该国唯一的家用电器给带回来了。这不是吃饱了撑的吗?看来,C君真该好好总结了!

心不静,导致态度不正;态度不正,导致情况不明;情况不明导致方向上的错误,也就是从一开始就错了,虽然决心大、原则好、方法优,时机准、行动灵,也就是执行力很强,结果一个巨大的错误目标,愣是被超强的执行力给实现了,可见执行力也是个矛盾体,双刃剑,既能实现正确的目标,也能实现错误的目标。因"心态不静"这个问题,所带来的一系列后果是很严重的,直接导致后面更大的问题,不仅不能解决问题,还会使问题变得更糟。这虽然是个笑话,在真实生活里,人确实容易犯这种错误。

所以说解决问题是一个系统工程,任何一个环节都要注意,尤其是前四步。内心静是成功解决问题的首要因素,信心足可以藐视一切困难,决心大可以使意志坚定,态度正是做好工作的必要条件,内心静决定是否有信心,有信心才能下定决心去做好某件事,而做好某件事就必须要态度正,态度正决定着情况能否明了,情况明决定目标的对与错,目标对也决定了原则及方法的好与坏,后面时机准、行动灵就是执行力的问题,时机准决定方法的实施能否事半功倍,行动灵关乎成本能否降低,也关乎能否及时抓住机会,总结勤决定了能否真正掌握事物发展变化的"好规律",而"好规律"决定了未来的"良性循环"。

2. 成功后的总结

一位探险家在森林中看到一位农夫坐在树桩上抽烟斗,于是他上前打招呼说:"您好,您在这儿干什么呢?"

农夫回答:"有一次我正要砍树,但就在这时风雨大作,刮倒了许多参天大树,这省了我不少力气。"

"您真幸运!"

"您可说对了。还有一次,在暴风雨中闪电把我准备焚烧的干草给点着了。"

"真是奇怪！现在您准备做什么？"

"我正等待发生一场地震，把土豆从地里翻出来。"

有人成功了，甚至根本就没明白自己为什么会成功，成功的原因到底是什么，主观努力占多少，运气占多少，客观巧合占多少，等等。这位农夫是可笑的，因为地震能把土豆翻出来，肯定也能把你的房子震倒，得不偿失。而同样可笑的是守株待兔的农民，他根本就没有总结思考自己拾到兔子的原因是什么，拿一个经验来当指导原则，类似于一句经典的台词："猪撞树上了，你撞猪上了吧？"而这种成功就相当于瞎猫碰个死耗子，是个小概率事件，不具备长期可复制性。

成功后的总结其实和失败后的总结过程是一样的，在此不再详述。

再总结一下，解决问题的指导方针包含 11 大方面，其中"内心静、信心足、决心大、态度正、目标对、原则好、方法优、时机准、行动灵、总结勤" 10 大方面完全是个人能力及素养方面，与外界无关；而"情况明"也需要自己充分全面地认识问题，虽然事物之间的一些规律不以意志为转移，但我们可以认识并利用规律，从而促使问题的解决。可见解决问题最主要的因素是我们自己，"我"才是一切的根源。解决问题的 11 大方面看似很多，实际上前 4 项素养如果能融化到血液里，就成了一种习惯，遇到问题首先就从"情况明"来入手，"目标对"、"原则优"和"方法好"实际上就是一个方案，解决问题先形成一个方案，然后选择时机来实施方案，最终达到解决问题。

二、案例解读——如何过马路

下面以如何过马路为例，来说明这 11 方面在做事中的重要性。

过马路看似简单，实则不然！

大家可以观察一下，过马路的行人和车辆都很快，都好像其前方 10 米处有成捆的金钱，赶紧去抢，晚到一秒钟就没机会似的，是一个典型的百舸争流、万舟共渡的场面。而实际上马路口是个杀机四伏、危机重重的地

方，交通事故频发，其中车撞人的事故占很大比例。通常行人为抢时间，不按交通指示灯擅闯红灯者众多。据我观察，行人闯红灯者有时达到一半以上。闯红灯者通常具备的思维是：司机通常不会撞人的，会躲着行人的；看到车来了，我要么在马路中间停下来不走，要么我快速通过马路。这种思维模式典型是片面的，不系统的。他潜意识认为司机都是高度正常的，司机没有喝醉的，也没走神的时候，可实际生活中却有部分人漠视法规，醉酒都敢开车。开车走神或视线死角则是每个司机都难免的，走神是司机无法保持长时间的注意力绝对集中，视线死角是车子本身架构及前后左右行驶的车辆，挡住了司机的视线。况且司机中也有一大部分人是马大哈及技能不熟练的二把刀，俗称马路杀手，二把刀在紧急情况下，把刹车当油门是常有的事。有的司机驾照是买的，根本就没有经过专业的驾驶技能培训，全靠自学，拿着别人及自己的生命当赌注。每当我听到有司机在我面前，大言不惭吹嘘其自学成才的经历时，我都不寒而栗。从这里可以看出，如果你认为所有情况都是正常的，那只能说明你自己是不正常的。

过马路时，行人、车、司机、路面、红绿灯、空气等组成一个小系统，行人是主观要素，其余为客观要素，可控要素唯有行人自己，其余皆为不可控，而最易发生变化且能带来生命之危的就是司机和车，显然他们是主要要素，主要要素与行人构成了一对主要矛盾。行人把自己的安全寄托在司机无比正常显然是靠不住的，因为司机有走神的，有酒驾的，有无知的青年喜欢开快车拉风的，开车本身有视野盲角，车子有爆胎的可能，一旦爆胎，车子就可能失控而脱离正常的行车路线，车和司机有太多不可控的危险因素。行人把自己放在马路中间不走的，就等于把自己置于一个十分危险的境地；而如果采取自己快速通过，则又可能出现自己万一腿发软摔倒或因路滑摔倒等等，同样自己也有很多不可控的因素，路面有塌陷的可能，突然刮来大风以至于沙尘蒙住了人的眼睛等。既然这个系统中有这么多不可控的因素，"杯具"就可能发生。这个世界上只要是可能发生的事情，就一定会发生，只是发生的时间早晚及概率的大小不同而已。

"杯具"发生后，肯定是不可逆的，害人害己。受伤最严重的肯定是行人，司机的反应则各不相同，有把伤者送医院的，有驾车逃逸的，有把受伤严重的碾死的，有抛尸灭迹的，等等。就因为不愿意等待那一两分钟而闯红灯，而把自己置于一个风险极大的境地，实在是极为不值得。

和平时期马路是离死神最近的地方，黑白无常经常就在马路边办公，川流不息疾驰而过的汽车就是它们索命的主要手段。汽车撞死一个人就像人碾死一个蚂蚁一样容易，蚂蚁被踩死是因为它们不懂得趋利避害，人是智慧动物，理应知道哪里是安全的，哪里是危险的，但如果人的交通安全意识淡薄，几乎和蚂蚁一样。

记得大学刚毕业那年，我在郑州的一个十字路口等待通行。那时是公司的一个小职员，年轻气盛，肾上腺分泌量大，做事易冲动，喜欢特立独行，以此吸引别人的注意，显示自己是有能力的，这应该是年轻人普遍都有的特点。我紧盯着右边的交通信号灯，蓄势待发，根本没看左边是否有车过来，只待右侧红灯刚亮时，我骑着自行车如离弦之箭一样第一个冲出等待人群，就像比赛第一个起跑的运动员一样，自己挺得意。紧接着就听到一声凄厉的紧急刹车声，我反应也还算快，也紧急刹车了，一辆硕大无比的公交车刹住了，离我不到一尺的距离，吓出我一身冷汗，公交司机估计也心惊肉跳半天，对我吼道没长眼睛啊，我还骂了他一句，吼他不遵守交通规则。这是我成年后和死神距离最近的一次，几乎是零距离接触。即使这样我事后都没好好总结一下，总觉得是司机的错，我自己是遵守交通规则的，只是没看左边是否有车。当我慢慢明白马路上的风险及如何过马路时，每次想起这件事来都觉得后怕，也彻底感觉到自己的无知和愚蠢，如果公交车和自行车中有一个刹车不灵的，有个人就到阎王那里报到了。现在想想，交通意识淡薄，就相当于没长眼睛。就因安全意识不到位，一旦被车给撞死，亏大了，一切都白搭了。你曾经的学习成绩再好，却因为安全意识淡薄，考虑问题不全面，一命呜呼，父母含辛茹苦的养育，望子成龙的心愿，还有自己几十年的寒窗苦读，心中的雄心壮志，一切都化为乌有。没有报答父母和亲人的恩德，却带给他们无尽的伤痛，这应该也算不孝之子！

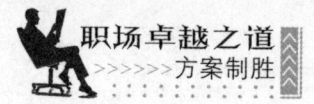

马路口是如此复杂、凶险，行人该如何安全地通过马路呢？

过马路的过程通常包括6个阶段：站在人行道上等待绿灯；绿灯亮后穿越自行车道；穿越顺行汽车道；穿越逆向车道；穿越自行车道；到达人行道。

解决问题的指导方针同样适用于指导过马路。

内心静：站在人行道上安静耐心等待绿灯，注意观察人行道上过往的行人、自行车及电动车，防止被撞及自己的随身财务丢失。红灯时间一般在1分钟左右，长的不超过3分钟，很快就过去了。如果心情烦躁，急于穿越马路，必然会导致自己铤而走险，勇闯鬼门关，闯关成功那是你福大命大，闯关未果那是咎由自取，正常。

信心足：很多人在这方面不是信心足不足的问题，而太足了，足到大意的程度。

决心大：一定要"安全过马路"，否则小命不保。

态度正：态度上高度重视，决不把过马路当儿戏。

情况明：明白过马路的风险；明白人行道上及自行车道上，都有逆行及顺行的行人、自行车及电动车；明白顺逆汽车道上都有逆行及顺行的车辆；明白马路口就是鬼门关，万不可轻心大意；明白什么是快，**安全到达目的地才是快**；明白车祸是不可逆的，后果是严重的；明白"宁走十步远不走一步险"。

目标对：最低目标是安全过马路；最高目标是情况允许下快速过马路。

原则好：安全第一，速度第二。

方法优：严格遵守交通法规，红灯停，绿灯行，每进入下一类型道路前首先要"左""右"都看一下有无急驰的车辆及行人，确认无危险后再迈开步伐，同时还要注意不要被对面过来的行人或车辆撞着，也不要自己撞着行人或车辆。

时机准：绿灯不亮不冒险过马路，确认无危险才行动。

行动灵：确认有风险时站在相对安全的位置上不动如山，确认无风险时，安全快速通过，到达安全地带，快速离开是非之地。

总结勤：总结自己是否严格按照前 10 条标准过马路。

在自己首先遵守交通规则的基础上，再防止被违规者撞上或自己成为肇事者，这样才是一个正确的、全面的、把生命掌握在自己手里的思维模式及行为模式。

看似非常简单的过马路，要想安全通过，居然都包含了《孙子兵法》的精华。再一想，把过马路当作一场每一个平民都要经历的"战争"，也不为过，甚至超过战争。

首先它们有共同点，都关乎生死存亡，都有那么多明枪暗箭不确定因素。而它们的不同点才是最要命的，一提到战争，大家都知道其利害关系，关系国家生死存亡，所以不是有能力的人，是绝不会让当将军的；过马路是人人都要经历的，而过马路最危险的是很多人根本没有意识到危险，根本就没有像对待战争那样，从一开始就很重视；过马路本来就是场常规战争，却长得不像战争，明明是头狼，长得却像头羊，欺骗性很强。可无论能力高低，人人都要"御驾亲征"，都是这场战争的将军，同时又是冲锋陷阵的兵，可谓一身兼三职。虽然指挥的人不多，却都要为自己及别人的生命负责。过马路与战争的不同点，是其超过战争的原因。想成为军事家，就先把大马路当作战场吧，在马路边上，你就是将军，安全通过，你就是胜利者。

我想，安全地过马路，就是一个很有效的方法和途径，去培养一个人正确的思维模式和行为模式。做好小事，是提升自己系统全面的思维能力及执行能力的一个很好的途径，是成就未来的必要准备。

第七章

卓越之心智

——心无碍事无碍

　　人和问题构成了一对矛盾，攘外必先安内，要想解决遇到的问题，首先解决自己的心理问题，使自己的心智模式也变得卓越。解决不了心理问题，就会极大地影响解决问题的能力和思维，不修炼好自身，就无法妥善地解决问题。

　　当你真正拿出方案去消除自己恐惧的事情时，你会发现不仅天未塌地未陷，反而天空更明朗，心灵更自由，道路更宽广，天地任我行，潇洒走一回。

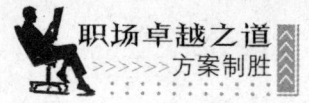

第一节　主动无畏 VS 担心恐惧

生来万事不惧的人应该很少，混世魔王希特勒被人称为天才的演说家，可在开始登台演讲时，依然心有恐惧，应该说恐惧是人皆有之的一种心理。

有恐惧很正常，可对恐惧听之任之，长期忍受它的暴虐，没有采取一点措施，就有点不正常，俩肩膀白扛一大脑袋，相当于"拿着金饭碗讨饭吃"。一直被困难压着，惧怕困难，是被动中的最大被动，应该积极地想辙，拿方案去对付困难，我们需要"积极主动"。

恐惧是自身存在的问题，需要用解决问题的思路去收拾它。面对恐惧，解决问题的"心理准备阶段"不再赘述，我们需要明白到底恐惧什么，恐惧的原因是什么。

恐惧的原因可分为两类，一是因自身能力不够，担心对付不了某项事情；二是对未知的或不能掌控的事情恐惧。

第一类问题常见的有做噩梦、不敢公众演讲、担心被人耻笑等等。一辈子担惊受怕，累不累啊。恐惧会严重影响自己潜力的挖掘，躲避是解决不了问题的，还不如干脆耍横，直面恐惧，拟订方案，勇敢地去尝试，爱咋地咋地，等你掌握相关的技能，就不用害怕了，活得也能潇洒点。小时候怕狗，那是因为没有掌握对付狗的方法；刚做销售时，不敢给陌生人打电话，那是因为脸皮薄，后来鼓足勇气去做了，也没什么，顶多就是被拒绝，仅此而已。人在江湖飘，谁人不挨刀！

曾经有段时间非常害怕夜里的噩梦，梦里常有人要揍我或拿刀砍我，每每让我夜半惊醒。噩梦也是很多人都害怕的，尤其是女性，黑夜给了我们太多的遐想与神秘，也增加了我们内心潜在的恐惧。对付噩梦，有人开灯睡觉，有人放本《金刚经》在枕头下，有人放个佛像，最夸张的有请和尚或道士做法事，以期降妖伏魔，而我开始是放了一把刀，希望刀能吓走妖魔鬼怪，无形中增加了心里的底气，睡得也比较踏实。可好景不长，噩梦重启，梦里遇到一拿枪的，刀肯定干不过枪，自己又被吓醒了。看来刀不是万能的，道高一尺，魔高一丈！比枪厉害的肯定是炮，可到哪去买炮呢？这玩意是军用品，也没地方买啊，能买也不一定买得起，买得起也没法放在家里或枕头下。如果买个炮仗放在枕头底下，不小心哪天爆燃了，自己还不自讨苦吃。再说了，你升级武器，梦中的妖魔也能，你有炮它就能有导弹，你有导弹，他就能有核武器，它升级装备起来可比你容易多了，几乎不受限制，看来升级武器这条路走不通。此路不通，另辟蹊径。现有武器只有刀，那就拿刀和对方拼了，没别的办法了，一味地退让也解决不了问题。于是我就闭着眼睛，多次模拟梦中遇到的情况，脑海中出现的是一个人拿着枪指着我，而我则拿起刀，猛朝对方砍去，宁愿战死，不愿吓死，如果胆敢再在梦里威胁我，拼死一搏。后来还真又在梦里遇到拿枪的了，梦里的我也真的拿起刀，准备战斗，并问你想咋地吧。然后这个梦就没法继续了，醒来后自己都觉得好笑，原来梦里虚无缥缈的魔，也不过尔尔，和现实中龇牙咧嘴、气势汹汹的狼狗都一个德性，欺软怕硬，还没交战就结束了，真是横的怕愣的，愣的怕不要命的。问题就这么解决了，从此噩梦很少骚扰我，即使有，因心中无惧，也不能称之为噩梦。拿刀去砍梦里的妖魔，可能有人会觉得残酷，佛教禅宗为了使人明心见性，有句名言："魔挡杀魔，佛挡杀佛。"脑子里或梦里的佛尚且能杀，更何况魔，杀它个干干净净。

消除第一类恐惧比较有效的方式，就是模仿你害怕的情景，然后拿出相应的解决方案，坚决执行，提升自己的心理抗击能力及相关技能，渐渐地恐惧之心就消失了。

有人对未知的未来感到担心，也有人对生命的终结感到恐惧，没有谁能准确预知所有未来，也没有谁能永生，这个恐惧只能靠改变自己的心态来解决。

对于生与死，不禁让人想起《大话西游》里的一句台词："生有何哀，

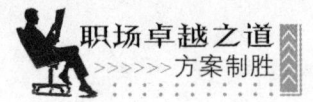

死有何苦!"基本的生存问题不用没事瞎操心,只要努力工作,温饱不是问题,吃不到肉咱就喝点粥,瞎家雀还有其存活的路呢!未来还没到来,又何必瞎担忧,有这闲工夫,还不如未雨绸缪,或者干脆不想,先把眼前的事情做好。生的有趣及精彩很重要的原因在于未来的不确定性,如果一切都一览无余,哪里还有什么惊喜与神秘可言,生命会变得索然无味。对于死亡的问题,人生自古谁无死,秦始皇炼仙丹都未能长生不老,对于不能避免的,又何必恐惧,况且谁又能说"死亡"一定是坏事?死是未来的事,我们需活在当下。生死不惧,海阔天空!

我们害怕的事情实际上就是我们心里的魔,手中有刀不如心中有刀,心中有刀不如奋勇挥刀,勇敢地拿起心中的刀,向魔的脑袋砍去。而你真正拿出方案去消除自己恐惧的事情时,你会发现不仅天未塌地未陷,反而天空更明朗,心灵更自由,道路更宽广,天地任我行,潇洒走一回。

第二节　行走正道 VS 死要面子

面子到底是个嘛东东?性质:无色无味,看不见摸不着闻不到,众人却竭力维护,珍爱终生而不悔,绝不能被冒犯,否则龙颜大怒。

面子产生的根源是人需要得到别人的尊重,而赢得别人的尊重至少有两种方法:一是老实做人,认真做事,不做违反法律与道德的事;二是经过努力拼搏奋斗,终于能到达位高权重、事业有成的地步。第一种方法得到的尊重是每个人都能做到的,不妨称之为"根本尊重",失之,人则无法立身处世、安身立命,异常重要;位高权重、事业有成所获得的万人景仰的尊重,古往今来只有少数人能得到,不妨称之为"额外尊重",得之,锦上添花,不得,花开水流,这种尊重关键是你根本把握不住,说没就没了,没办法,盯的人太多了。两种尊重人们更多看重的是"额外尊重",因位高权重、事业有成常常伴随着锣鼓喧天、鞭炮齐鸣、红旗招展、人山人海、万人膜拜，求之者如过江之鲫，哪管它"高处不胜寒"之苦及"猪肥有人杀"之风险。老实做人、认真做事达到一定的程度，也能获得"额外尊重"，每年"感动中国"栏目中的人，多是与你我一样非常平凡的人，雷锋同志只是个小小的战士，但他常年如一日的助人为乐，使他成为做好事的代名词，受到了世人瞩目，万人景仰，同样赢得了"额外尊重"。

人人皆有爱慕虚荣之心，都希望自己能体面地工作、体面地生活，至少希望不能让人看不起，于是面子便萦绕在许多人的心头，挥之而不去。人本来是平等且应互相尊重的，只是有些人为了赢得自信，证明自己的强大，常爱嘲笑有明显缺点的人或社会地位比自己低下的人，以此来获得快感，寻找心理优势。对于地位或事业比自己强的人在自惭不如的同时，却又极尽谄媚、溜须拍马，于是大多数人都想成为被谄媚者。

在你未取得事业上的成功时，并没有太多人关注你，在别人眼里其实你什么都不是，只有你的至亲认为你很重要，而至亲是不会看不起你的，就如同反过来的"儿不嫌母丑，狗不嫌家穷"，至亲只是希望你能平平安安。死死守着自己心中所谓的面子，只会让你碍手碍脚，一事无成。要成功，先"自宫"——去掉面子，**丢掉面子才能赢得更大的面子**。于是有人总结了成功的三条秘诀：第一是"坚持"，第二是"不要脸"，第三是"坚持不要脸"。

成龙、周星驰、王宝强演艺事业的成功是从跑龙套开始的，俞敏洪的新东方是从刷糨糊贴小广告开始的，成功是从卑微低下甚至是屈辱开始的，吃得苦中苦，方为人上人。

赫耳墨斯想知道他在人间受到多大的尊重，就化作凡人，来到一个雕像者的店里。他看见宙斯的雕像，问道："值多少钱？"

雕像者说："一个银元。"

赫耳墨斯又笑着问道："赫拉的雕像值多少？"

雕像者说："还要贵一点。"

后来，赫耳墨斯看见自己的雕像，心想他身为神使，又是商人的庇护神，人们会对他更尊重些，于是问道："这个多少钱？"

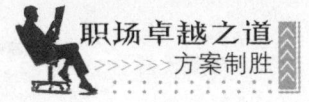

雕像者回答说："假如你买了那两个，这个算饶头，白送。"

即使成功到如赫耳墨斯位列仙班之列，也依然被人当作"饶头"，何苦非要死守着那个没有意义的"面子"？

在你取得事业上的成功时，你是一切，有人为你歌功颂德，树碑立传，甚至以前你身上公认的缺点，都在成功的光环笼罩下变得不那么重要，甚至成了优点，这时候就有些春风得意马蹄急，不知自己是谁了。别人的夸耀及羡慕是别人的事，你阻止不了，但自己不能把自己太当回事，否则离灾难就不远了。如有人喜欢摆阔、耀武扬威，狂妄至极，为所欲为，这实际上是给自己挖坑，准备埋自己呢！

诸葛亮死前，料定自己死后，魏延必反，于是和马岱、杨仪设计要除掉魏延，并给了杨仪一个锦囊。

诸葛亮死后，魏延果真谋反，在魏延对阵杨仪的时候，杨仪开启锦囊，上书引诱魏延连说三声"谁敢杀我"。于是杨仪对魏延说，你要是敢说三声"谁敢杀我"，我就立刻投降。

于是魏延大喊了三声"谁敢杀我"，在喊到第三句的时候，魏延的狂妄之心膨胀到了极点，没有防备，这时诸葛亮预先安排好的魏延副将马岱忽然现身，大喊一声"我敢杀你！"一刀将魏延斩落马下。

上帝欲使其灭亡，必先使其疯狂！疯狂使人失去理智，进而加速其灭亡。忘记了人外有人，天外有天，还真以为天上天下，唯我独尊呢！

无论你成功与否，只要不明知故犯做伤天害理的事，违反道德的事，没有谁会瞧不起你，这是获得"根本尊重"的最简单也是最有效的方法；反之，则没有谁会瞧得起你，天作孽犹可恕，自作孽不可活。

1960 年，伯纳德·麦道夫从纽约赫福斯特拉私立大学法学院毕业后，靠利用暑假打工当救生员和安装花园喷水装置赚来的 500 美元，创立了投资证券公司，从事证券经纪业务。经过多年的摸爬滚打，麦道夫凭借其聪明才智渐渐成为华尔街经纪业务的明星。1983 年，麦道夫公司在伦敦开设了办事处，并成为第一批在伦敦证券交易所进行交易的美国公司。1991 年，伯纳德·麦道夫成为纳斯达克董事会主席。在其带领下，纳斯达克成为足以和纽交所分庭抗礼的证券交易所，为苹果、思科、Google 等公司日后到纳斯达克上市做出了巨大贡献。到 2000 年，伯纳德·麦道夫公司已拥有约 3 亿美元资产。

2000 年功成名就后，麦道夫的人生轨迹发生了巨大转变。他精心设计了一个巨大的"庞氏骗局"，以稳固的高投资回报率使自己再次成为华尔街的传奇人物，直到 2008 年 12 月初露馅。其操作的"庞氏骗局"诈骗金额超过 600 亿美元。2009 年 6 月 29 日，麦道夫因诈骗案在纽约被判处 150 年监禁。

麦道夫花了 40 年的时间把个人财富从 500 美元增加到 3 亿美元，还创建了纳斯达克交易所，他的成功本来是万人瞩目的一个神话。也许他嫌这种赚钱方法太慢，从 2000 年时开始了他的"庞氏骗局"，表面上看取得了更大的成功。用欺骗的手法能蒙骗人一时，但却不能蒙骗人一世。这种行为不仅使他身陷囹圄，在监狱里度过余生，也使他名誉扫地，受万人唾骂，又有谁会看得起这种人渣呢？不对，应该是人渣中的极品，渣王！既丢了"额外尊重"，也丢了安身立命的基础——"根本尊重"。

我们承认面子的存在，通过"老实做人，认真做事"先保住自己的"根本尊重"，然后再去争取"额外尊重"。在争取的过程中，我们不能被面子所束缚住手脚，丢掉面子，避免无谓的灾祸；利用面子，唤醒内心深处成功的渴望，激励自己勇往直前，去赢取"额外尊重"。

从前，有一个爷爷，带着孙子和一头驴子去赶集。

去城里的路很难走，高低不平，坑坑洼洼，爷爷走起来很费力，不一会就满头大汗，气喘吁吁了。孙子见状，连忙让爷爷骑上驴，自己在前面牵着，可是过路人看见之后都在窃窃私语："这老头儿咋这样呢？他老了身子硬，干吗让孩子走着？"

爷爷一听，连忙跳下驴来把孙子抱到驴背上，自己在前头牵着，可还没走几步，行人又说起来："这孩子真不懂事，爷爷辛苦把他拉扯大，还让老人家跑着，真没良心！"

孙子听见了，觉得很惭愧。于是翻身下驴，说："爷爷，你老了，不

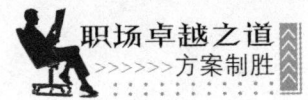

能跑，你骑驴吧！"爷爷思考了一会说："我也不能骑呀！别人会骂我的，干脆——我们都不骑，牵着它走！"孙子满意地点点头，驴子嘛，也乐得清闲。他们就这样向城里走去。行人看了都嘲笑他们："这爷孙俩脑袋有问题啊！放着好好的驴不骑，非要走路！"

这爷孙俩一听，爷爷说："我骑不行，你骑不行，都不骑也不行。只有我俩都骑上去了！"孙子高兴地同意了，于是爷孙俩都骑在了驴背上，把驴压得吱吱叫，一位老太太心疼地说："你看这两人心真狠呀！太残忍了，把那驴子压得直叫，啧啧啧！"众人也随声附和。

这路可没法走了！爷爷和孙子坐下来冥思苦想，终于爷爷开口了："孙子，咱不是有根木棒吗？咱抬着驴走！孙子愁眉苦脸地点点头。爷孙俩七手八脚地把驴子的四条腿捆了起来，穿上一根木棒，抬着走了起来。祖孙二人扛着毛驴，"嗨哟"、"嗨哟"上了一座木桥。路人见了，大声哄笑起来："呵呵，人不骑毛驴，毛驴骑人，你说稀奇不稀奇？"路人有的躺在地上笑，有的捂着肚子笑，有的抱着头笑……这么一笑祖孙俩心都慌了，驴子也受了惊，猛一折腾，"扑通"一声，栽到河里去了。

从这个故事我们可以看出，无论你做什么事及怎么做，别人都会有不同的意见，不同的看法，如果你太在意别人的看法，那么就会畏首畏尾，左也不是，右也不是，什么事也做不了；但也得接受好的意见，不然永远也进步不了。

面子的实质是别人对你的评价，有面子就是别人对你有正面评价，没面子就是别人对你有负面评价。不要指望所有人都说你好，那是白天白指望，夜晚瞎指望。职场中再优秀的人都会遭遇别人的非议，正所谓"谁人背后无人说，谁人背后不说人"。我们控制不了别人的评论，那就"走正道，让别人说去吧"！

第三节　自我对比 VS 自卑自轻

每一个人本身就是一个奇迹，每个人都是独一无二的，没有人是完美的，人实在是没必要自卑。

自卑产生的根源在于"错误比较"，或者是根本没有必要的比较。因为有了比较，而觉得自己不如别人，然后产生自卑心理。

一、因外在缺点产生自卑

自卑在人小时候就产生了，小孩子因心理不成熟，对自己的一切都非常敏感，价值观念非常容易被外界所左右。很多人在孩提时代都有这样的经历：当问父母自己从哪里来的时候，父母说是从路边捡回来的，还威胁说再不听话，就送回到路边去。说完后父母还经常哈哈大笑，可小孩子虽然不是很清楚"捡回来的"和"亲生的"有什么区别，但都会坚决地、大声地甚至哭着反驳："是亲生的，是亲生的，不是捡回来的。"父母的一句玩笑话，实际上已经在孩子心里扎根，形成一种观点：亲生的和捡回来的是有区别的，人和人是有区别的。待到和大一点的小朋友玩时，他们中的"孩子王"常会对小朋友评头论足，A 嘴太大，C 个子太矮，E 眼睛太小等等。"孩子王"为了维护统治，有时候甚至为了让"孩儿们"上供，交保护费，就纠集一帮"小喽啰"攻击一个小朋友，集体嘲笑他的显著特点，并威胁以后再不咋样，就不和他玩了。

上小学时，孩子已经能从衣着、父母地位及学习看到差别，处于劣势的孩子便有一定的自卑。

上初中高中时，同学们主要比的是学习，学习特牛的人是大家的偶像，同时，那些歌星和影星开始进入了学生们的世界，他们的一举一动都成为模仿的对象。学生们总觉得没有他们帅或漂亮，要是有他们那么帅及

漂亮该多好。

二、因现有成就产生自卑

参加工作前比的是相貌、家庭出身和学习成绩，大家竞争靠智商，崇拜的对象是学习神童、帅哥靓女明星，竞争对象主要是同学。

参加工作后比的是能力和智慧，比谁的事业更成功，竞争对象是社会上打拼多年的社会精英。茶余饭后津津乐道的对象，是财富精英李嘉诚及权贵精英克林顿、奥巴马，大家竞争靠的是"3Q"竞争。

IQ（Intelligence Quotient）就是智商，是指智力商数，是一种平均值，这一平均值反映某人在所有不同测验中的一般表现的大致情况。

EQ（Emotional Quotient）是"情绪商数"的英文简称，它代表的是一个人的情绪智力。简单来说，EQ是一个人自我情绪管理以及管理他人情绪的能力指数。

AQ（Adversity Quotient）即逆境处理智商数。经常听说IQ或者EQ，其实AQ才是最重要的，它决定你是否在逆境中可以冲破压力，战胜困难，逢凶化吉，否则就算智商、情商再高也会随着意志力的衰弱而没有施展的余地。

美国心理学家提出的成功的九大要素和失败的九大要素分别是：

表 7-1 成功的九大要素

成功的九大要素	失败的九大因素
1. 为人有幽默感	1. 言行孤僻，不善与人合作
2. 待人处世温文尔雅	2. 言而无信
3. 注重友情，热心	3. 脾气古怪无常
4. 与同事真诚合作	4. 处事敷衍，工作丢三落四
5. 仪表大方	5. 自负，目空一切
6. 人格平衡发展	6. 惹是生非，胆大妄为
7. 富有想象力	7. 看不起同事，自诩天下无双
8. 有克服任何困难的勇气	8. 不求进取，懒惰
9. 有必胜的坚强毅力	9. 不尊重别人建议，也不接受别人意见

从成功及失败各自的九大因素来看，相貌身高及家庭出身，与成功及失败均无太大关系。原来相貌身高及家庭出身并不重要，但它们却在很长时间内影响着我们的自信。促成一个人成功的因素，专业知识占 15%，另外 85% 是来自于他的修养、人际关系、处事能力、应变能力等等。难怪以前流行一个笑话：上学时学习成绩最好的，后来当教授了；学习中等的，后来打工去了；学习最差的，后来做了老板；上学时喜欢抄袭作业、弄虚作假、口舌如簧的人后来成了政治家。这个笑话虽然不全对，但能反映一些现实情况。

哈佛大学的研究机构经过研究发现，在学生时代学习成绩最棒的那些学生，毕业后的成就并不都是特别杰出，这也从某种程度上说明：成功是由很多因素共同决定的，而并不是仅仅由学习成绩决定的。

该研究机构又对四百多个住在贫民窟里的孩子进行了研究，他们中的大部分都是外来的移民和黑人子弟。这些在恶劣环境下成长起来的孩子，从小要遭遇更多的不幸，可是长大之后却有很多人做了律师、教授，站在了社会的中高层。

在这 400 多个孩子之中，一些人的智商都低于 80（通常智商低于 80 被归类为智商能力不足）。当这些孩子长大后，他们之中有 7% 的人失业超过 10 年，但研究者发现智商超过 100 的正常孩子，竟然也有 7% 以上的人失业超过 10 年。

哈佛心理学家们在分析这个问题时表示：人生的成就并非来自曾经在学校的学习成绩，也不在于婴幼儿时期形成的智商高低，而与其成长过程中的性格有更大的相关性。完全凭借书本上学到的知识，并不能保证一定会成功。

长期以来，我们已经习惯了用"智商"来预测人的成功。然而，美国研究人员提出：预测一个人能否成功的主要指标可不是智商（IQ），而是情商（EQ）及逆商（AQ）。研究人员发现，在成功诸要素中，智商因素仅占 20%，而控制情绪的能力、抓住机遇的能力及抗压能力等情绪智力因素具有更重要的作用。

难怪我上学时的偶像，一个超级神童后来在美国留学时自杀了，此同学上学时除了学习特别好外，在家连洗衣和做饭都不会。大家在扼腕叹息的同时，也明白了光有智商还不够，应该 3Q 均衡发展。少年天才方仲永的故事应该也能说明，光有智商还远远不够。

参加社会后，这种竞争对手及竞争方式的转变，让很多人不适应，一时找不到北，在大学里还被人认为是天之骄子，出来就变孙子了，心理落差非常大。与那些强人相比，更是自卑不已。有的为了快速发财，甚至都有些变态了，连坑蒙拐骗偷等等违法及违反道德的事情都敢去干，实在是个悲哀。

无论是人还是社会，在转型时，都是伴随阵痛的，很正常，发现差距改善就是了。社会上的强人，那也是慢慢从弱发展起来的，也是从当孙子起步的，有了多年的积累才有今天的。刚毕业时你就和他们比，那不是自讨苦吃吗？强人只能是自己 10 年或 20 年后的一个目标。在这 10 年及 20 年里正是自己不断提高的过程，如果要比，可能和同龄人比更合适些。再说了，强人难道都比你过得好吗？这就像《红楼梦》里所说的：大有大的难处，小有小的好处。一切都是辩证的，**家家都有本难念的经，毫无例外**！幸福与金钱和地位无关，要不怎么还有那么多富豪自杀呢！不要总认为别人比你过得好，只要是不能控制自己内心的人，都不能算是幸福的人。外界好，你就笑，外部差，你就哭，那你不就是外界的奴隶吗？所谓"自由"的人就是能把握好自己内心的人。外部世界每分每秒都在变化，谁都无法控制，我们能控制的是自己的内心，也就是我们对事物的看法，保持心的平静，做自己真正的主人。无论沧海桑田如何变化，人的心都不能随波逐流，只能不停地往回走，越简单越好，并保持自己的信念，否则心就乱了，彻底迷失了自己，必然男盗女娼，乌烟瘴气，终将自我毁灭。

三、因内在缺点产生自卑

（一）因疾病而产生自卑甚至焦虑

相较于外在"缺点"，人更喜欢内在的缺点，毕竟别人看不出来，只有自己知道。缺点最好都是内在的，能看出来的最好还都在别人身上，这样的心理就产生了一句笑话"青春痘长在别人脸上，是最不让我担心的"。可实际上内在的缺点更可怕，内在的缺点终究会通过外在形式表现出来，纸是包不住火的！比如糖尿病，如果你不重视它，不治疗，最终眼睛会瞎的。

如果不幸染上某种疾病，那就积极就医，人所患疾病种类是 7000 多种，你就庆幸至少还有 7000 种没到自己这儿来，毕竟别人都会得病，凭啥自己就不会得病呢？只要是没有发病的器官及部位，都是你的优点，不要等到失去了才明白它的珍贵，所以说，无论如何人的优点总比缺点多，且多多了。推而广之，"没有坏消息，就是好消息"。没事偷着乐的时光实在是太多了。自卑或焦虑别无他用，只会让情况更糟糕。就如泰戈尔所说："如果错过了太阳你流了泪，那么你也将错过月亮和星辰。"它不仅会让你现有病情好转缓慢，甚至会加重你的病情，从而导致其他病情的产生。珍惜你所拥有的一切，然后再去追求你想要的。否则最后不仅没有得到想要的，还会失去本已拥有的。因为规律是无情的，是不相信眼泪的。

人在拥有时觉得无所谓，却在失去之后才觉得珍惜。首先你拥有了什么，必将失去什么，失去正是因为你拥有，没有拥有，也就没有失去，这是客观规律，不可违背。青丝变白发，春去冬会来，我们需要以平常心来对待"拥有"和"失去"。有时候失而复得的东西，我们依然不知珍惜，是典型的"好了伤疤忘了疼，人在福中不知福"，而为了让自己"身在福中知道福"，需要不断地提醒自己，例如：昨晚睡了个好觉，今早胃口不错，吃了很多早餐……其实每天我们遇到了太多的好事，只是不自知，那就学会不断地自我提醒吧。

（二）因某方面能力不如别人而产生自卑

人的优点总比缺点多！我们需要做的是常看自己的优点，改善自己的缺点。每个人都有自己擅长的领域，在自己擅长的领域里做得很好，就足够安身立命了。认为自己在别人眼里很重要，怕因自己的缺点让人看不

起，这其实错大了，人都有缺点，如果别人笑话我，看不起我，那其实也是在愚蠢地笑话他自己。为别人笑话自己的缺点而难过，就是在拿别人的错误惩罚自己。活在别人的眼睛里及嘴巴里，肯定会迷失了自己。在实际生活中，只有自己的至亲才是最关心自己的人，而至亲是不会嘲笑我们的。

无论是哪种原因产生的自卑，从一开始就是错误的。所有的现实都只是一个存在，叔本华说："事物本身不会影响人，我们只受对事物本身看法的影响。"中国人刚和欧洲人接触时，中国人就惊诧这人还能长成这个样子，黄头发蓝眼睛，和传说中的"鬼"差不多，于是称之为"洋鬼子"，根本就看不起他们；后来估计是领略到他们枪炮的厉害了，就有人开始崇拜他们了，人还是那种人，描述方式变了，"金发碧眼"，称呼变为"洋大人"，这种改变让很多中国人自卑了估计有150多年，只恨黑夜怎么给了我黑色的眼睛和黑色的头发，眼睛变不了色，就先把头发染成黄色的吧！等哪天科技进步了，再换换眼睛的颜色。只要是欧美的，就是好的，月亮在经过欧美时都变得更圆一些。现在明白了，想想都可笑，中国人牛的时候，他们还不知道在哪呢。现在只要中国人想做的，没有做不好的，最起码不会比欧美差。

自卑主要源于和别人比，可你永远也成不了别人，别人也永远成不了你。何况山外有山，人外有人，比来比去，何时是个头啊？**比较不停，自卑不止！**正确的做法应该主要是和自己比，今天的我，相较于昨天，我有了哪些进步，未来我能做到什么程度等。有进步时，自然会感到高兴，哪里还会有自卑？别人只能是自己的一个标杆，或借鉴学习的榜样。无论别人做得怎样，我永远只做自己生活的主人，把自己的生活安排好，并不断进步，在进步中寻求快乐，寻求自信，在自信和从容中度过一生。

家家有本难念的经，每个人在每一年及每个人生阶段，都会遇到形形色色的麻烦与问题，过好当下，你就是幸福的。我们难受的最主要原因是当我们遇到一个问题时，便一叶障目，而不见泰山。我们生活中的好消息远比坏消息多，只是好消息就在我们周围及身上，却总是显得默默无语，悄无声息，这种好消息只有在失去之后才能真正感受到。而坏消息总是有点张牙舞爪，气势汹汹，轻则肌肤之疼，重则痛彻心扉，甚至是一命呜呼，让你没法不注意到它。世界其实不缺少美，缺少的是发现美的眼睛！

英国著名戏剧家萧伯纳应邀到俄国访问。有一天，他漫步在莫斯科街头，遇到一位可爱的小女孩，一时兴起，便高兴地与她玩起了游戏。分手时，萧伯纳得意地对小女孩说："回去告诉你妈妈，今天同你玩耍的是世界上鼎鼎有名的萧伯纳。"谁知小女孩望了萧伯纳一眼，学着大人的口气说："你也回去告诉你妈妈，今天同你玩耍的是小女孩安妮。"

小女孩的自信与从容让人印象深刻，在面对名人萧伯纳时，既没有羡慕，也没有自卑，你走你的阳关路，我过我的独木桥，最起码在某些方面我们是平等的，都生活在地球上，都有生老病死，都受规律的制约，我没有必要在你面前自卑。

自卑的反面是自信，自信对于我们来说就太重要了。

自信是走向自己能力范围内的成功的第一步。许三多在刚入伍时，是个典型的农村自卑青年，畏首畏尾，什么也做不好，越来越不自信，但一直没有放弃过。在史班长及战友的帮助下，在集体荣誉感的驱使下，拼命完成了333个腹部绕杠后，自信心一下子给找回来了，原来我不比任何人差，心结被打开了，整个人立马变了个模样，后来其他方面都很快获得突飞猛进。

自信是我们幸福生活的一个必要条件，自信让人心情舒畅，身心愉悦，而自卑让人郁郁寡欢，愁眉不展。既然如此，那就停止错误的比较，去追求自信吧！

在我看来，获得并保持自信最简单的办法就是目标的务实，人的最低目标就是活下去，尽量把职责范围内的事情做好，而这个目标其实并不难，只要努力工作就能达到，老天爷还饿不死瞎家雀呢！如果没做好，那也只是我目前的能力的体现，我就那么高水平，最起码我的态度是没问题的，没有什么好后悔和遗憾的，我尽力了，我问心无愧。我只需不断总结，保持持续进步就行。别成天梦想一夜暴富或整一些好高骛远的事情，

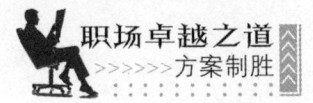

有多大能耐，干多大事，没有那个八方屁股，就别穿八方裤子。等水平提高了，机会出现或自己能创造机会时，再把更大职责的事情做好，去实现更高的目标。

第四节　自我超越 VS 自满自大

自卑是因"比上不足"，要不得，而自满则是因"比下有余"，同样也要不得。

1793 年乾隆帝致英国国王："天朝物产丰富，无所不有，原不籍（借助）外夷（外国）货物以通有无。特因天朝所产茶叶、瓷器、丝绸为西洋各国及尔国必需之物，是以（所以）加恩体恤，在澳门开设洋行，俾（使）得日有用资……"乾隆说和你们贸易纯粹是为了体恤可怜你们，自满自大的心态可见一斑。第一次鸦片战争时，英国只派了两万士兵，在远隔万里的中国打败了清帝国，从此中国人民的苦难史开始了；第二次鸦片战争时，英法只派了五千来人，又取得了胜利。随着帝国列强们的不断侵略，国家分崩离析，人民水深火热。这段屈辱史，相信每个读过历史的中国人都悲愤不已，鬼子们太可恨了。可仔细分析，又不能全怪别人，就如贾谊所说："灭六国者六国也，非秦也。"谁让你目空一切，闭关锁国，不好好哪怕睁一只眼睛去观察外面的世界，落后可不就得挨打。

骄兵必败！自满让一个古老而强大的帝国迅速倒下，对于我们个人来说，也不能自满，我们时常应该保持一种"空杯心态"。

古时候一个佛学造诣很深的人，听说某个寺庙里有位德高望重的老禅师，便去拜访。老禅师的徒弟接待他时，他态度傲慢，心想：我是佛学造诣很深的人，你算老几？后来老禅师十分恭敬地接待了他，并为他沏茶。可在倒水时，明明杯子已经满了，老禅师还不停地倒。他不解地问："大师，为什么杯子已经满了，还要往里倒？"大师说："是啊，既然已满了，干吗还倒呢？"

　　禅师的意思是，既然你已经很有学问了，干吗还要到我这里求教？所谓空杯心态，最直接的含义就是一个装满水的杯子，很难接纳新东西。就是要将心里的"杯子"倒空，不盲目地认为自己学识很渊博，不认为自己已经很成功了，天外有天，人外有人。

　　空杯心态实际上就是要具备怀疑一切的精神，不认为什么是绝对的真理，更不要认为自己都是对的，否则就陷入了教条及本本主义，没有进步及提高，要用实践来不断地检验和提高。

　　观念上空杯，会让你更容易了解别人的观点，而不是一上来就先入为主，以自己固有的观点说事。请给别人说话的权利，请耐心听别人的见解是什么样的。在观点与观点进行碰撞时，你才会有新的感悟和启发，也更能理解别人，每一个人所采取的行动都是有原因的。事业上空杯，就会使你不再牛气哄哄，高高在上，愿意从所有对手及所有人身上学到有益的东西，从而取得事业上更大的成功。

　　现如今是"科技及创意"引领时代发展的时候，科技快速地改变着人们的生活。跟上世界的变化，尤其要了解前沿科技，新技术及新事物必然带来新的机遇和挑战。例如"网上商城"的出现，成就了多少人的创业梦想，同时也淘汰了很多因循守旧的人。很多人常见的一种心态是我现在掌握的知识足够用了，没有必要费心劳神去了解一些新知识及新技术，这样一年落后一小步，五年以后，你就会发现自己落后时代一大步，再过十年，你就不知不觉进了博物馆，成古董了。

　　"谦受益，满招损。"只有将心倒空了，才是你进步的起点。当"空杯"成为一种常态时，你才能随时随地学到新的知识和理念，跟上外界的变化。在这个快速发展的时代，不进步就意味着"逆水行舟，不进则退"，与时俱进，才不至于被时代所淘汰。

第五节　暂时为是 VS 自以为是

　　人们常有的一种特点就是"自以为是"，心中潜意识觉得"我的观点是正确的"。书读得越多的人，也就是那些满腹经纶的人，越是爱固执己见。当别人观点与自己不同时，就想当然地认为别人是不对的，因为我学富五车，他才哪到哪，不屑一顾。以前我也有类似的傲慢与偏见，直到一幅漫画改变了自己的看法。

　　一次在参观国博时，见了一幅漫画，漫画里一个人站在北极上，一个人站在南极上，两人分别手指向天，而作者在漫画上发出了感慨：天在哪里？

　　何为"天"？举目朝上看去，头顶上的天空就是天。处于北极和南极两个人心中的天，虽然截然不同，但都是对的，不存在一个对，另外一个是错的，只是站的角度不同。

　　这幅漫画也使我想起曾经有过的一个疑问：生活在南半球的人，为什么没有掉下去，也没觉得自己是头朝下的？后来终于明白，地球上所有物体因受地球引力影响，其重心都是和地球的中心在一条线上，无论物体在地球的哪个点上，其从高空降落时，所受的引力大小是一样的，虽然方向不一样，但都必然指向地球的中心，所以生活在南半球的人，只会觉得和生活在北半球的人一样。而我之所以有这样的疑问，是站在自己的角度出发，惯性地认为其重心也是朝下，同时其头是朝下的。

　　此事过后，突有所悟，觉得"我认为我的观点是正确的"这句话是有问题的，因为你的知识无非来自于自己的感悟或学习圣人先哲的感悟及发现，而这两种知识都有一定的问题。首先是随着年龄的增长及变化，我们自己的认知也是不断变化的，以前觉得美国什么都是好的，既民主又自由，后来发现有虚假成分，他们只关心自己的利益；以前天真地认为考上大学就万事大吉了，后来才知道那只是万里长征走完第一步，路还长着呢！种种不断变化的观念不胜枚举，所以说我们自己感悟到的观点是不断变化的，人的感知总会有局限。

圣人先哲的观点同样也有不靠谱的时候，例如曾被称为"百科全书"的大哲学家亚里士多德，认为重的物体比轻的物体下来得快，后来被伽利略给推翻了。所以说圣人先哲也有犯错的时候。个人感知的进步是继承和否定原有理念基础上进行的，圣人先哲也是如此。况且所有的真理都只是在一定的范围内是正确的，就像光线在通常状况下都是走直线的，但外部的引力足够大的时候，光线也是可以弯曲的。

显然自己及圣人先哲都有不是绝对正确的时候，所以"我认为我的观点是正确的"是有问题的，那是不是我们可以这样认为——我的观点都是错误的呢？显然不行，这会让人失去自信，"不自信，毋宁死"！那该怎么办呢？左也不是，右也不是。我觉得这样表述会更合理些：**我认为我的观点暂时是正确的**。这样做的好处有两点：

第一，这种暂时的正确也只是可能正确，你认为自己目前是正确的，是为了增强自信，是为判断提供依据。认为自己暂时是正确的，就不敢再认为自己肯定正确，就可以消除自己的傲慢，减少与别人的冲突。暂时是正确的，能增加自信，便于我们开展正常的生活与工作，为自己做决策提供依据。

第二，暂时正确是给自己的心灵开一扇窗，清除脑内不良资产，引入脑外优秀资产，为自己的进步留下可能，否则真是顽固不化了，成了你自己也讨厌但并不自知的顽固分子；成为成年人后，每个人世界观已经是经过实践检验和优化选择的，因忙于生计，看的书越来越少了，甚至基本不看，渐渐成了思想保守甚至是顽固分子。

有的人活着，可脑袋已经死了，思维已经固化，理念已经僵死，拒绝任何改变。

圣人先哲、宗教及大科学家的理念都是在解释这个世界如何发展变化的，人们更相信经过科学家证明的理念。对于任何观点，你可以不信服，

但不能断然否定，一棒子打死。例如祥林嫂问鲁迅"人死了之后究竟有没有魂灵"，鲁迅的回答是"可能有也可能没有"，我觉得鲁迅的回答是很明智的。相信有灵魂的人不能证明灵魂的存在，相信无灵魂的人同样也不能证明灵魂的不存在，那么相信与不相信的人都不能互相嘲笑，不相信的人只能是怀疑灵魂的存在，不能贸然否定。至于"灵魂转世"的说法也同样，也是解释事物变化发展的一种方式，最起码还有促进"人心向善"及警示有心从恶的人的作用。对于你不相信的却又证明不了的理论，那就先把它放在"待检区"，大家可以求同存异、和而不同，只有哪天科学进步能证明了，你才能下定论。智者千虑，必有一失，愚者千虑，必有一得！不能看不起别人的观点，更不能认为自己全对。你所持的观点只能是"暂时"正确的。

唯一应该固守的就是绝不固执己见，我只认为自己的观点暂时是正确的，愿意听任何人的观点及建议，随时补充、修正及提升自己的观点及学识。

第六节　皆有可能 VS 自我设限

一切皆有可能，也就是没有什么是不可能的，对于个人来说，就是很多事情我都能办得到，但很多人却经常不自觉地自我设限：

一、对自己能力设限

有人曾经做过这样一个实验：他往一个玻璃杯里放进一只跳蚤，发现跳蚤立即轻易地跳了出来。再重复几遍，结果还是一样。根据测试，跳蚤跳的高度一般可达它身体的 400 倍左右，所以说跳蚤可以称得上是动物界的跳高冠军。

接下来实验者再把这只跳蚤放进杯子里，不过这次是立即同时在杯子上加一个玻璃盖，"嘣"的一声，跳蚤重重地撞在玻璃盖上。跳蚤十分困惑，但是它不会停下来，因为跳蚤的生活方式就是"跳"。一次次被撞，跳蚤开始变得聪明起来了，它开始根据盖子的高度来调整自己所跳的高度。再一阵子以后呢，发现这只跳蚤再也没有撞击到这个盖子，而是在盖子下面自由地跳动。

一天后，实验者开始把这个盖子轻轻拿掉，跳蚤不知道盖子已经去掉了，它还是在原来的这个高度继续地跳。

三天以后，他发现这只跳蚤还在那里跳。

一周以后发现，这只可怜的跳蚤还在这个玻璃杯里不停地跳着——其实它已经无法跳出这个玻璃杯了。

现实职场中，有许多人也过着这样的"跳蚤人生"。小时候理想满天飞，今天想做警察，明天想做总统，后天可能又想做大富豪。年轻时意气风发，到处蹦弹，屡屡去尝试实现凤愿，但因种种原因事与愿违后，儿时的梦想一个个破灭，激情开始慢慢退却，梦想越来越渺茫，开始不是愤愤不平抱怨这个世界，就是心灰意冷地怀疑自己的能力，他们没有去总结失败的原因，而是一再怀疑自己的能力。就像试验里的"玻璃盖"虽然被取掉，但心里的那个"盖"还存在，他们早已经被撞怕了，不敢再跳，或者早已习惯了，认为自己就只能跳那么高。

经历了许多打击后，许多人不自信了，无形中也降低了自己其他方面的能力信心，信心降低了，对未来自己事业上所能取得的成就也降低了。如果目前的状态还算说得过去的话，就得过且过，也不愿意再去折腾了，儿时的梦想就一笑而过吧。

难道跳蚤真的不能跳出这个杯子吗？绝对不是，稍微正常的人都能看得出来，只是它的心理高度决定了它实际能跳的高度。让这只跳蚤再次跳出这个玻璃杯子的方法十分简单，只需拿一根小棒子突然重重地敲一下杯子，它就会"腾"的一下，跳了出去。它能跳出去的原因就是在受到巨大的刺激或求生时，身体里最大的潜能就爆发出来了。人也是这样，有时候不把你逼到一定的份上，你是不会使出浑身解数的。

1977 年一天下午，5 岁的张四一不小心滑进了一个幽深的山洞，有十多米深，进去容易出来难。张四一滑进洞里被卡在洞里一峭壁处，峭壁下面有软软的松土和杂草。当他醒来时，眼前漆黑一片，也不知道自己在什么地方，只是吓得拼命直哭，拼命喊叫爹娘，但此时没有一个人听到他的哭叫声。

数日后，他发现有一束亮光射进洞里，于是，他好像找到了救命人一样高兴，迅速爬到亮光的地方，对着上面大声哭叫，最终没有一个人能够听到他的哭叫声。想爬又爬不上去，此时，张四一又饿又渴，他四处寻找能够吃的东西，在饥饿难耐之时，他顺手抓起旁边的硝土吃了起来，几口下肚后，肚子疼得他无法忍受，然后又去洞里滴水的地方喝了几口山泉，奇妙的是肚子一下不疼了，随后他在洞里寻找能够维持生命的东西，如树根、杂草、蛾子、蚯蚓等各种昆虫，只要能吃的他都吃。突然有一天在他睡觉的地方，他发现有蛇经过他身边来喝滴下的山泉，蛇多次爬过他身上，最初他还有些害怕，他用手轻轻抚摸蛇身，发现蛇没有咬他，在饥饿求生的壮胆下，在一次蛇从他身上爬过时，他先用手轻摸蛇身后迅速掐住蛇头，一口将蛇头咬掉，一口一口吃了起来。

为了生存，洞里的老鼠、蛇、各种昆虫都成了他活命的美餐。在 8 年的时间里，他始终没有停留寻找出洞的路子。求生的欲望促使他不断在洞里四处探索，最后还是回到了有光亮的地方，他开始用石块一块一块沿洞壁垒起来，经过多少次的摸索和试验，一天终于奋力地爬出了洞口。

当别的 5 岁的孩子还在爸爸妈妈怀里撒娇时，张四一不得不擦干眼泪，想着怎么先把肚子填饱，饥饿难忍时，硝土吃过，老鼠、蛇、各种昆虫都成了腹中餐。这些在成年人想起来都不可思议的事情，一个 5 岁的小孩在求生的欲望驱使下，在洞中独自生活了 8 年。应该说，每个人都有这种潜能，只是没被逼到那个份上，所以不知道自己有那个潜力。成功企业家有两种，一种是被生活所逼去创业，最后通过艰苦奋斗，成就了一番事业，一番自己都没想到能取得那么大的事业；还有一种是愿意不断地挑战自己的人，愿意离开舒适的生活，为自己的理想和兴趣，甘愿受苦，不停地攀登新的目标。

特定的环境也会降低人们对自己能力的期望值。参加过拓展训练的人都知道，有个项目叫"过天桥"，就是在高空中从一个木板隔空跳到另一木板去。因在高空中，人站在板子上本身就有些摇晃，心里会产生恐惧，看到对面的木板，觉得非常远，实际并不远，是因为在高空中，且心里有恐惧，这种情况降低我们对距离判断的精确度。很多人在第一次跳的时候都犹豫了半天，在教练及朋友的鼓励下，自尊心的驱使下，最重要的是在安全带的保护下，鼓起勇气，用力一跳，居然跳过去了，没有想象的那么难。

无论是哪种造成的自我设定，都是不可取的，都不能轻易地对自己的能力进行高度设定。失败了，就仔细分析一下原因，改善后再重新上路。

一切皆有可能并不是让我们一味地夸大自己的能力，而是首先不对自己的能力进行高度设定，更不能进行自我否定，就像"过天桥"一样，先不说自己不行，而是在一定的保护下，进行 100% 的努力和尝试之后，再说自己行不行。每个人都有自己的极限，《吉尼斯世界纪录》记录的就是各类达人，在其所擅长的领域内取得的世界最好纪录。而我们需要做的是不断地去发现自己的极限，不能一上来就是这我不行，那我不行，根本就不敢去挑战自己。

二、对外界事物设限

这个世界上只要是可能发生的事情，就一定会发生，只是发生的时间早晚及概率的大小不同而已！我们常说运气好与运气差，何谓运气好与差，当系统中小概率不利事件发生了就是运气差，当系统中小概率有利事件发生了就是运气好。

"我真傻，真的，"她说，"我单知道雪天是野兽在深山里没有食吃，会到村里来；我不知道春天也会有。我一大早起来就开了门，拿小篮盛了一篮豆，叫我们的阿毛坐在门槛上剥豆去。他是很听话的孩子，我的话句句听；他就出去了。我就在屋后劈柴，淘米，米下了锅，打算蒸豆。我

叫，'阿毛！'没有应。出去一看，只见豆撒得满地，没有我们的阿毛了。各处去一问，都没有。我急了，央人去寻去。直到下半天，几个人寻到山坳里，看见刺柴上挂着一只他的小鞋。大家都说，完了，怕是遭了狼了；再进去；果然，他躺在草窠里，肚里的五脏已经都给吃空了，可怜他手里还紧紧地捏着那只小篮呢……"她于是淌下眼泪来，声音也呜咽了。

"我真傻，真的，我单知道下雪的时候，狼没有东西吃，会到村里来，没想到，春天也会有……"祥林嫂的悲剧在这句众所周知的话中又推到了我们的面前，阿毛那一幕幕触目惊心的画面，在我们的心灵深处留下了一个个深深的烙印。

"狼没有东西吃，会到村里来。"这句话表明在祥林嫂生活的周边环境里有狼，狼在雪天会到村里来，那么在其他任何时间都有可能来，只不过是在雪天来得更多。如果祥林嫂生活在没有狼的城市里，祥林嫂再说"没想到"倒也说得过去，可她周围明明是有狼的。爱说"没想到"的人，只能表明他思维不全面，凭主观愿望，对外界不可控制的事情进行自我设定，结果反被"狼"咬。只要可能发生，就一定会发生！在考虑问题时，尤其是哪些对我们有可能造成致命一击的小概率事件，必须要重点关注，事先采取相应的防范措施，以及发生后的应急响应，不能有一丝的侥幸心理，不怕一万，就万一。

英国62岁老汉约翰·布兰德里克于2年前被确诊患有致命"胰腺癌"，医生称他只剩下6个月生命。得知这消息后，约翰立即辞职并卖掉了所有财产，将多年积蓄挥霍一空，充分享受了生命的"最后时光"。然而要命的是，正当约翰为自己筹备了隆重葬礼、安心等死之际，他却震惊地得知最初的"癌症"诊断竟是误诊，他仍将继续活下去！顿时，约翰陷入了身无分文、无家可归的绝望境地。

医生的诊断肯定有两种可能，一种是确诊，一种是误诊。约翰根本就没有考虑"误诊"的可能性，就匆匆地办理身后事，拼命享受生命的"最后时光"，结果真正达到人世间最最痛苦的状态——人活着呢，钱没了！

对自己的能力不设限，对外界事物不设限，才有创造奇迹的可能。

"一切皆有可能"有助于我们防范致命的风险，创造一个不一样的人生，也许是更加精彩的人生。

"不可能"这三个字在很多人嘴里都成了口头禅，一天不知要在嘴上及心里说多少遍。对抗这个"口头禅病"的一个较好的办法，就是不说"不可能"这三个字，让这三个字从你的字典里消失，并让别人监督你，说一次惩罚一次。慢慢地在以后的工作及生活中，再面对任务及困难时，不是首先否定自己，不去想肯定完不成的原因和理由，耗费无谓的时间，而是积极地想解决的各种办法，然后去尝试，这有助于挖掘自己的潜能，提高自己的能力。只有认同"一切皆有可能"这个理念，并在思想上和嘴头上去掉那三个字，一方面克服自己思维的惯性，另一方面也巩固了"一切皆有可能"这个理念，考虑问题才更全面，思维更积极，做事时更有信心。

第七节　只找方法 VS 爱找借口

"不找任何借口"，初听起来，就好像是一个疯子说胡话，太极端了，物极必反啊，可在企业管理里，只要你给他一丝找借口的可能，就好似蚂蚁在千里长堤开凿的蚁穴，借口便如滔滔江水透过缝隙而绵延不绝，他的聪明才智就能找出上万条借口，让你烦不胜烦。没办法，你只能把最后一丝找借口的可能也给堵死。"不找任何借口"虽然有些极端，但整体上来说是利远大于弊，无论是对自己，还是对别人。

找借口一般分两种情况。

第一种：面对问题找借口。

在面对问题时，首先分析一下目前存在哪些困难，我们拥有哪些资源，用什么办法能解决目前的困难。而不是一上来先找一堆完不成的借口，然后想方设法去证明自己借口的正确性。遇到问题总找借口的人，把

自己的聪明才智全都发挥到找借口去了，最后问题没解决，自己还成了一找借口大师。遇事找方法的人，聪明才智全部发挥到如何积极地解决问题上了，能力提升了，财富、地位也随之而来。

第二种：结果出问题找借口。

生活和工作中，我们常听到有人夸夸奇谈：哎呀，这个事情要不是我，怎么能处理得这么好；哎呀，那个事情要不是老王那么做，公司损失怎么会那么大；上司天天刁难我，我还怎么过呀。如此等等，概括起来就是：花儿为什么那么香，是因为我；屁为什么那么臭，是因为他。为自己脸上抹粉倒也算了，可出了问题，全是别人的问题，自己没问题，处处为自己找借口，一推三二五，表面上维护住了自己的面子，实际上对于问题的解决毫无益处。让我们看一下经典的找借口的故事。

在一次企业季度绩效考核会议上，营销部门经理A说：最近的销售做得不太好，我们有一定的责任，但是主要的责任不在我们，竞争对手纷纷推出新产品，比我们的产品好。所以我们也很不好做，研发部门要认真总结。

研发部门经理B说：我们最近推出的新产品是少，但是我们也有困难呀。我们的预算太少了，就是少得可怜的预算，也被财务部门削减了。没钱怎么开发新产品呢？

财务部门经理C说：我是削减了你们的预算，但是你要知道，公司的成本一直在上升，我们当然没有多少钱投在研发部了。

采购部门经理D说：我们的采购成本是上升了10%，为什么你们知道吗？俄罗斯的一个生产铬的矿山爆炸了，导致不锈钢的价格上升。

这时，ABC三位经理一起说：哦，原来如此，这样说来，我们大家都没有多少责任了，哈哈哈哈。

人力资源经理E说：这样说来，我只能去考核俄罗斯的矿山了。

每一个人说的理由，听起来都是那么合情合理，可人力资源经理说的话又让人听起来哈哈大笑。实际上ABCD都是在找借口，没有一个去找方法解决目前的困难，而身为经理，最主要的职责就是解决困难，花钱找你来，不是听你来找借口的。与其如此，还不如花钱去听小曲呢！

出了任何问题，每个人都应首先从自身找原因，矛盾哲学告诉我们，内因是根本，我才是一切的根源。在一个有你存在的子系统中，出了任何问题，都和你有关系。严格地说来，ABCDE 都不合格，甚至包括公司的总经理。公司内找借口现象这么严重，第一责任在总经理，首先你没发现公司存在这个问题，其次更没有对应的教育培训方案。即使总经理没有发现，其他部门经理都有义务有责任发现公司存在的问题，尤其是人力资源经理，本身就负责协助上级制订公司企业文化，公司文化出了问题，还在那说风凉话，没有一点意义。这个公司给人的感觉就像一"团伙"，不团结，随时都有可能散掉。只有公司的每一个人在做好本职工作的同时，还能积极地为本部门、其他部门及公司发展献言献策，发挥大家的智慧，群策群力，心往一处想，劲往一处使，大家才真正地成为一个"团队"，公司发展才能越来越好。

"不找任何借口"，理解起来有难度，可执行起来更难。工作中确实有因为外在不确定因素，导致目标没达到，怎么就不能找一点借口呢？如果不找任何借口，实在是太憋屈了！找借口现象在职场中太普遍了，我们已经习惯找借口为自己推脱责任（改变一个人的习惯太难了，江山易改，秉性难移），且找借口比找方法容易多了，人们也更乐意去找借口。有些人被三番五次地要求不要再找借口，且还受过罚的情况下，不敢再直接找借口，常常说出这样的搞笑言辞："我不是个爱找借口的人，这次确实是因为……"一般我听后面 7 个字出现时，我基本就不想听了，典型的自相矛盾，就觉得又可气又可笑，他在找借口时甚至是浑然不知自己在找借口。

找借口的危害是很大的，害人害己，且上行下效，上级爱找借口，员工必找借口；父母如果爱找借口，孩子必然也爱找借口，子子孙孙无穷尽也。我是一切的根源，凡事先从自身找原因，别一便秘就怨茅坑或怪地球吸引力不够，毕竟便秘也有可能致人于死地的。拉不出屎怨地球引力不够，你不能说他的理由完全不对，不得不佩服他的聪明才智，他确实找到了一个多数人都想不到的一个借口，但没有考虑到如果地球引力大到足以

让你不便秘的话，那么心肝肠肺也都跟着出来了。

只要是正确的，无论执行起来有多难，都要坚持下去！

"不找任何借口"，实际上就是逼着自己往前走，想方设法地遇山修路，遇水搭桥，只找方法，过程虽然痛苦点，但总会有成功的可能，不经风雨，怎见彩虹。即使不成功了，最起码能成功地收获了不成功的经验。"不找任何借口"也是在不成功后，每个人都反省不成功的原因，反省自己有哪些需改进的地方。

第八节　计划有序 VS 空虚焦虑

工作中的千头万绪及休闲时的无所事事，都会让人感到空虚与焦虑。造成空虚与焦虑的主要原因有两点：

首先，没有目标，没有计划，也就没有规律性，陷入盲目及无所事事，心中没计划，手上无活干，于是内心开始空虚、寂寞、焦虑。

其次，干活不专心，一心多用，三心二意，不仅当前的活干不好，还会受到批评和责骂。

工作再多，只需按照"轻重缓急"的原则，安排先后顺序，列好计划，一个一个去做就是了。休闲时的无所事事，是因为提前没有计划自己该做什么，玩也是要有计划的。

"一年之计在于春，一日之计在于晨"，这都说明了计划的重要性，既要有长期的目标和计划，也要有短期的目标和计划，短期的目标和计划是长期目标和计划分解而来，是其组成部分。计划必须要写下来，并注明没做完后的惩罚。把计划写下来，不仅有助于备忘，还会有提醒及促进自己积极做事的作用。否则自己每日都会得过且过，丢三落四，该干的事一直悬而未决，最后落个"寒号鸟"的下场。执行计划就得靠奖惩，而且奖惩一定要及时。做完了或做好了，都要立即给自己一定的奖励，最简单的奖励就是休息一会儿，这样可以劳逸结合；没有做，必须马上要给自己一定的惩罚。没有奖惩，自己就没有动力去做。

每日至少应在睡觉前进行一下总结，自己监督自己，这样每天都能发现自己在进步，自然心里会很高兴；每年年底针对年初目标进行总结，清楚地知道自己这一年到底做了哪几件大事，收获有多少，也就知道自己明年应该干什么。年年、月月、日日有计划有总结，这样就持续地有事做有收获，如此周而复始，循环往复，不枉虚度此生。

明白一心多用的严重后果，从而专心致志地干活，会发现时间过得是那么快，时间根本就不够用，也就不会去胡思乱想了。

每日按计划进行，该做的事都做了，会发现自己的工作及生活是那样充实，在有空休闲时，才能充分地享受空闲时光。

因为有目标，所以不会盲目；因为有事做，所以不空虚；因为有收获，所以不会焦虑。踏踏实实地过好每一天，不让每一天虚度，天天有收获，年年有提高，每个人都会感到幸福。

第九节　精益求精 VS 过于完美

追求完美的大有人在，而这些人多是责任心极其强的人，可追来追去，发现完美没追到，郁闷倒是追到了，原来他们在追求一个子虚乌有的东东。也许完美就像一个极其妖艳的美女，你天天追啊追，怎么也追不上，她总比你跑得只快一步，有天突然发现她竟然是个妖怪。

一、完美是不存在的

有一个这样的笑话。一男人来到一家婚姻介绍所，进了大门后，迎面又见两扇小门，一扇写着：美丽的，另一扇写着：不太美丽的。男人推开"美丽"的门，迎面又是两扇门。一扇写着"年轻"的，另一扇写着"不

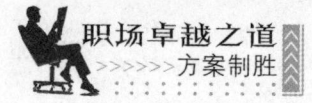

太年轻"的。男人推开"年轻"的门——这样一路走下去，男人先后推开过美丽、年轻、善良、温柔、有钱、忠诚、勤劳、文化程度高、身体健康、有幽默感等九道门，当他推开最后一道门时，门上写着一行字：您追求得过于完美了，到天上去找吧。

笑话归笑话，但是说明一个道理：真正十全十美的人是找不到的。矛盾论告诉我们，任何事物都是一个矛盾的统一体，世界本身就是一个矛盾的世界、不完美的世界，都是一个优点和缺点的统一体，根本就没有完美的东西。

二、完美主义会让我们两手空空

有一天苏格拉底带领几个弟子来到一块麦地边。那正是成熟的季节，地里满是沉甸甸的麦穗。苏格拉底对弟子们说："你们去麦地里摘一个最大的麦穗，只许进不许退。我在麦地的尽头等你们。"

弟子们听懂了老师的要求后，就陆续走进了麦地。地里到处都是大麦穗，哪一个才是最大的呢？弟子们埋头向前走。看看这一株，摇了摇头；看看那一株，又摇了摇头。他们总以为最大的麦穗还在前面呢。虽然弟子们也试着摘了几穗，但并不满意，便随手扔掉了。他们总以为机会还很多，完全没有必要过早地定夺。

弟子们一边低着头往前走，一边用心地挑挑拣拣，经过了很长一段时间。突然，大家听到苏格拉底苍老的、如同洪钟一般的声音："你们已经到头了。"这时两手空空的弟子们才如梦初醒。

苏格拉底对弟子们说："这块麦地里肯定有一穗是最大的，但你们未必能碰见它；即使碰见了，也未必能做出准确的判断。因此最大的一穗就是你们刚刚摘下的。"

苏格拉底的弟子们都找到了一些相对比较大的麦穗，可在"最大的麦穗"的引导下，放弃了手中的，期待未来的那个最大的，却最终一无所获。未来是变化的，不可靠的，只要眼前出现了能解决问题的机会，就应该立即抓住，不能期待完美。

美国著名政策学家西蒙提出的次优决策模型认为：现实世界复杂多变，客观条件充满局限，人们根本无法求得最优解和准确解，不得不转而求其次，寻求次优解。所以，在我们做决策时，同样也是在自己能力范围内寻找较优方案，即使你认为是最优的，也未必就是最优的，非要寻求最优，只能得不偿失。

追求完美实际上就是走到了"物极必反"的地步了，本来是追求好的方面，走到完美时，也就意味着走向"好"的反面——"坏"了，有时候甚至是"坏大了"。因此，在我们做人做事时，我们只能在合理的时间范围内，不断地追求更好。让所有人都喜欢我，所有的事情都达到完美，是不现实的。没有最好，只有更好！

三、追求心目中的完美——精益求精

虽然完美并不存在，但并不代表着要放松对自己的要求。美国导演卡梅隆及苹果"教父"乔布斯两人，都在本行业内取得了令人仰慕的业绩，分析二人的性格特点时，发现极其相似：追求完美、坚持原则、要求苛刻、想象力丰富、创意多。在我看来，他们二人所谓的"追求完美"只是要达到自己心中的标准，绝不是真正的完美，他们个人能力强，对自己要求严格，自然标准也就比别人高，甚至可能高过同时代其他所有人的标准。工作时，他们在自己的能力范围内注重所有细节，追求创新，精益求精，不辞辛劳，不允许任何瑕疵出现，进而达到自己能力范围内的完美。他们只是对工作要求特别高，高于常人，只要自己不满意，就继续改进，直到自己再也找不到任何瑕疵，直到自己满意为止。也正是因为他们的工作达到自己的标准，同时又超过了其他人的标准，最终使自己的工作成果显得那么卓尔不群，那么令人叹为观止，受到了世界人们的喜爱，成为卡梅隆自己说的"世界之王"。所以说，我们做工作，可以追求完美，这种完美就是在时间及能力允许的范围内，全力以赴，达到我们自己心目中的完美——精益求精。

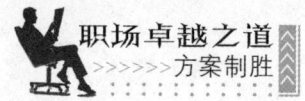

第十节 拿起放下 VS 纠结踌躇

很久以前，在遥远的山边坐落着一座寺庙，庙里面住着一位老和尚和一位小和尚。

有一天，老和尚带着小和尚去拜访一位得道高僧。当他们走在路上的时候，忽然下起了雨。

于是老和尚便和小和尚找了一个地方避雨，等雨停了，他们又继续赶路。在路上遇见一位姑娘在一条小河边踌躇不前，原来是因为刚下过雨，河边都是泥水怕弄脏自己的衣服。

老和尚看出了她的心思，便走过去，主动要背那位姑娘过河。那位姑娘看老和尚很诚心帮她，自己又不想弄脏衣服，于是答应了老和尚。老和尚便背着她过了河，那位姑娘向老和尚表示了感谢就和他们道别了，接着他们继续赶路。

等到他们拜访完那位得道高僧以后赶路回家的时候，小和尚便不解地问那位老和尚："您经常教诲我们男女授受不亲，您为什么还要背那位姑娘过河？"

老和尚淡定地答道："我都已经放下了，你还没有放下吗？"

小和尚"放不下"是因为他错把"助人"与"色"混为一谈，老和尚背姑娘过河只是助人为乐，并不是为接近女色。

我们常人"放不下"主要表现在以下3点：

首先，对过去的事情耿耿于怀，甚至不断惋惜或自责，我不该怎样怎样，要是当时那样，结果就不至于现在这样了等等，时常有种冲动，想把过去的那个我拉过来抽两耳光，然后再狠狠地踢上两脚，方才解恨；

其次，对现状不满意，总觉得别人都比自己过得好；

最后，"患得患失"，害怕失去现有的，担心得不到未来的。

如此这般，一年三百六十五天，不在愁中就在病中！

一切都按规律在变！每一个结果的出现，必有其原因，限于当时个人的水平，你就只能做到那个程度，再怎么惋惜都没用，只能面对现实，没必要对过去悔恨。

对现状不满意是因为你只看到自己没有的，没看到自己拥有的；只见到人前显贵，没见到背后落泪；只感到比上不足，没觉得比下有余。也就是说对于一切你不满意的事情，只需把你的思维关注点朝着原有相反方向想一想，心里就不会难过了，这就是常说的"精神胜利法"。例如摔伤了一条腿，我们应该庆幸只是摔伤了一条腿，这条腿还能养好，最应该庆幸的是，仅仅只是摔伤一条腿，其余的部分都没事。如果别人通过卑劣甚至失去底线的方法和你竞争，你没必要难过，也没必要鄙视，相反应该是可怜他，他也实在是没有高人一筹的正当竞争实力，才使用些旁门左道，也正因有了这个绿叶，衬托了鲜花的美丽。以"生存"的角度去看忙忙碌碌的人，每个人的行为都是可以理解的，高尚和卑劣只是生存方式的一种个人化选择，目标都是为了活着，更好地活着。对于现状，我觉得更好一点的心态应该是"立足现状，争取未来"！

一切都在变化，一切皆有可能发生！既然如此，那就顺其自然吧！任何来到我们身边的人钱物，我们都只是暂时拥有，没有谁能天长地久地保管，有些变化是任何人都阻挡不了的，例如生老病死、容颜改变等，我们只能顺应这种变化；至于未来的"她"是否会来，关键看你是否掌握了规律，并实践了规律，没有梧桐树，哪能引来金凤凰？

我们常说以"平常心"看待一切，那么什么是"平常心"？我觉得要回答这个问题，得先看"平常"的定义：普普通通，无特异。因此，在我看来，"平常心"就是对出现的一切现象、变化及结果都认为是正常的！只因为一切都在变且按规律在变，尽管有些结果看起来是那样不公平或让人郁闷，但结果就其本身来说就是一种必然！对于不公平的结果可以申诉，而申诉成与不成也还是一种结果，对于结果及现状只能是"改变不能适应的，适应不能改变的"。这让我想起一个对联：上联"说你行，你就

行，不行也行"，下联"说不行，就不行，行也不行"，横批"不服不行"。如果你对结果觉得惊诧，不是你没掌握相关的规律，就是事前没考虑到"一切皆有可能"所产生的最好及最坏的结果。

神马都是浮云！因为我们的生命是有限的，"人生在世屈指算，一共三万六千天。在岁月的长河中，人好比天上的流星，来匆匆去匆匆，说没就没啊。"毕竟有来必有去，有去必有来，有生必有死，宴会有开始的时候，就必有结束的时候，天下没有不散的宴席。出生的时候，我们都两手紧握，哇哇大哭，似乎宣誓要抓住什么，结果在逝去时，只能"撒手西去"，什么也没抓住，两手空空。原因是"神马都是浮云"，而谁又能抓住浮云呢？

站在未来看现在，现在发生的一切都将成为笑谈。塞翁失马，焉知非福？古今多少事，都付笑谈中！最重要的是要照顾好自己那颗宝贵的"平常心及安静心"。

因此，带着枷锁和镣铐跳舞，必定困难重重，看着就揪心。造成心理问题的最主要原因是"事理不明"，明白了就相当于拨开乌云见青天，原来乾坤竟然如此朗朗。解决了这些心理问题，就算是把自己给解放了出来，把束缚心灵的枷锁给打破，人成为了一个自由的人，达到了比较释然的状态，也就可以无所畏惧，甚至略带微笑地面对已经发生的、正在发生的及将来可能要发生的问题，而绝对不"惧"了。衡量一个人能否"笑看风雨淡"就看一个人梦里的表现，一个人如果在做梦时，还能从容地面对"妖魔鬼怪"，还能轻松地处理各类问题，那是能力及素养真正提高了，梦里人的反应是最真实的。

心灵的解放带来的是无尽的创造力和能力的提升，去掉枷锁后的轻松感和愉悦感让你满心欢喜，原来生活是可以这样过的。

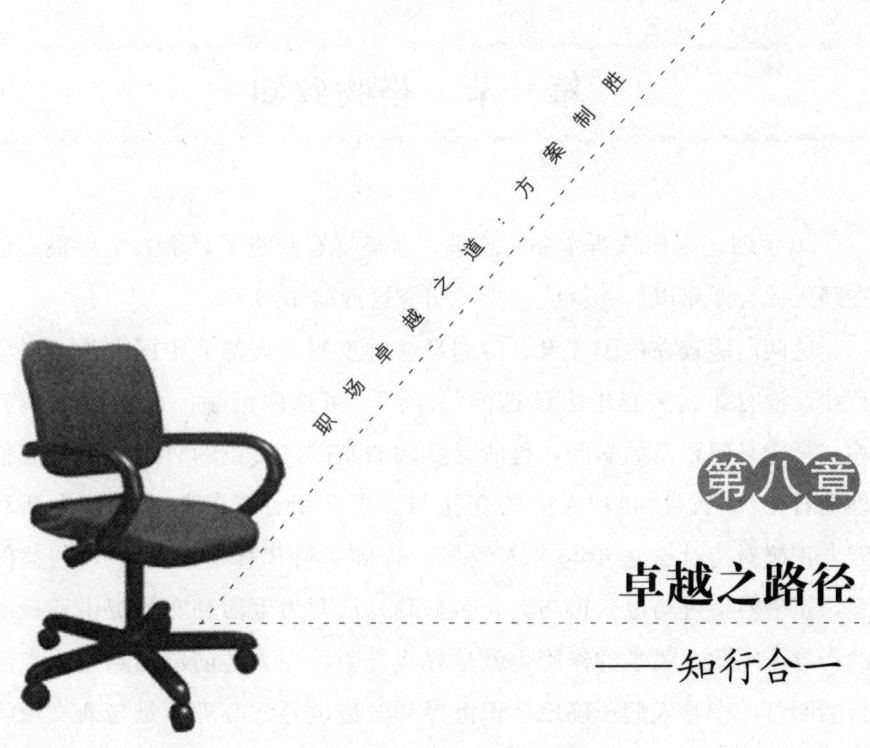

第八章

卓越之路径

——知行合一

人生就是一场修行，修行是每天反躬自省修正自己的行为及行为背后的指导理念，进而提高我们的哲学思维能力，达到"知其然并知其所以然"；卓越之路路漫漫，且没有穷尽，你我永远都在通向卓越的路上，唯有"天道酬勤"。

第一节　格物致知

　　30 岁时还未研读哲学和心理学，就显得有些晚了，个人觉得最迟应该在踏入社会 3 年以后，就应该学习研究这两门学问了。

　　这两门课程在中国并没有得到足够的重视，大部分中国人为了考学及就业，没有那么多心思去读这两门学问，可这两门学问的重要性不言而喻。哲学是门智慧的学问，是所有学问的基础，真正的哲学可以使我们正确地看待自然、社会和人生的变化与发展，用睿智的眼光看待生活和实践，正确对待社会进步与个人发展，正确对待集体利益与个人利益的关系，正确对待进与退，得与失，名与利，从而为生活和实践提供积极有益的指导。因此，哲学的作用，就是寻找光明，在人类前进的路途上点起前行的明灯，指导人们正确地认识世界和改造世界。心理学是与人交流沟通的基础，了解掌握它，你就能很快地理解人行为的内在原理，提高自己的沟通能力。掌握了基本哲学及心理学，能让我们在工作和生活当中少走很多弯路，迅速认清事物的本质。

　　提高哲学思维能力，就是从"凡事多问为什么"开始。儒家是这样描述了人一生晋级的过程：格物、致知、诚意、正心、修身、齐家、治国、平天下。无论你多么有个性，或对儒家不屑一顾，想把生活过明白的人，还就只能走这条路。要想平天下，格物是开始，格物就是问为什么会出现这个现象或结果，内在的原理是什么。明白其中的原理就达到了"致知"，"致知"之后才能"诚意"，"正心"，这就如当你明白一粒米是怎么产生的，怎么来到你面前的，你才会知道原来你的生活是离不开别人的，然后才能真正尊重别人。有了知识的储备和心态的端正，才能修好自己的身及心，否则只能糟蹋自己的身体。等把世界看明白了，才能管理好家庭，如果机遇好的话，才能治国平天下。

儒家人生晋级的过程实际上是人一生的目标，这个目标分为最低目标和最高目标。穷则独善其身，达则兼济天下！

最低目标：诚意正心，修身齐家；最高目标：治国平天下。没有前面的铺垫，有朝一日小人得逞，必然鱼肉百姓，为害一方。小时候老师让写关于未来的理想时，科学家、政治家、企业家便大量出现了，这些理想相当于最高目标，最高目标是由很多子目标及阶段性目标组成，它们是实现最高目标的必备条件和实现路径。眼睛只盯着最高目标必然会忽视子目标，如同是在建空中楼阁，几乎没有实现的可能。最低目标对于个人来说，已经是一个极高的目标了，如同军事上先为不可胜，已经是一个很难的事情，以待敌之可胜，就是在把自身修炼好后，等待或创造机会，成就自己的更高梦想。

格物是从身边小事开始的，如饭为什么煮糊了，牙为什么疼，乌云为什么是黑的，春秋天为什么风沙多，春节为什么会在冬天，等等。把无聊的时间花在思考"为什么"上，如坐车、等车的时候，既有收获，还不觉得无聊，一举两得。思考之后悟到的一些道理，让你受益终生。明白道理后的喜悦，也是用钱买不到的。如果不思考不悟，别说"四十不惑"，就是到了一百四十依然是迷糊的。身心健康及良好的思维模式都是做人必备的，也是人的最低目标，能做到这点，怎么着也能称之为"生活家"。

先学会如何照顾自己，如何生活，不要老了用自己的积蓄去治病。人可以不断地挑战自己的技能及抗压的极限，对于身体方面的极限，偶尔挑战一下可以，如果长时间挑战，必然会给身体带来伤害。常在河边走，哪能不湿鞋。个人身体是有极限的，而技能及创意是无极限的。

进入社会后，如果一边研读基本哲学及心理学，一边在实践中验证其中的理论，理论结合实践，会让你对哲学和心理学的理解突飞猛进。当你掌握这些知识后，再学其他的任何一门学问，都不再是什么难事了。

有了前期这么多锤炼，你才具备管理家庭的能力和才干，管理好家后，能力得到证明，后面才有可能把更艰巨的任务交给你。王阳明就是在其"龙场悟道"之后，才取得了巨大的成就。老子曰："治大国如烹小

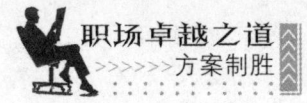

鲜。"反过来就是"烹小鲜如治大国",小与大之间虽有不同,但想把事情做好的基本道理是相同的。

事业上的巨大成功是一种主观与客观多因素推动的一个小概率事件,可以追求,但不可强求。英雄的职业历史都是不可复制的,正所谓时势造英雄,英雄无不是能把握历史潮流并能抓住机会勇敢地去做的人。小老百姓的职业经历可以复制,但人生经历是不可复制的。

人生就是一场修行,修行是每天反躬自省,修正自己的行为及行为背后的指导理念,进而提高我们的哲学思维能力,达到"知其然并知其所以然"。

第二节 天道酬勤

运用哲学及心理学所想到的解决问题的方案,只是增加解决问题成功的几率,好的方案并不会一定导致问题的解决或目的的达到,千万不能迷信方案,方案并不是解决问题的充分条件,只是一个必要条件。

前文拨电话的例子能确保成功,是因为其简单且一切都在自己的可控范围内。但生活中的很多问题都远比这复杂,环境中很多因素不是我们能控制的,好的方案只是能更好地引导其中一些因素按照我们想要的方向发展,但只要是不可控的,就不能保证其一定能遂我们心愿。成功更多的是一个主观因素与客观因素(可控及不可控因素)共同作用下的一个小概率事件,也是一个幸运的事件。一头狮子已经够厉害了,可更厉害的狮群捕食成功率也不是100%,一般只有20%;再聪明的骗子也只能骗到一小部分人;治疗感冒病对现代医术来说应该算不上难事了,可感冒每年都能夺去很多人的生命。这就如同孙武所言:"故善战者,能为不可胜,不能使敌之必可胜。故曰:胜可知,而不可为。"事在人为,但胜利是不可强求的,谋事在人,成事在天。

做事我们要尽量做类似于狮子狩猎野牛之类的高概率事情，而不要做类似于让狮子捉麻雀之类的事情，成功概率太低，费力不讨好，解决这类问题的最好的办法就是"放弃"。

迷信方案常会造成聪明反被聪明误，如果认为自己巧妙的方案一定能达到目标，以至于放弃了很多后路，最后就会把自己陷入困境而后悔不迭。"破釜沉舟"的壮举也只是在走投无路的情况下拼死一搏，是最后一根救命稻草，不可常态化。失败了不要紧，好事多磨，天道酬勤，后续再努力就是了，多试验几次，终究会成功的，成功只不过是尝试的次数比失败的次数多一次而已。

不能崇拜方案，更不能拿方案去干坏事，否则灾祸就不远了。

卓越之路路漫漫，且没有穷尽，你我永远都在通向卓越的路上。

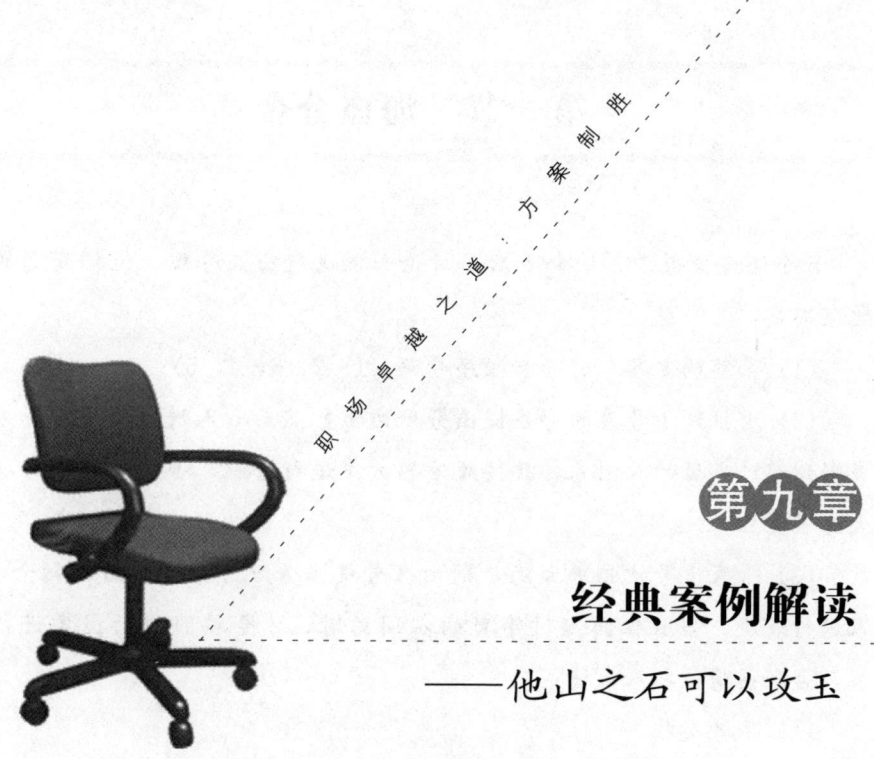

第九章

经典案例解读

——他山之石可以攻玉

通过分析经典案例，解析如何运用"纵横矛盾"思维模式，寻找方案，解决问题。通过案例分析我们可以发现其实想出解决的办法并不难，我们每个人都能做得到。

第一节　海盗分金

5个海盗抢得100枚金币后，讨论如何进行公正分配。他们商定的分配原则是：

（1）抽签确定各人的分配顺序号码（1，2，3，4，5）；

（2）由抽到1号签的海盗提出分配方案，然后5人进行表决，如果方案得到超过半数的人同意，就按照他的方案进行分配，否则就将1号扔进大海喂鲨鱼；

（3）如果1号被扔进大海，则由2号提出分配方案，然后由剩余的4人进行表决，当且仅当超过半数的人同意时，才会按照他的提案进行分配，否则也将被扔入大海；

（4）依此类推。

这里假设每一个海盗都是绝顶聪明而理性，他们都能够进行严密的逻辑推理，并能很理智地判断自身的得失，即能够在保住性命的前提下得到最多的金币。同时还假设每一轮表决后的结果都能顺利得到执行，那么抽到1号的海盗应该提出怎样的分配方案才能使自己既不被扔进海里，又可以得到最多的金币呢？

因5个人绝对理性，没有任何同情心，且都严格按照生死规则来，所以理性的人只会考虑利与弊，考虑问题的出发点就是捞取自己利益的最大化。

初看起来，这个问题让人头皮发麻，不知该如何下手，而我们从基本的哲学理论来分析，还是能看出些端倪。

首先，这五个人、100枚金币及游戏规则构成了一个系统，100枚金币及游戏规则都是可控的，是死的，五个人在游戏规则下来分这100枚金币。肯定来说，每个人都想独吞那100枚金币，如果都这么想，谁抽到1

的话，死的可能性是最大的，1 要不想死，就得拿出剩余四人中至少两人满意的方案才行，可如果问题的突破点只从 1 这个点出发，显然很难，他抛出的方案要至少得到两个人的同意，才能免除杀身之祸，而让其中两人同意自己的方案，必须让其知道利与弊，有比较，才能知道此方案对他们来说已经是最优的了，如果不同意自己的方案，他们会损失更多。在这种情况下，1 就得拿出数据说明如果自己被喂了鲨鱼后，其他人会得到什么结果。剩下四人都很复杂，显然从 1 出发来想办法太难！

我们再来看一下系统中的矛盾关系：1 与其他四人都构成矛盾，而 5 叫得最欢，因为对于 5 来说，肯定希望前面四人都死掉，自己就能独得全部金币，前面四人无论出什么方案，他都会反对，因为按规则不论怎样自己肯定不会死，而其余的人都有生命之忧，5 才是最主要矛盾。基本哲学告诉我们，抓住主要矛盾，就能迅速找到解决问题的方法。造成问题的主要矛盾的两个对立的因素都可以是解决问题的突破点。正面不行，就从反面出发。

从 5 这个点出发考虑问题，也就是我们常说的逆向思维，对于 5 来说，希望得到的就是自个独吞 100 枚金币，如下表第二行所示。

对于 4 来说，如果前三个人都死去了，即使 4 把 100 金币都给 5，5 也会反对，因为按规则，5 只要反对，4 必死无疑，自己就可以很安稳地享受这 100 枚金币，不用害怕 4 再对自己谋财害命，可高枕无忧，如下表第三行所示。

如果 3、4、5 合伙搞死 1 和 2 后，3 只要搞定 4，让其不死或给其一枚金币，4 都会坚定地支持 3，因为 3 如果死了，4 必死无疑，如下表第四行所示。

相应地，2 只要搞定 3、4 及 5 中的两位，就是比 3 的方案稍好些就行，这个好就是比 3 的方案多给一个就行，则 2 提出方案如下表第五行所示。

以此类推，1 就可提出至少两套方案，比 2 的方案稍好些，给 3 一个金币，给 4 两个金币，则 3 和 4 必然支持 1，按规则就胜出了；或者给 3

一个金币，给5两个金币，效果也是一样的，如下表第六行及第七行所示。1需要通过不同方案的比较，让四人中的两人支持自己。

当1把下表做出来，并讲清利弊后，不仅能保住小命，还能分得97枚金币。

表9-1 1号海盗应做出的方案表，X代表死亡

方案 \ 海盗	1	2	3	4	5
5号最可能提出的方案	X	X	X	X	100
4号最可能提出的方案	X	X	X	X	100
3号最可能提出的方案	X	X	100	0	0
2号最可能提出的方案	X	98	0	1	1
1号方案之一	97	0	1	2	0
1号方案之二	97	0	1	0	2

海盗分金是个典型的运用理性分析，利用"纵横矛盾"思维模式，去解决人们在现有框架及规则下都希望实现最大利益的问题；是在知道最后一个人的想法的条件下，按规则逆推，最后得出自己的分配方案，在保住性命的同时，还分得了大部分金币。

第二节　贩运黑奴

英国贩卖黑奴到澳大利亚，英国政府以登船的人数支付船主报酬，可是到了澳大利亚时黑奴人数减少一半，因为受到船主的虐待病的病，死的死，都被船主扔下大海。这让当时的英国政府和人贩子头疼不已，绞尽脑汁也不知如何是好。后来一英国青年主动对政府献计：应当以到澳下船的人数支付报酬，而且黑奴还要身体健康才行。这一建议一经实施后，黑奴到澳数量就没少过，跟出发地人数一致，因为船主为了不少拿报酬，请医生上船一路给患病者看病，好吃好喝伺候黑奴，让他们不至于死掉，以便到达目的地后可以按人数得到高额的报酬。

第一种"以登船的人数支付船主报酬"，在收到报酬以后，船主剩下的想法就是如何省成本，省成本无外乎供应劣质食物，生病了就扔海里喂鱼，反正没人管。和他们讲道德，可能会把他们大牙笑掉，满地找牙。

第二种"以到岸按人数支付报酬"，船主为了保证成活率，好吃好喝伺候着，还请医生护航保驾，黑奴的死亡率大幅度降低。

考核方式的不同，为什么能造成那么大的差别呢？这实际上就是个激励机制的问题，第一种考核只相当于一种过程中的"环节"考核，第二种考核实际上是按"结果"考核。本想要结果，但考核方法却是过程中的一个环节，"想要的"和"考核的"方向不一致，矛盾了，提前激励了，导致结果肯定不好。企业管理有句名言：员工只会做你考核的，不会做你提倡的。这句管理名言，实际上能很好地说明两次考核的差别。

第一种考核失败的原因，就在于没有遵循人们的心理特点。多数人都想在现有的法律机制下，谋取最大的利益，道德能管住有良心的人，却吓唬不住唯利是图的人。孔子对于道德和法律在约束人方面做了精辟的论述："道之以政，齐之以刑，民免而无耻；道之以德，齐之以礼，有耻且

格。"以刑法管人，在钻了法律漏洞后会沾沾自喜，而以道德管人，因有耻辱心而不做坏事。道德虽好，但不能从肉体上制裁人，而这一点却是法律的强项，可以威慑大部分人。人做决策总是"两权相较取其重，两害相较取其轻"，如果让违法犯罪的成本大于所得，就能很有效地降低犯罪，谁愿意做亏本的买卖呢？所以说制度的设计必须从人的心理特点为出发点。

第二种办法成功的原因就在于充分考虑人思维决策的特点，以利益为出发点，以结果为导向，给船主想要的，就能得到政府想要的。

第三节　釜底抽薪

从根上去解决问题，就是从分析事物发展的过程来看，推动事物发展的"首因"（第一个矛盾）是什么，然后针对第一矛盾想解决办法。

我们常常做的事情就是头疼医头，脚疼医脚，没有从什么是导致头疼的第一矛盾开始，寻找解决办法。这句老生常谈，很多人听得耳朵都起茧子了，你要和他一说，他都会不耐烦地说"我知道"，可实际工作中仍旧是老样。天天抱怨工作条件不好，人员不够，工作量大，目标没法完成，等等。于是上级开始加人，人一多了矛盾就多，内耗也增加了，自己好像具体工作不多了，可需处理的矛盾却又增多了。于是增加人力资源部的人，来协调处理员工关系，员工多了监督不过来，又增加督导人员。如此循环往复下去，公司里边人越来越多，成本越来越高，领导担子却没减轻，工作绩效更没增加，员工满意度也越来越低。就这样日复一日，年复一年，每天挂在嘴上的就是"累"。这就如同蒋介石为了延长国民党政权的寿命，设立了两大特务机构：中统和军统。这两个特务机构在解放战争时期很重要的任务，就是监督防止国军投诚，而这"两统"本身矛盾重重，势不两立，白天明争，晚上暗斗，虽然工作上都很卖力，也未能阻止那么多国军整建制地投向共产党的怀抱，投向人民的怀抱，最终成了两"饭桶"。是他们无能吗？不是，两个特务机构是不能阻挡行将倾覆的大厦，就如同"螳臂不能挡车"一样。而解放军方面鲜有类似监督防止叛变的机构，那些"长"们和政委本身就互相制约，再则大家的思想是统一的，为的是广大劳苦大众。国民党和共产党的差别是在根上，共产党为广大人民利益而奋斗，所采取的政策深受人民欢迎；而蒋介石维护的是资产阶级及地主阶级的利益，所采取的政策是白色恐怖。为官者贪赃枉法，经商者囤积居奇，物价飞涨，人民流离失所，导致离心离德，最后你采取再多的暗杀及特务监督，都阻止不了人民向往光明的决心。共产党与国民党在根上维护不同的阶级利益，导致后期管理难度的不同，也导致了最终结果的不同。

举一个亲身经历过的案例。

在一家做教育的公司，遇到一个做管理教学的员工，相当于班主任，她向我诉说工作的难处：学生不爱交作业，她需经常打电话催缴，为此学生经常和她闹矛盾，班里集体活动组织不起来，班干部不配合班主任，等等。本身她是一个工作很努力很认真的人，非常想把自己的工作做好，但工作中这么多的问题让她很苦恼，自己的一片真心，怎么就得不到同学的理解呢。从她的描述中，似乎看不出她有什么问题，主要原因在于学生不好管，班干部不配合。然后我问她班委是怎样产生的，她说，都是她指定的，班长一般是班里在其所在工作单位最好或职位最高的，也就是在社会上混得最好的，其他班委人员依次从其余的牛人中选。

了解完这些情况，我基本上知道她工作难的原因了，不在别人，在她自己身上。她选班委的方法就注定了后期工作难以开展。班长是指定的，还是在班里威望最高的，这些人本来工作就忙，哪有时间来管理班级呢？其他班委也都是指定的，也都是在社会上比较牛的人，工作也很忙。整个班委都是赶鸭子上架，管理班级哪有积极性？学生不交作业，本身该由学习委员来催缴，可班主任却越俎代庖，自己亲自去催。学生一般都是很尊重老师的，这是从小学开始就养成的，可如果班主任天天跟要狗肉账似

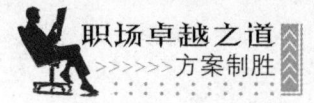

的，学生也烦老师了。本是一个受人尊敬的岗位，愣是给做得像小媳妇似的，处处受气。

正确选班委的方法其实和总统竞选差不多，班主任在开班第一天，最重要的事情就是选班委，班主任应该暗示积极当班委的好处，例如可以和同学形成好的人脉关系啊，锻炼组织管理才能，提高沟通能力，说不定还能形成两个单位之间的业务对接，等等。然后积极鼓励学生报名竞选，并发表竞选宣言。宣言就是先做自我介绍，以前做过什么班委职务，然后就是如果大家选我的话，我会怎样怎样为大家服务等等。如果班委只选 5 人，而报名人数超过 5 人，就让同学集体投票，选前五名当班委，然后班主任再根据每人实际情况，引导大家确定谁当班长，谁做其他职位等。这样竞选越激烈，当选后心里越高兴。又因在大家面前都承诺了，要怎么样竭尽全力为大家服务，后期在履行职责时，就会一丝不苟，否则同学们的一句"这家伙光说不做"，就让他在众人面前抬不起头。通过这些心理学的办法，就把最想做班委的，最想为同学服务的人给选出来了。后面所谓的收作业，就由学习委员来做，有的同学不交作业，学习委员有时候甚至可以玩笑的方式骂他，但老师就不能这样做，老师可以最后出马，来催缴作业，班委在前面就替老师挡了很多事，减少了老师和学生之间的矛盾。至于组织班里活动，老师负责把活动宗旨及安全注意事项安排下去，要求 5 个班委各负责邀请多少人，活动流程也让班委来定，老师给出相应的建议，那么这种班级集体活动至少 5 名班委会参加，其他怎么着也会邀请 5 人过来参加，这样班级集体活动也组织起来了，班委也得到了锻炼，老师还省很多事，也就不存在班委不配合的问题了。这样老师就从管理整个班级转化为只需管理好班委就行，甚至只需管好班长就行了。

一旦"首因"没处理好，变成了"恶因"，后面便"恶果"不断。现实中绝大部分人赞成"釜底抽薪"的观念，而实际干的却多是"扬汤止沸"的活，原因是"不识庐山真面目，只缘身在此山中"。被每天的繁琐工作所累，甚至加班加点，根本就没有精力或那个意识去跳出现有的环境，置身工作之外，来冷静地思考一下，到底是什么原因造成了目前的累。即使想了，很多人也只是认为是别人的原因或客观条件还没达到理想状况，所以自己才累。做工作，巧干和苦干有机地结合起来，才能让上级和自己都满意。与其把时间和聪明劲花在找借口上，还不如花在如何改善工作上；与其在现有状况下修修补补，精耕细作，想尽办法改善，还不如找到"首因"后，推倒重来。千万不要认为自己目前的工作方法是最好的，只要是不好的，都是因为别人，这样只会让自己不断地受到"恶果"的折磨。从宏观角度思考，把自己工作的所有流程从前到后写下来，用心思考下，看流程能否改善，实际就是"流程再造"；从微观角度思考，看细节能否改善，有些方法是否能更巧妙些。只要你用心去思考、总结，一定能发现可以改善的地方。

第四节　庙里卖梳子

有四个销售员接受任务，到庙里推销梳子。第一个销售员空手而回，说到了庙里，和尚说没头发不需要梳子，所以一把都没卖出去。第二个销售员回来了，销了十多把。他介绍经验说，我告诉和尚，头发要经常梳梳，不仅止痒，头不痒也要梳，可以活络血脉，有益健康。念经念累了，梳梳头，头脑清醒。这样就销掉了十来把。第三个销售员销了百十把。他说，我到庙里去，跟老和尚说，您看这些香客多虔诚呀，在那里烧香磕头，磕了几个头起来头发就乱了，香灰也落在他们头上。您在每个庙堂的前堂放一些梳子，他们磕完头可以梳梳头，会感到这个庙关心香客，下次还会再来。这一来就销掉百十把。第四个销售员说销掉好几千把，而且还有订货。他说我到庙里跟老和尚说，庙里经常接受人家的捐赠，得有回报给人家，买梳子送给他们是最便宜的礼品。您在梳子上写上庙的名字，再写上三个字"积善梳"，说可以保佑对方，这样可以作为礼品储备在那里，谁来了就送，保证庙里香火更旺。这一下就销掉好几千把。最成功的是第

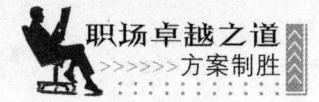

四个销售员，因为他在没有市场的地方开发了广阔的市场。

初次看完这个故事，很多人表现出来的除了惊讶还是惊讶，别人为什么会想出这样精妙绝伦的办法。大部分人在敬佩之余，常发出的感慨是：此乃天人，吾不如也。其实我们每个人都可以掌握这种想办法的能力。

首先这个故事的核心就是如何把梳子卖到寺庙里。

根据系统论的指导，我们先分析下这个系统包括三大块：销售员、梳子和寺庙。寺庙这个系统里再细分一下所包括的因素：梳子、寺庙、住持、和尚、香客信徒、观光旅游者。

这些因素各是什么样的特点呢？

梳子：栉头理发，可以通流血脉，明目祛风。

中医认为，头为一身之主宰，诸阳所会，百脉相通。发为血之余，肾之华。头部的穴位占全身的四分之一，还有十多个特定刺激区，经常梳头可增加发根部血液流量，增强黑色素细胞活性，有利于头发生长。人体十二经脉和奇经八脉都汇聚于头部。而人体的躯干四肢在头皮上的穴位分布，呈"大字形"的形态规律，经常梳头，对这些穴位能起到按摩作用，可使头部经络气血通畅，加强头皮经络系统与全身各器官部位之间的沟通，促进诸阳上升，百脉调顺，阴阳和谐，具有疏通经络，运行气血，清心醒目，开窍宁神，平肝熄风的功效。如何挑把好梳子，不同的头发要用不同的梳子（了解梳子的特点也就是掌握销售的技术技能，便于说服客户）。

寺庙：在上古时代的社会中，寺庙被认为是神的居住地。信徒们会带食物、香料、稀有物等贡品来到寺庙，当作是对神明的敬意以及尊重。寺庙存在于城中可以带给人们平和的心态，通常有智慧的领导人都会在城市开始成长时尽快地设置寺庙。寺庙既是人们宗教信仰的皈依之地，又是历史文化的汇聚之所。

住持：一般寺庙只有一个，职责是管理寺庙，说法，安众，修造。

和尚：没头发，数量少，不富有，购买力弱。

香客信徒：数量较多，较迷信，进寺庙会叩拜，会捐赠一些钱财和物品，希望佛祖保佑自己全家身体健康升官发财，购买力较强。

观光旅游者：数量较多，购买力很强，部分旅游者会捐赠一些钱财和物品，通常喜欢每到一个名胜古迹都买纪念品，留作纪念或当作礼品送给亲朋好友。

"要把梳子卖到寺庙里去"，这个问题就转变为如何把梳子卖给住持、和尚、香客信徒、观光旅游者了。

梳子是商品中的一种，人们为什么买一件商品？无外乎满足人的需要，没有谁会买一件对自己毫无意义的物品。

人的需求有哪些呢？马斯洛把人的需求分成五个由低到高的层次：

第一层次是生理的需求；

第二层次是安全的需求；

第三层次是社交或情感的需求；

第四层次的需求是尊重；

第五层次的需求是自我实现。

要想把梳子卖给 4 个潜在客户，就只能从客户 5 种需求中选择一个进行突破就行了。因梳子只是一个并不很起眼的物件，这个基本上谈不上满足第四层尊重需求和第五层自我实现的需求了，所以我们只能从前三个需求着手了。

第一个销售员卖梳子给和尚，失败了，究其原因，犯了固定思维的毛病，觉得梳子的功能就是把头发梳理整齐的，可和尚没头发，梳子对他没有一点意义，无法激起对方的需求点，梳子肯定卖不掉，因为没有满足和尚的生理需求。

第二个销售员在研究梳子功能的过程中发现，梳子不仅可以使头发变得整齐，还能摩擦头皮，摩擦头皮就能达到止痒活血的作用，和尚虽然没有头发，可头皮还是有的，这样销售员就激发了和尚潜在的需求——身体健康、延年益寿，但因和尚数量有限，故而只卖了十来把梳子。

第三个销售员就把潜在客户放在香客信徒身上了，因香客跪拜时常会把头发弄乱，这时需求就产生了，于是他建议：庙里何不备些梳子，让香

客们磕完头可以整理发容，使他们感受到寺庙的关爱，以后就会常常来烧香。这样他推销了上百把梳子。此销售员通过卖梳子满足了香客信徒的生理需求，故而能卖掉梳子。

第四个销售员仔细地分析了寺庙、香客、旅游者及住持的特点，对住持说：庙里经常接受捐赠，得给施主一些纪念品，梳子很便宜，若刻上"积善梳"，再冠以庙名和住持的亲笔签名，就变成珍贵礼品了。方丈是寺庙的管理者，有决定权。寺庙在接受捐助时得给施主纪念品，那么寺院的需求就产生了。为了让香客更高兴，对梳子进行了一下额外的加工，于是梳子就从梳头的作用转变为一个纪念品了。同样，旅游观光者的特点是"通常喜欢每到一个名胜古迹，都买纪念品留作纪念或当作礼品送给亲朋好友"。这样消费群体就变得很大了，住持于是决定将上千把梳子全部买下，还签了长期订单，皆大欢喜。这次成功的销售满足了住持经营寺院的需要，满足了香客保平安的需要（第二层安全需求），满足了旅游者购买纪念品的需要（第三层情感需求）。

我们应用系统论、矛盾论及心理学相关知识对案例进行分析，发现想到这些办法其实并不难，我们每个人都能做得到。

第五节　非洲卖鞋子

因为要拓展非洲市场，亚洲某鞋子制造厂委派两位销售人员到非洲考察。甲君在非洲待了几天，举目所见都是赤脚的非洲人。他颇为颓丧，原因是没有人穿鞋，意味着没有市场。于是他便向总公司汇报有关情况，同时订购机票回国。而乙君到了非洲视察之后，发现大家都没有穿鞋子，市场潜能非常可观。他连夜致电总公司，催促加速生产，以应付未来的需求。

甲乙两君同样考察非洲市场，却得到两种截然不同的结论。乙君以乐观的心境看到希望，在第一时间催促加速生产，以供应非洲市场。然而，业绩却一败涂地。

原因何在?

原来,非洲人世代以来都是赤脚的,他们没有穿鞋的习惯,也不懂得穿鞋,鞋子无法激起他们的感动;再加上长期赤脚的结果,脚趾左右张开,一般中国或其他亚洲国家设计的鞋子,都不符合他们的需求。乙君对市场知其一而不知其二,最终还是一事无成,属于"有热情,没水平"。

于是,非洲卖鞋子的个案出现第三个版本。这个最新版本着重于调查研究和强劲的执行力,并考虑到消费者的需求和生活习惯。为了使鞋子能够在非洲畅销热卖,丙君进行了深入的研发,掌握了非洲人的脚型,量脚订制,让他们穿起鞋来感到舒适。

另一方面,丙君也非常重视销售策略,并执行到位。他选择非洲人的重要节庆,在人潮汹涌的广场竖立一大塑像,采用一块大布将塑像掩盖着,以保持神秘感。等到节庆开幕的那一天,丙君邀请非洲名人主持揭幕礼。当司仪高喊:三、二、一,人群中爆发"哗"的惊叹。非洲人看到自己敬佩的领袖穿着奇特的鞋子,还有穿着美丽鞋子翩翩起舞的舞蹈表演。穿鞋子于是变得非常时髦,大家有样学样,千万双鞋子很快便被抢购一空。

故事中甲的思维是僵化的,以静止的观点去看问题,不明白事物都是从无到有的,也不明白世界和人都是变化的。见到人们不穿鞋,就觉得此地不适合销售鞋,他忘了远古时期人类其实都是不穿鞋的,只是随着生活水平的提高,为了保护好脚,才慢慢有了鞋。乙相对于甲来说,进步了许多,但存在的问题主要是经验主义,只看到非洲这个潜在的市场,但开拓市场时,以现有成熟的经验生搬硬套,结果水土不服,鞋子销售没有达到预期,原因在于对非洲这个市场没有做仔细的调查,也就是没有做到"情况明"。丙能把非洲鞋市场做好,在于他首先做到了"情况明",清楚地知道非洲人的特点与生活习惯,其次营销措施做得好,利用人们喜欢崇拜名人,并喜欢模仿名人的特点,在人们欢庆的节日进行产品宣传,迅速扩大了知名度,并人为地制造了时尚,"楚王好细腰,后宫多饿死",于是鞋子销路便很快打开了。

第六节　18 只骆驼

　　一个拥有 17 只骆驼的老人，给儿子们留下了一个令人费解的遗言：骆驼的二分之一给长子，三分之一给次子，九分之一分给最小的儿子，但是分配时不准宰割骆驼。正当三个儿子苦无良策之际，来了一位骑着骆驼的哲学家，他知道了遗言的内容之后，把自己的那一只骆驼归入了骆群，这样就有了 18 只骆驼。儿子们依父遗嘱分别分到了 9 只、6 只、2 只骆驼，同样还是 17 只。哲学家就牵回了自己的那只骆驼。

　　故事中的三个儿子紧盯着 17 只骆驼，受着直线思维的束缚。而哲学家利用智慧，一个"借"字，使难题柳暗花明，迎刃而解。他想办法的过程应该是这样的：1/2、1/3 与 1/9 三者加在一块等于 17/18，分子 17 正好等于老人遗留的骆驼数，而分子 17 又比分母 18 少一个，导致没法分遗产。这个过程实际就是"情况明"，"少一个"是问题的症结所在，就是一个矛盾点，而解决方案就是很简单的"加一个"。

　　哲学家分骆驼类似于屋顶上有一块金子，但够不着，只需要借个梯子就行了。

　　"18 只骆驼"的故事有很多种解决办法，哲学家的办法看似奇妙无比，实际上在生活中却隐藏着巨大的隐患，后续容易引起很多问题，因为这种利益分配得不均，极易造成兄弟反目成仇，而为了几头骆驼反目，实在是不合算的。且如果都按这个比例分，老人如果有债务，有私生子怎么办？是不是都要按这个比例承担呢？老人实际上是给儿子们留下了一个炸药桶。在我看来，长兄为父，老大在分得 9 只骆驼后，自己有权利进行二次分配，可以再分 4 只骆驼给老小，并和大家讲明白原因，三兄弟未来才能更好地和睦相处，兄弟情义远大于几只骆驼。对于工作可以较真，对于利益不必那么较真，因为利益最容易引起矛盾纠纷。

第七节　囚徒的困境

警方逮捕甲、乙两名嫌疑犯，但没有足够证据指控二人有罪。于是警方分开囚禁两名嫌疑犯，分别和二人见面，并向双方提供以下相同的选择：

若一人认罪并作证检控对方（相关术语称"背叛"对方），而对方保持沉默，此人将立即获释，沉默者将判监禁 10 年；

若二人都保持沉默（相关术语称互相"合作"），则二人同样判监禁半年；

若二人都互相检举（互相"背叛"），则二人同样判监禁 2 年。

此案例是一个众所周知的博弈论模型。此方法设计的依据就是分开审讯的情况下，每个人在情况不明时，都不会相信别人，且人在做决策时，通常都选择利己且稳妥的方法。在分开的情况下，甲乙两名嫌疑犯就没法串供，情况不明时，就会互相猜疑，这实际上是警察在制造矛盾，而矛盾推动着事物发展。巧妙的是，警察并没有停下制造矛盾的脚步，设置了 3 个选项，让甲乙二人在"坏、更坏及最坏" 3 个选项中抉择，显然两人都选择沉默，是对双方最有利的，但猜忌和不信任让他们都害怕第一个选择，如果自己选择沉默，而对方如果招供，那可是要判 10 年徒刑，是一个最坏的结果。而如果选择招供，可能的结果是释放或 2 年监禁，显然招供是一个更稳妥的方案。在利己及稳妥的驱动下，甲乙二人肯定会积极互相揭发，以免自己成为坐 10 年牢的倒霉蛋，而警察通过制造矛盾，使案件得以侦破。

第八节　老板发奖金

　　一名销售员兢兢业业，取得了不俗的业绩。年终了，公司决定给他奖励13万元。老板把他单独叫到办公室，对他说："由于本年度你工作业绩突出，公司决定奖励你10万元！"销售员非常高兴，谢过总经理后拉门要走，老板突然说道："回来，问你件事。今年你有几天在家，陪你妻子多少天？"该销售员回答说："今年我在家不超过10天。"惊叹之余，老板拿出了1万元递到业务员手中，对他说："这是奖给你妻子的，感谢她对你工作无怨无悔的支持。"然后，老板又问："你儿子多大了，你今年陪他几天？"这名销售员回答说："儿子不到6岁，今年我没好好陪过他。"老板激动地又从抽屉里拿出1万元钱放在桌子上，说："这是奖给你儿子的，告诉他，他有一个伟大的爸爸。"该销售员热泪盈眶，千恩万谢之后刚准备走，老板又问道："今年你和父母见过几次面，尽到当儿子的孝心了吗？"该销售员难过地说："一次面也没见过，只是打了几个电话。"老板感慨地说："我要和你一块儿去拜见伯父、伯母，感谢他们为公司培养了如此优秀的人才，并代表公司送给他们1万元。"这名销售员此时再也控制不住自己的感情，哽咽着对老板说："多谢公司对我的奖励，我今后一定会更加努力。"

　　时间又过了大半年，这名销售员今年的业绩格外好，已经是提前几个月完成全年任务。某一个特殊的日子，老板又一次将他叫到了办公室，给他拿出一张存折，外加一束花和贺卡，对他说，听说今天是你的生日，祝你生日快乐！这是你前几个月的奖金，已经存到你的户头上了，年终奖另外发。鉴于你今年的突出表现，公司研究特别给你20天假期，带上妻子和孩子，出国旅游一次。销售员又一次高高兴兴走了，走前还跟老板开玩笑说，下次是不是还有更大的惊喜？老板对此神秘地一笑，说声没有，其实老板早已经想好了。

发奖金时，老板发给员工的奖金本来早有定数，但他从系统的角度出发，分别从员工本身、员工的亲人多维度地发奖金，使员工能感受到老板不仅对自己本人重视，还重视自己的家人。第二次发奖金，则又从奖励的方式进行变化，既有金钱的奖励，又有假期的奖励，有助于员工身心的恢复，还能让员工的家人切实感受到老板的奖励，让员工能在家人面前倍儿有面子，满足了员工的虚荣心。当然奖励的方式还有很多，如各种荣誉称号、升职、培训等等。奖励的方式就是从系统的角度及人本身的特点出发，通过不同的排列组合，多层次、多角度激励员工，在奖励总额不变的情况下，却能达到更大的激励效果。

第九节　九段位秘书

总经理要求秘书安排次日上午九点开一个会议。在总经理的指示中，什么是任务？什么是结果？针对同一个会议，一段秘书到九段秘书给出了不同的答案。

一段秘书的做法：发通知——用电子邮件或在黑板上发个会议通知，然后准备相关会议用品，并参加会议。二段秘书的做法：抓落实——发通知后，再打一通电话与参会的人确认，确保每个人被及时通知到。三段秘书的做法：重检查——发通知，落实到人后，第二天在会前30分钟提醒与会者参会，确定有没有变动，对临时有急事不能参加会议的人，立即汇报给总经理，保证总经理在会前知悉缺席情况，也给总经理确定缺席的人是否必须参加会议留下时间。四段秘书的做法：勤准备——发通知，落实到人，会前通知后，去测试可能用到的投影、电脑等工具是否工作正常，并在会议室门上贴上小条：此会议室明天几点到几点有会议。五段秘书的做法：细准备——发通知，落实到人，会前通知，也测试了设备，还先了解这个会议的性质是什么？总裁的议题是什么？然后给与会者发过去与这个

议题相关的资料，供他们参考（领导通常都是很健忘的，否则就不会经常为过去一些决定了的事，或者记不清的事争吵）。六段秘书的做法：做记录——发通知，落实到人，会前通知，测试了设备，也提供了相关会议资料，还在会议过程中详细做好会议记录（在得到允许的情况下，做一个录音备份）。七段秘书的做法：发记录——会后整理好会议记录（录音）给总经理，然后请示总经理是否发给参加会议的人员，或者其他人员。八段秘书的做法：定责任——将会议上确定的各项任务，一对一地落实到相关责任人，然后经当事人确认后，形成书面备忘录，交给总经理与当事人一人一份，并定期跟踪各项任务的完成情况，并及时汇报总经理。九段秘书的做法：做流程——把上述过程做成标准化的"会议"流程，并制定会场纪律，让任何一个秘书都可以根据这个流程，把会议服务的结果做到九段，形成不依赖于任何人的会议服务体系。

对待会议不同的思维模式，导致九种不同的工作开展方法，结果自然也就差异巨大。

九段秘书的做法就是系统地考虑将要举行的会议，从纵向和横向来对会议所要涉及到的点进行全面的考虑。

从横向考虑来说，会议包括会议前的通知下达、会议前的设备准备、会议的举行、形成会议纪要，纪要的签发、会议结果的落实与总结以及公司能留下来的管理积淀。然后确定每个阶段的关键点：通知必须要多渠道且以可追查的方式准确及时下发到与会人员，会议设备能否正常运行且满足会议规模，会议的茶水准备，会议内容的备忘，如何检查结果的落实，等等。

从纵向来考虑，会议的议题是什么，参会人是谁，举办会议的时间地点，参会人需要做什么准备，会议备忘，跟踪执行，制作流程。

从会议本身的特点来说，会议应该有相应的纪律，以保障会议有效进行。

看似简单的开会，内容却十分丰富。

事物是作为连续发展的变化的过程而存在，当我们处理完一件事情后，应该再想一下，事情真的处理完了吗？事情的终点在哪里？我是不是还应该做点什么？那么就需要对所做的事情按过程来分析一下，看是不是所有内容都处理完了，是否都回到了起点。例如当一位女同事 A 夜里八点多了打电话问上级 B "你下班锁门时，有没有看到我的自行车停在外面？"

"不好意思，下班时着急回家，没注意。"

"行，我待会儿去把它取回来，免得丢了。"

"行，你去吧。"

对于 B 来说，A 的所有问题都给了答复，没什么问题了。果真如此吗？B 似乎没事了，可 A 的事情显然没完，因为 A 去取车还没回到起点，就没有完，只有等到事情中所有的因素都回到起点，事情才算做完。而 A 作为一个女性夜里去取自行车，安全吗？车子能取到吗？之后又能安全到家吗？所有这些问题上级 B 至少都应该思考一下。想完之后，是不是应该立刻打个电话询问对方如何安全到公司？电话最后还应该让其安全到家后来个短信，告知已安全到家，只有女同事安全到家，整个事情才算基本结束了。但我觉得想得还不够周到全面，因为事情是循环往复地进行，这一次问题是解决了，可还会有同样的情况再次发生。B 下次锁门前是不是应该看看门外是否有没人骑走的自行车、电动车或未开走的汽车，如果有，是不是当时就和车主联系一下，然后采取相应的行动。例如下次再有 A 的自行车在，是不是可以直接将自行车推进公司内，免得其夜里又自己来取一趟？

从这两个案例可以看出，平时一些小事，都可锻炼我们的"纵横矛盾"思维能力。

第十节　给上级找工作

迈克是一家大公司的高级主管，他面临一个两难的境地：一方面，他非常喜欢自己的工作，也很喜欢跟随工作而来的丰厚薪水，他的位置使他的薪水有只增不减的特点；但是，另一方面，他非常讨厌他的上级，经过多年的忍受，最近他发觉已经到了忍无可忍的地步了。在经过慎重思考之后，他决定去猎头公司重新谋一个别的公司高级主管的职位。猎头公司告诉他，以他的条件，再找一个类似的职位并不费劲。

回到家中，迈克把这一切告诉了他的妻子。他的妻子是一个教师，那天刚刚教学生如何重新界定问题，也就是把你正在面对的问题换一个面考虑，把正在面对的问题完全颠倒过来看，不仅要跟你以往看这问题的角度不同，也要和其他人看这问题的角度不同。她把上课的内容讲给了迈克听，这给了迈克以启发，一个大胆的创意在他脑中浮现。

第二天，他又来到猎头公司，这次他是请公司替他的上级找工作。不久，他的上级接到了猎头公司打来的电话，请他去别的公司高就。尽管他完全不知道这是他的下属和猎头公司共同努力的结果，但正好这位上级对于自己现在的工作也厌倦了，所以没有考虑多久，他就接受了这份新工作。

这件事最美妙的地方还在于上级接受了新的工作后，他目前的位置就空出来了，迈克申请了这个位置，于是他就坐上了以前他上级的位置。

这是一个真实的故事，在这个故事中，迈克本意是想替自己找个新的工作，以躲开令自己讨厌的上级。但他的太太教他换一面想问题，就是替他的上级而不是他自己找一份新的工作，结果，他不仅仍然干着自己喜欢的工作，而且摆脱了令自己烦心的上级，还得到了意外的升迁。

这个让人很诧异的解决问题的方式其实可以这么分析：

第一，迈克遇到的问题是长期存在的人民内部矛盾。

第二，要界定一下迈克遇到的问题的实质是什么？如果你把这个问题界定为"极其不满意现有上级，我想换个工作"，那么在"我想换个工作"的想法引导下，自然就是迈克走。这个界定显然不符合界定问题的原则，因为它包含了可能的解决方案，容易给人特定的暗示。

迈克现在遇到的问题核心是"上下级关系不协调"！

第三，确定系统并对系统内因素进行分析。

在公司这个大系统下，迈克和上级组成一个子系统，迈克不能适应上级的风格，可迈克却又喜欢公司的这份工作。既然是迈克和上级之间关系不协调，那么解决这个问题的方式分两大类：

1. 子系统整体考虑：上下级直接互相沟通，缓和目前矛盾。

2. 子系统因素单独考虑：（1）上级走，矛盾双方只要有一方消失，矛盾自然解决；（2）迈克走。

第四，分析各方法的优缺点及难易程度。

第一种方法难度太大，因为上级作为一个成年人，改变他的行为方式是很难的。第二个方法是可行，让上级走可有很多种方法，损招如制造个"艳照门"或发现上级损公肥私等等，只要能搞臭上级，他自然就在公司待不下去了，这种阴招因为人所不齿，故不提倡使用。还有一种说得过去的方法就是"利益引诱"，只要上级能找到一个更有诱惑力的工作，上级是可以走的。第三种方法也可行，但迈克损失是最大的，另谋高就会面临适应新环境，如果再遇上一个不对付的上级，麻烦就更大了。综合比较来说，当然第二种方法"利益引诱"是最好的，给领导找工作的职能可以交给猎头。用这种方法解决问题达到了皆大欢喜的程度，上级离开了目前厌倦的工作，"被"谋高就，迈克则神不知鬼不觉解决了问题，还坐上了上级的宝座，可谓绝妙至极！

第十章

经典骗术解读

——前车之覆后车之鉴

运用"纵横矛盾"思维模式及解决问题的 33 字方针，解析如何防止在职场竞争中上当受骗。

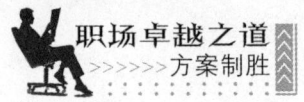

第一节　狐假虎威

　　从前在某个山洞中有一只老虎，因为肚子饿了，便跑到外面寻觅食物。当它走到一片茂密的森林时，忽然看到前面有只狐狸正在散步。它觉得这正是个千载难逢的好机会，于是，便一跃身扑过去，毫不费力地将它擒过来。可是当它张开嘴巴，正准备把那只狐狸吃进肚子里的时候，狡黠的狐狸突然说话了："哼！你不要以为自己是百兽之王，便敢将我吞食掉；你要知道，天地已经命令我为王中之王，无论谁吃了我，都将遭到天地极严厉的制裁与惩罚。"老虎听了狐狸的话，半信半疑，可是，当它斜过头去，看到狐狸那副傲慢镇定的样子，心里不觉一惊。原先那股嚣张的气焰和盛气凌人的态势，竟不知何时已经消失了大半。它心想：我因为是百兽之王，所以天底下任何野兽见了我都会害怕。而它，竟然是奉天帝之命来统治我们的！这时，狐狸见老虎迟疑着不敢吃它，知道它对自己的那一番说词已经有几分相信了，于是便更加神气十足地挺起胸膛，然后指着老虎的鼻子说："怎么，难道你不相信我说的话吗？那么你现在就跟我来，走在我后面，看看所有野兽见了我，是不是都吓得魂不附体，抱头鼠窜。"老虎觉得这个主意不错，便照着去做了。于是，狐狸就大模大样地在前面开路，而老虎则小心翼翼地跟在后面。它们没走多久，就隐约看见森林的深处，有许多小动物正在那儿争相觅食，但是当它们发现走在狐狸后面的老虎时，不禁大惊失色，四散狂奔。这时，狐狸很得意地掉过头去看看老虎。老虎目睹这种情形，不禁也有一些心惊胆战，但它并不知道野兽怕的是自己，而以为它们真是怕狐狸呢！狡狐之计是得逞了，可是它的威势完全是因为假借老虎，才能凭着一时有利的形势去威胁群兽，而那可怜的老虎被人愚弄了，自己还不自知呢！

　　狐狸被誉为动物界的"诸葛亮"，确实非常聪明，不服不行。动物界出名的"刺头"刺猬，居然被狐狸收拾得像孙子，当刺猬在水源附近时，狐狸会把刺猬推进水里淹死，当刺猬距离水源远时，狐狸会用石头把刺猬打晕，反正不管怎么着，都能让刺猬不能蜷缩在一起，然后把刺猬吃掉，狐狸总会想到一些办法对付"刺头"。

在《狐假虎威》中，狐狸再次运用了智慧的力量，把森林之王耍得团团转。当老虎抓住狐狸，要吃它时，它就拿宇宙内公认的最大的神"天地"来吓唬老虎。只要信仰"天地"的，即使是人听到这话，肯定也会心里打下小算盘的，这世界谁都能得罪，唯有"天地"不能，他可是个万能的主。当狐狸看到老虎在半信半疑时，就不失时机地提出验证办法，让老虎跟在其后看小动物是不是都怕狐狸，结果那是肯定的。小动物们见没见到狐狸不敢说，见到了老虎那是肯定的。见了老虎那还不四散狂奔，除非是活腻了。狐狸运用智慧，从虎口里脱险，还借助虎威，戏耍了一番小动物们，好不得意，可见智慧有多重要。

狐假虎威的故事带给我们两方面的启示：

第一，善于借势。

现实社会中，有很多人很聪明，善于借"虎威"，也就是类似于《孙子兵法》说的借"势"。盖茨最开始通过与电脑巨人 IBM 合作，背靠大树好乘凉，从而迅速做大，后来纵容中国国内的盗版，借盗版之势，迅速占领市场，将国内相似的软件企业给打趴下去，进而独霸江湖。当一个普通人在表达一个道理时，完全用自己的语言，显然说服力不够，因为"人微言轻"，人们更愿意相信名人或专家说的话；当这个人发现自己表述的道理老子曾经说过，然后换种表达方式说：老子曾经说过……借老子的口说出来，说服力显然高许多，这实际上也是"借势"。有聪明者经常满口老子、孔子等牛人的话，听者也云里雾里地相信了，谁让绝大多数人传统文化都很薄弱呢！

第二，弄清真相。

老虎上当受骗，最主要还是被狐狸的伎俩给整蒙了，听到"天地"这个大神就没有了正常的辨别力。试想"天地"在动物界封神，哪能只通知"狐狸"，而不告知曾经的森林之王"老虎"，再者封神总得有个证书之类的凭证，哪能光凭嘴说，满嘴跑火车岂不是大忽悠。

孔子言："巧言令色者，鲜矣仁！"意思是花言巧语者，很少有仁心。职场中的信任建立在"真诚"二字上，相信一个人，既要观其言，更要察

其行，否则你被人骗了，还帮人数钱，就像被狐狸耍得团团转的老虎。

第二节　狼的感悟

狼刚失恋，觅食时路过一间小屋，听到一男人教训自己的孩子："再哭，就把你扔出去喂狼。"小孩在屋里哭了一夜，狼在外面守了一夜，早上起来，狼哽咽地说：陌生男人都是骗子！与其相信陌生男人那张嘴，不如相信世界有鬼。

狼之所以苦等一夜，就是因为轻信了别人的话，没有常识，试想哪有那么傻的人，只因为孩子哭就把孩子扔出去喂狼。

曾经遇到一个人，说是有一大单想和我们公司合作，之所以他能接下大单，是因为认识一保密单位大领导，之所以想和我们合作，主要是因为我们公司实力强，产品可靠，其次是因为大领导需要打点，而他本人没那么多钱。刚听到这个大馅饼，心中那个喜啊！可转念一想，心不静不做决定，抚摸了一下自己的小心脏，稳了稳神，觉得可能有诈，就说那你约下时间，我们一块去见见那个领导，骗子当场承诺没问题，事后再无音信。

人上当受骗主要有三大原因：爱占小便宜，恐惧心理和同情心。虎上狐狸的当是因迷信而产生恐惧，狼受骗则主要是爱占小便宜，轻易相信了陌生人的话。在我看来，要想不上当受骗，需要做到两点：

首先要内心静。不奢求别人抛出巨大利益，相信天上不会掉馅饼，要靠勤劳致富；不恐惧凶言恶语；不轻信陌生人口述的悲惨遭遇。

其次要情况明。若别人抛出的巨大利益让你狂喜不已，神语仙技让你感到恐惧，或悲惨遭遇让你顿生怜悯之心，那你就多方征询别人的看法，千万别在内心不静的状态下慌忙做出决定，尤其是重大决定，待多方考证且自己心态平静的情况下，再采取下一步的行动。总的说来，在做重大的决定之前，都需与家人、朋友或专家多商量，以群体智慧来保证少犯错误。

"心态静"及"情况明"是对付骗子最有用的两个武器，只要能做到这两点，骗子基本上要失业了。